莫卧儿王朝
商业史

许 静◎著

科学出版社
北京

内 容 简 介

本书梳理了莫卧儿王朝商业发展的历程，以 1707 年为界，系统探讨莫卧儿王朝前、后期商业贸易的发展及其演变原因，以丰富翔实、权威可靠的历史资料，纵横交错的立体视角，细腻犀利的酣畅笔触，客观严谨的治学态度，全方位、多维度地展示了莫卧儿王朝商业的开始与兴盛、衰落与挣扎的波澜壮阔的历史画面，揭示了莫卧儿王朝经济、贸易等领域的色彩斑斓的历史全貌。

本书可供世界史专业的师生阅读和参考。

图书在版编目（CIP）数据

莫卧儿王朝商业史 / 许静著. —北京：科学出版社，2024.1
ISBN 978-7-03-076680-9

Ⅰ. ①莫⋯　Ⅱ. ①许⋯　Ⅲ. ①莫卧儿帝国（1526—1857）-历史　Ⅳ. ①K351.32

中国国家版本馆 CIP 数据核字（2023）第 205436 号

责任编辑：任晓刚 / 责任校对：贾娜娜
责任印制：肖　兴 / 封面设计：润一文化

科学出版社 出版
北京东黄城根北街 16 号
邮政编码：100717
http://www.sciencep.com

北京九州迅驰传媒文化有限公司印刷
科学出版社发行　各地新华书店经销

*

2024 年 1 月第 一 版　开本：720×1000　1/16
2024 年 6 月第二次印刷　印张：14 1/4
字数：320 000
定价：98.00 元
（如有印装质量问题，我社负责调换）

目　录

绪论 …………………………………………………………………… 1
 一、印度河文明时期的商业 ………………………………………… 1
 二、吠陀时期的商业 ………………………………………………… 3
 三、列国时期的商业 ………………………………………………… 4
 四、孔雀王朝时期的商业 …………………………………………… 5
 五、公元前后的商业 ………………………………………………… 6
 六、笈多王朝到 12 世纪时期的商业 ……………………………… 9
 七、德里苏丹国时期的商业 ………………………………………… 10

第一章　从疮痍到兴盛（1526—1605 年） ……………………… 18
 第一节　政局趋稳 …………………………………………………… 18
 第二节　经济发展 …………………………………………………… 21
  一、继续军事征服 ………………………………………………… 24
  二、行政体制 ……………………………………………………… 24
  三、土地制度 ……………………………………………………… 24
  四、税收政策 ……………………………………………………… 25
  五、交通设施 ……………………………………………………… 25
  六、货币和度量衡的标准化 ……………………………………… 26
 第三节　商业起步 …………………………………………………… 28
  一、城市发展 ……………………………………………………… 29
  二、国内贸易 ……………………………………………………… 30
  三、国际贸易 ……………………………………………………… 31
 第四节　结语 ………………………………………………………… 35

第二章　持续繁荣（1605—1658年） ········ 36

第一节　东印度公司 ········ 36
一、莫卧儿王朝与英国的关系 ········ 36
二、英葡关系 ········ 41
三、荷兰人的贸易 ········ 44
四、莫卧儿王朝各级官员与贸易 ········ 46

第二节　礼物情结 ········ 50
一、贾汉吉尔与礼物 ········ 50
二、沙杰罕与礼物 ········ 54

第三节　贸易往来 ········ 56
一、贸易发展背景 ········ 56
二、贸易概述 ········ 62
三、纺织品贸易 ········ 65
四、硝石贸易 ········ 68
五、靛蓝贸易 ········ 70
六、中亚和西亚贸易 ········ 75
七、商品运输及货物保险 ········ 77

第四节　结语 ········ 81

第三章　强大与隐患并存（1658—1707年） ········ 83

第一节　商业政策与发展表现 ········ 83
一、主要政策 ········ 83
二、发展表现 ········ 87

第二节　城市 ········ 99
一、城市的繁荣 ········ 99
二、城市的特点 ········ 106

第三节　"小贩"与"大贾" ········ 107
一、巴尼亚 ········ 108
二、威尔吉·沃拉 ········ 110
三、桑提达斯·贾哈瑞 ········ 117
四、卡西·维拉纳 ········ 119

第四节　商业环境 ········ 120
一、强盗袭击 ········ 120

二、地方势力和政府官员干扰 121
　　三、战争冲击 124
第五节　结语 125

第四章　贸易逢乱世（1707—1772 年） 126

第一节　商品与贸易 126
第二节　商人与政局 147
第三节　商业与战争 153
第四节　商人与欧洲贸易公司 160
　　一、印度大商人与欧洲贸易公司的关系 160
　　二、印度商人为欧洲贸易公司做经纪人 162
　　三、预付款制度 167
第五节　世界各地的印度商人 173
　　一、中亚和西亚的印度商人 174
　　二、俄国的印度商人 174
第六节　结语 177

第五章　挣扎：生存抑或转型（1772—1857 年） 179

第一节　社会 179
第二节　生产 181
　　一、阿朗生产流程 181
　　二、戈马斯塔 181
第三节　市场 184
　　一、地区贸易 184
　　二、进口贸易 187
　　三、出口贸易 188
第四节　商人与商业保险 193
　　一、"商业农民" 195
　　二、英国东印度公司承包商 196
　　三、皮卡尔 198
　　四、转型成为印度近代企业家 200
　　五、西亚、中亚和俄国的印度商人 201
　　六、非洲的印度商人 202

七、商业保险 …………………………………………… 205
　　第五节　结语 ………………………………………………… 207

余论 ………………………………………………………………… 208

参考文献 …………………………………………………………… 211

后记 ………………………………………………………………… 222

绪　　论

莫卧儿王朝，是由中亚南下印度的察合台突厥人所建，创建者为巴布尔，其父系是帖木儿子孙，母系是成吉思汗后裔。后来，巴布尔的孙子阿克巴不断开疆拓土，在稳定和巩固统治的同时，使王朝经济逐渐繁荣，国内外贸易活跃。随着经济的发展，印度出现了资本主义生产关系萌芽，其虽然微弱，但预示着商业贸易发展的新潮流。奥朗则布继承了一个繁盛的帝国，他继续扩张，耗费了大量的精力和财力，尤其是对南亚次大陆南部的征服战争。1707年，奥朗则布去世。之后，王朝不断走下坡路，政治动荡，割据频现，王朝趋于瓦解。1757年，普拉西战役爆发后，英国控制了孟加拉地区。1849年，英国最终完成了武力征服印度的进程，印度则一步步沦为英国的殖民地。在这一过程中，莫卧儿王朝的商业发展受到了西方殖民主义和工业革命进程的多重碰撞和冲击，在被排挤和压榨中力求生存并出现了部分转型。

印度是南亚次大陆最大的国家，其独特的地理位置孕育了典型的自然风貌。北面的喜马拉雅山脉和西北的兴都库什山脉如天然屏障一般，把南亚次大陆和外界隔离开来。喜马拉雅山脉是亚欧大陆山脉的重要组成部分，其终年不化的积雪提供了源源不断的水源，时刻滋润着发源或流经喜马拉雅山脉的大河，如印度河和恒河。印度河靠西，恒河靠东，两条大河的支流冲积出了广阔而炎热的印度河平原与恒河平原。恒河平原以西地区气候偏干，以东地区气候偏湿，如唐代玄奘所说，"川野沃润，畴陇膏腴"。南亚次大陆的西面是阿拉伯海，东面是孟加拉湾，南端伸入浩渺的印度洋，确实是"五印度之境，周九万余里，三垂大海，北背雪山。北广南狭，形如半月。……时特暑热，地多泉湿"[①]。背靠高山、三面临水的这片大陆，丘陵、平原和高原共存，造就了独特的气候、景观、资源和文化。

一、印度河文明时期的商业

根据摩亨佐·达罗的考古发掘成果，早在印度河文明时期，印度就已经有了面积很大的城市，城市中有各种规模的建筑、宽阔的街道和巧妙设计的

---

① 董志翘译注：《大唐西域记》，北京：中华书局，2012年，第100页。

下水道，人们的服装、饮食、器具和家畜等都可以说明当时生活的富庶和社会的繁荣。在农业生产领域之外，编织、制陶、木工、首饰制作等各行各业都有发展，手工业的进步推动了商业贸易的兴盛。

印度作为人类文明的重要发源地之一，其商业贸易在印度河文明时期已经表现显著。印度河文明遗址出土了诸多物品，"包括青铜刻度尺、燧石砝码、青铜或赤陶制的车船模型以及作为商品和制造者标记的印章"[①]。其中，"青铜刻度尺"和"燧石砝码"的出现表明在很大地域范围内已有统一的度量衡制，摩亨佐·达罗和哈拉帕就是"共用一套统一的以二进制数和小数系统为基础的度量衡制"[②]。"青铜或赤陶制的车船模型以及作为商品和制造者标记的印章"则可以证明当时各地贸易的往来频繁。

贸易发展首先表现在本土的相邻地区之间都有贸易往来，摩亨佐·达罗和哈拉帕等城市之间就有频繁的商品互通，表现活跃。印度河文明遗址发掘出的上釉彩陶有一人推独轮车的造型，这种独轮车可能是当时商品往来的主要运输工具之一。[③]

虽然连绵的山脉把南亚次大陆与外界阻隔开来，但是山脉有一些狭隘的山口，自古以来就是外界进入南亚次大陆的重要通道，也被誉为外界与南亚次大陆"交流的走廊"，而南亚次大陆"与当今……伊朗和阿富汗的接触可以追溯到公元前三千纪时期的印度河城市。甚至在更早的时候，这些山口就已经被人们利用"[④]。南亚次大陆的西北和北面山口，自古都有交通和贸易往来，只是因为环境和气候因素，北面山口的贸易不如西北山口频繁。

印度河流域与亚洲其他地区，比如两河流域等西亚地区，都有贸易往来，这一点可以通过考古发掘出土的印章得到证实。印度河文明东南角的洛塔尔是商业和手工业基地，出土了印度河流域的印章和砝码，还有波斯湾式的印章，这些都可以证明印度与波斯湾、两河流域之间存在过贸易往来。[⑤]印度河文明与两河流域的贸易往来，还可以由两河流域的考古发掘成果加以佐证。与印度有关的产品，在今阿富汗北部、土库曼斯坦、伊朗、巴林、阿曼等地都有发现。20世纪30年代初，在两河流域的乌尔等城市中发现了印度河流域的印章，还有布匹和储藏罐等各类物品的标签封泥或章印。考古学家通

---

① 林承节：《印度史》，北京：人民出版社，2004年，第15页。
② 〔德〕赫尔曼·库尔克、迪特玛尔·罗特蒙特：《印度史》，王立新、周红江译，北京：中国青年出版社，2008年，第23页。
③ 林太：《印度通史》，上海：上海社会科学院出版社，2012年，第8页。
④ Romila Thapar. *The Penguin History of Early India: From the Origins to A. D. 1300*, London: Penguin Books Ltd., 2002, p.40.
⑤ 刘欣如：《印度古代社会史》，北京：商务印书馆，2017年，第18页。

过对两河流域地区发掘的印章进行仔细检查,并且与来自西亚各地的印章进行对比后发现,这些印章要么是在印度河流域的城市制造出来的,要么是对印度河流域印章的模仿,且非常逼真,难以分辨。①除了印章之外,在两河流域地区发现的其他很多物品也证明了印度河文明与两河流域文明之间有过商业往来。这些物品有来自古吉拉特等地的半宝石,如天河石,还有来自拉贾斯坦等地的石料、金属及来自印度南部带柄的贝壳。这些都是在公元前第三千纪后半叶期间抵达两河流域的。印度河流域出口的商品包括天青石制品、蚀花的红玛瑙珠、微型串珠及珍珠等。进口商品却很少发现两河流域的特有产品,可能有一些银质器皿来自两河流域。所以印度河流域的进口商品"并不见得是为了维持基本生存和生产,而多是为了满足上层社会需要的奢侈品"②,进口这些稀奇物品是为了"标志他们的统治地位并使其神圣化"。

商品运输所用到的交通工具,陆路主要是各种牛车,水路则有海运和河运,印章和陶器模型上有海运和河运的证据。③印度的船舶制造业发展很早,与印度河和恒河息息相关,河流为船舶制造业的发展提供了早期的试验场地。根据资料记载,古吉拉特 2000 年前的船只"完全是人操纵的长船",名为塔帕格和考图巴;印度南部的多尼艇,既适用于远海捕鱼,也可用于长距离贸易;还有在科罗曼德尔海岸、孟加拉等地航行的船只,称为双桅杆考兰多冯塔(可能装有结实的伸出舷外的框架)等。④

频繁的内外贸易和多样化的商品种类证明印度河文明已经有了比较高的手工业发展水平。考古成果也证明,印度河文明的许多地方都生产工艺品,且有些生产技艺已经标准化。有一种手链所用壳的材质,宽度都是 5—7 毫米不等,而且各地所用锯子的刀片厚度都差不多,所用的壳来自海洋的软体动物。这种标准化生产证明了当时已有一种高度组织化的贸易体系存在,这种体系能够从各地组织资源,并且可能出现了全职商人,能够提供原材料。⑤

二、吠陀时期的商业

到吠陀时期,商业贸易继续发展。雅利安人到来之后,其在发展农业和畜牧业的同时,南亚次大陆的商业活动也在进行,衣物、兽皮和其他日常用

---

① 〔印〕D. P. 辛加尔:《印度与世界文明》上册,庄万友等译,北京:商务印书馆,2019 年,第 14 页。
② 刘欣如:《印度古代社会史》,第 21 页。
③ Ajeet Jha. *A History of Ancient India*, Noida: Pearson India Education Services Pvt. Ltd., 2020, p.21.
④ 〔澳〕肯尼斯·麦克弗森:《印度洋史》,耿引曾、施诚、李隆国译,北京:商务印书馆,2015 年,第 27—28 页。
⑤ Ajeet Jha. *A History of Ancient India*, p.20.

品都能成为交换物。除了人们日常生活中的生意往来，印度还形成了多条长距离的贸易路线，并通过陆路枢纽呾叉始罗与西亚等地进行贸易，海路贸易也在推进。古印度人不仅与亚洲各地区有贸易往来，还将商品运到了非洲和欧洲。根据对埃及古墓的考古发掘，人们从中可以看到诸如靛蓝平纹布和酸角，还有乌木、象牙、檀香和棉织品等物品，证明在公元前第二千纪就有印度商品抵达了埃及。后来，到埃及的印度人一直不断，埃及出现了印度人的拓居地，甚至在托勒密的庆典游行中出现了印度女子。①古印度人与欧洲人也有接触。1963年，孟加拉地区发现了石印章，人们通过研究发现该印章的文字与象形文字和"线形文字A"一致，这说明孟加拉地区的印度人在公元前第二千纪后半叶期间可能与克里特人有过贸易接触和往来。②早在公元前8世纪，中东的大象被捕猎灭绝后，象牙便从印度西部和北非输入，以满足亚述贵族和亚平宁半岛的地中海显贵对象牙珠宝、装饰品、镶嵌家具的需求。③

除了商品往来之外，印度商人在两河流域地区可能也有固定的居住地点。考古发掘成果显示，在苏美尔人建立的城市应该有印度人居住。从苏美尔出口到印度河流域的商品有白色大理石印章、手斧、陶环和有角的雕像。不仅在两河流域，而且在中亚的土库曼斯坦，也发现了属于公元前1000年甚至更早的印度河文明的物品痕迹。

为了保证商路畅通，古印度人在商路沿线建立了各种保障点。在印度河与波斯湾、两河流域之间，设置了多个站点以供过往船只停靠和补给。

三、列国时期的商业

进入列国时期后，虽然各政权争霸，战争频仍，但此时南亚次大陆经济繁荣，农业获得了很大发展，城市数量增加、规模扩大，商业贸易也迅速发展。为了便利海上航行，人们不断寻找可靠的海上航行路线，客观上对印度洋的了解也逐渐加深。在掌握印度洋季风系统的"秘密"之后，至少从公元前7世纪起，人们利用季风规律，使长距离海上贸易甚至是与中东和东南亚之间的直接联系成了可能。此外，这一时期南亚次大陆与外界的贸易商品混合了日常用品和奢侈品④，人们还会根据各地的消费习惯和爱好进行商品买卖。比如在巴比伦王国尼布甲尼撒的宫殿里，就发现了印度柚木木料。

---

① 〔印〕D.P. 辛加尔：《印度与世界文明》上册，庄万友等译，第105页。
② 〔印〕D.P. 辛加尔：《印度与世界文明》上册，庄万友等译，第23页。
③ 〔澳〕肯尼斯·麦克弗森：《印度洋史》，耿引曾、施诚、李隆国译，第33页。
④ 〔澳〕肯尼斯·麦克弗森：《印度洋史》，耿引曾、施诚、李隆国译，第36页。

当时，人们的商业意识已经比较突出。印度人很早就认识到负数的存在了。由于他们执着于一种观念——"占有"，以及另一种观念——"负债"，因而能区分正数和负数。因此，许多人也认为现代算术和代数的形式与精神在本质上都是印度的。①印度商人的商业技能也很纯熟，古代的印度商人就已经有了对于记账很重要的文字记录和数字体系。比如，信仰佛教和耆那教的商人进行慈善活动时，大量捐赠都记载了日期，这有利于做账。②

古代印度的商人已发挥多重作用。公元前6世纪左右，多个依赖商业的城市都很繁荣。印度北部出现了银币，流通范围从摩揭陀到呾叉始罗甚至远到波斯。货币的发行者就是商人及其组织，他们会定期检查货币的质量和重量。商业组织或早期的金融家们，已经构建了一套维护币值的手段。③货币为商品交换奠定了重要的基础。商人安排商品生产，组织城乡交流和长途交易活动。还有从事放债和投资活动的现象，放债利率由法典规定，但是因"时间、期限和条件而不同，一般是年利15%"④。

四、孔雀王朝时期的商业

孔雀王朝时期，国内贸易发达，国外贸易路线也远达西亚和非洲。早在公元前4世纪，南亚商人就已经抵达了距离非洲东北部海岸不远的索科特拉岛，也经常去波斯湾和阿拉伯半岛南部港口。孔雀王朝的商业发展，得益于以下三个因素。

首先，政府出台了便利商业贸易的各项措施。为了保证商贸活动顺利进行，政府成立了专门的管理组织。孔雀王朝时期，华氏城的管理组织是一个由三十人组成的委员会，分六个部门，每个部门有五名委员。其中的第四部门称为"贸易委员会"，负责监督商贸活动、调控度量衡。出售的商品都要加盖政府印章。第六部门负责征收产品销售税，按商品价格的十分之一征收。逃税是死罪。⑤

其次，孔雀王朝政府统一了币制和度量衡。当时的货币是没有文字的打印钱，印有代表国家的符号。五个符号一组，打印在一枚货币上。其中的

---

① 〔印〕D. P. 辛加尔：《印度与世界文明》上册，庄万友等译，第225—226页。
② Frederick M. Asher. India Abroad: Evidence for Ancient Indian Maritime Activity, In Matthew Adam Cobb. *The Indian Ocean Trade in Antiquity: Political, Cultural, and Economic Impacts*, London and New York: Routledge, 2018, p.160.
③ 刘欣如：《印度古代社会史》，第56—57页。
④ 刘欣如：《印度古代社会史》，第59页。
⑤ 〔英〕文森特·亚瑟·史密斯：《阿育王：一部孔雀王国史》，高迎慧译，北京：华文出版社，2019年，第70页。

"太阳"和"车轮"符号是各种货币共有的,是孔雀王朝的象征。其他符号则是变化的,因发行者不同而各有差异。孔雀王朝领土范围内都分布着这些统一的货币。①孔雀王朝的商品出售受到严格监督,商品要标注日期,价格被控制,利润率范围也有要求。商品税收有统一规定,由地方税和贸易税组成,地方税固定为货物价的五分之一,贸易税是地方税的五分之一。逃税要受处罚。②通过各种政策,孔雀王朝加强了对商贸活动的监督管理。

最后,孔雀王朝修筑了大道,便利了交通往来。考古发掘成果显示,在当代拉瓦尔品第西北30千米处的呾叉始罗,曾有三条商路会合:第一条通往印度东部和北部;第二条通往西亚;第三条则通往克什米尔和中亚。从呾叉始罗出发,孔雀王朝所修的大道在西北部连接了马图拉,更远点至恒河平原的华氏城。从马图拉出发的另一条路线往南到乌贾因,然后到西海岸。③除了道路交通之外,孔雀王朝的造船技术也得到了提升,多地建有船坞。

当然,孔雀王朝时期,南亚次大陆只是一定程度上的统一,仍然有一些独立政权存在,在南亚次大陆的最南端就有朱罗、潘地亚和哲罗三国。这些地方也与外界有贸易往来。根据《圣经》记载,西亚王国曾每三年派遣一次船只去印度南部运载黄金、白银、象牙、猴子和孔雀。公元前4世纪晚期,潘地亚统治者的财富来自珍珠贸易。《政事论》中也罗列了印度南部的贝壳、钻石和珍珠、金质物品。④公元前2世纪,潘地亚还向罗马派遣了使节。到孔雀王朝末年,统一不再,政治局势复杂,每个政治实体规模不一,政治体制不一。⑤多个政治实体并存的局面表明南亚次大陆又进入了分裂状态。

五、公元前后的商业

从孔雀王朝衰落到印度北部又一个统一王朝——笈多王朝出现之前,印度对外贸易活动仍然在进行。比如胡椒,在东方主要与中国人进行交易,中国在2世纪就已从印度进口胡椒⑥,当时是经陆路输入的。公元前后的几个世纪,与古代印度贸易往来最频繁的是罗马。印度与罗马之间既有商贸活

---

① 刘欣如:《印度古代社会史》,第82页。
② 林太:《印度通史》,第43页。
③ H. P. Ray. Trade and Contacts, In Romila Thapar. *Recent Perspectives of Early Indian History*, Bombay: Popular Prakashan, 1995, p.150.
④ 〔德〕赫尔曼·库尔克、迪特玛尔·罗特蒙特:《印度史》,王立新、周红江译,第115页。
⑤ Romila Thapar. *The Penguin History of Early India: From the Origins to A. D. 1300*, p.234.
⑥ Sebastian R. Prange. *Monsoon Islam: Trade and Faith on the Medieval Malabar Coast*, Cambridge: Cambridge University Press, 2018, p.216.

动，又有使节来往。

印度与罗马之间是直接贸易。罗马商人从地中海或红海、波斯湾沿岸等地运到印度的商品主要有服装、香料、金银器皿、珠宝和红珊瑚、女奴和儿童、大坛酒、铜、锡、铅等，带走的印度商品有水晶、黄玉、天青石、棉布、中国丝绸，以及靛蓝等染料和中亚毛皮等。①公元1世纪后半期的《厄立特里亚海航行记》②描述了罗马与印度马拉巴尔海岸的贸易：

> 为了获取大量的胡椒和三条筋树叶（肉桂），他们将大船开到市镇上。这里输入的物品首要的是数量庞大的硬币；黄色细纹布，但数量不大；彩绘亚麻布、锑、珊瑚、粗玻璃、铜、锡、铅、酒，数量不大，但和婆卢羯车[Barygaza，即布罗奇（Broach）]的数量相当；雄黄和雌黄；以及仅足以应付海员生活之需的小麦，因为那里的商人并不从事小麦贸易。那里有供出口的胡椒……这里可供大量出口的物品还有精美珍珠、象牙、丝绸、恒河的甘松、来自内地的三条筋树叶、各类透明石、钻石和蓝宝石，以及龟壳。③

《厄立特里亚海航行记》也提到，公元1世纪时印度的铁和钢已输出到埃塞俄比亚等非洲地区。印度冶金家能从矿石中提炼金属，铸造的产品得到了罗马人、埃及人和阿拉伯人的高度评价。④

考古资料证实，庞贝古城发现了公元54年和公元79年的象牙雕像。公元60年左右，罗马流行柑橘木桌子，用象牙做桌子腿，这些象牙大多来自印度，但更大块的象牙只有在印度才能得到。而且在不同的文献中，象牙腿都被描述得坚实和完整，这不是罗马的风格，而是当时印度萨塔瓦哈纳王朝的特色。⑤

罗马很早就已积极与马拉巴尔海岸从事胡椒贸易。恺撒还修建了战略储备室，收藏了大量胡椒。5世纪初，为了让西哥特国王阿拉里克解除罗马之围，付出的赎金中就包括3000磅胡椒。⑥

对于罗马而言，印度不仅是商品的直接购买地，也是亚洲货物的中转

---

① 刘欣如：《印度古代社会史》，第99页。
② 即《红海漫游记》，参见〔印〕D.P.辛加尔：《印度与世界文明》上册，庄万友等译，第82页。
③ 〔德〕赫尔曼·库尔克、迪特玛尔·罗特蒙特：《印度史》，王立新、周红江译，第124页。
④ 〔印〕D.P.辛加尔：《印度与世界文明》上册，庄万友等译，第231页。
⑤ Kasper Gronlund Evers. *Worlds Apart Trading Together: The Organisation of Long-Distance Trade Between Rome and India in Antiquity*, Oxford: Archaeopress Archaeology, 2017, p.36.
⑥ Sebastian R. Prange. *Monsoon Islam: Trade and Faith on the Medieval Malabar Coast*, p.211.

地。罗马人很喜欢包括印度产品在内的亚洲奢侈品。中国丝绸及印度珠宝、细薄纱、药材、香料、象牙、染料、化妆品等在罗马都有很好的销路。公元1世纪末，因为陆路被安息封锁，中国的丝绸和皮衣只能从印度港口转运到西方国家；西方商人带到印度的商品主要有锡、铅、红酒、珊瑚、玻璃及印度没有的矿物等，其同印度交换商品的主要支付手段是黄金。后来，人们在出售珠宝和香料的印度南部发现了大量罗马货币。①事实上，公元前后的印度，不仅南部，其北部地区的商业也很繁荣，有多种铸币在流通使用。旁遮普和拉贾斯坦地区的铸币开始为人所知，出现了175种铸币。②贸易的频繁促进了欧亚商路中途各城市的繁荣。

为了加强与罗马的交往，印度还向罗马派遣使节。公元前25年，一个成员复杂的使团出发了。使团成员包括人和动物，既有苦行僧，也有老虎、野鸡、蛇、乌龟，还有一个能用脚射箭的无臂男孩。使团用了4年时间才到达罗马，而给罗马留下的印象是，印度这片土地是神奇而绝妙的。③罗马政府为了控制通往印度的商路，也曾派遣远征军保卫印度海路。加上对季风的发现和认识，极大地改变了印度和罗马之间海运贸易的整个面貌。④与罗马贸易的发展，给印度社会带来了广泛而深刻的影响。

首先，大量的罗马金币进入印度。当时印度没有银矿，只有少量金矿，铸造货币的金属必须从国外获取。因为急需贵金属，所以"对罗马金币的追求成为印度古代国际贸易的一种驱动力"⑤。印度南部与罗马的贸易很频繁，大量罗马金币涌入。印度统治者会损毁罗马金币表面，"在罗马皇帝的脸上切割一条深深的口子表示否认他的主权，但欢迎他的铸币，并根据它们各自的内在价值予以接受"。普林尼曾哀叹道："没有一年印度不吸收至少5000万的塞斯特斯（罗马铸币）的。"⑥

其次，带动了印度与东南亚地区的贸易活动。因为印度自身无法满足罗马对奢侈品的需求，于是向东寻找货源，从东南亚国家进口商品，再出口到罗马。⑦所以印度商人前往泰国、柬埔寨等地寻找罗马人需要的商品，如黄金、香料、香药、树脂和木材等。⑧罗马帝国的分裂一度给印度对外贸易带

---

① 〔印〕D. P. 辛加尔：《印度与世界文明》上册，庄万友等译，第110—111页。
② H. P. Ray. Trade and Contacts, In Romila Thapar. *Recent Perspectives of Early Indian History*, p.143.
③ Romila Thapar. *The Penguin History of Early India: From The Origins to A. D. 1300*, p.255.
④ 〔印〕D. P. 辛加尔：《印度与世界文明》上册，庄万友等译，第107页。
⑤ 〔德〕赫尔曼·库尔克、迪特马尔·罗特蒙特：《印度史》，王立新、周红江译，第125页。
⑥ 〔德〕赫尔曼·库尔克、迪特马尔·罗特蒙特：《印度史》，王立新、周红江译，第96页。
⑦ 〔印〕D. P. 辛加尔：《印度与世界文明》上册，庄万友等译，第114页。
⑧ 刘欣如：《印度古代社会史》，第129页。

来冲击，但拜占庭兴起后，印度对外贸易又发展起来。

公元1—2世纪，是亚欧贸易的重要时期。黑格尔在《历史哲学》中评价了西方同印度的贸易。

> 对印度的希求是我们整个历史的一个动力。自古代以来，所有民族都把他们的希望和梦想指向那个神奇的国度。对这个国度的财宝，他们垂涎欲滴。那里的财宝是尘世间最珍贵的东西：天然珠宝、珍珠、钻石、熏香、玫瑰香精、大象和狮子等，此外还有智慧的宝库。从来都对普遍历史具有重大意义的是，通过那些贸易路线这些财宝被运到了西方，各民族的命运也因此受到很大影响。①

六、笈多王朝到12世纪时期的商业

笈多王朝和戒日王朝时期，印度封建社会形成并发展。自给自足的自然经济固然不利于商品贸易的大规模发展，但仍然存在着奢侈品生产和贸易。印度也一如既往是提供奇珍异宝之处，展示了"精巧玲珑的形式，造就了一种少数人享受的高级文化"②。戒日王晚年信奉佛教，给了佛教寺院大量捐赠。佛教的兴盛，也给贸易发展提供了契机。佛塔用的旗幡是丝绸所制，所以对丝织品需求加大。当时人们还用香料拜佛，这些都扩大了需求，促进了贸易发展。

戒日王朝之后到德里苏丹国建立之前，南亚次大陆再次陷入分裂状态，但即便如此，对外贸易仍在发展。以孟加拉地区为例，孟加拉地区是横贯印度北部直到旁遮普和拉贾斯坦的水陆贸易大网络的东部终点，孟加拉地区的区域贸易范围很广，与斯里兰卡、科罗曼德尔海岸、缅甸、泰国、印度尼西亚等地及中国的广州和泉州等港口都有广泛往来。其中最长的一条路线连接了亚丁和广州，从7世纪开始，这条路线就已经正式使用了，9世纪印度已经与亚丁建立了稳定的贸易联系。在这条路线上，主要商人群体起初是波斯商人，9世纪之后阿拉伯商人取而代之。商路主要的停靠点是印度西海岸的坎贝或卡利卡特，还有苏门答腊岛的巴邻旁（又称巨港）。12世纪之后，中国船只也加入了这条路线。③印度的出口商品主要有棉麻纺织品、鞣制的皮

---

① 转引自〔德〕赫尔曼·库尔克、迪特玛尔·罗特蒙特：《印度史》，王立新、周红江译，第122—123页。
② 刘欣如：《印度古代社会史》，第123页。
③ Om Prakash. *The New Cambridge History of India: European Commercial Enterprise in Pre-Colonial India*, Cambridge: Cambridge University Press, 1998, pp.8-9.

革、甘蔗和蔗糖等，进口的商品有马匹等。当时，货币使用增加，很多王公都铸造货币。货币材质多种多样，刚开始有金币，后来出现了银币和铜币，证明当时的商品往来极为广泛。印度与阿拉伯地区的贸易继续进行。12世纪初，印度商人已经活跃于波斯湾入口处的基什。由此可见，在亚洲贸易活动中，印度商人表现得很活跃和突出。

这一时期，印度商人在本地贸易和对外贸易中都很活跃。以印度南部商人为例，分为经营地方贸易的商人和经营国际贸易的商人，都有自己的行会。商人行会地位重要，不仅资助地方发展项目和修建神庙，还借款给国王。由于经济实力雄厚，他们还雇佣军队，也享有豁免权。行会类似"国中之国"，有名的行会有阿雅沃勒和马尼哥拉马姆等。印度南部最大、最有名的流动商人行会是阿雅沃勒，活动范围主要在安得拉和卡纳塔克地区，也涉及斯里兰卡和东南亚地区。[1]阿雅沃勒控制了德干的贸易，经营的国际贸易扩展到了西亚。马尼哥拉马姆以泰米尔地区为基地，贸易活动主要集中在东南亚地区。印度西南沿海有阿拉伯商人和犹太商人，开罗的犹太教堂中发现了信件和文件，证明中世纪的开罗商人与印度南部商人有密切来往。除了与西亚和非洲有来往外，印度南部商人与当时的中国也有贸易关系。1077年，印度南部地方政权朱罗的统治者就派遣了一个由70名商人组成的使团到访中国。[2]

七、德里苏丹国时期的商业

德里苏丹国是1206年由突厥人以军事征服建立的国家，历经奴隶王朝、卡尔吉王朝、图格鲁克王朝、赛义德王朝和洛迪王朝的统治。

卡尔吉王朝的阿拉乌德丁统治时期，税收采用实物缴纳，谷物储存在皇家仓库里，以便饥荒时节供应市场，私人不能储粮。因为深知当时税收额已经达到人们所能承受的顶点，国家制定了一系列政策调整并稳定市场物价，对小麦、大麦、稻谷、饲料、盐、蔗糖、豌豆、菜豆和奶油等商品的价格都进行了规定，还派遣了两名官吏专门负责看管市场。国家对商人做生意也有严格规定，商人不仅要进行登记，还要诚信经商。当时为了防止商人短斤缺两，国家规定一旦出现这种情况，将"从他身上割下和所缺分量相等的肉来"[3]。这

---

[1] R. Champakalakshmi. State and Economy: South India Circa A. D. 400-1300, In Romila Thapar. *Recent Perspectives of Early Indian History*, p.289.

[2] 〔德〕赫尔曼·库尔克、迪特玛尔·罗特蒙特：《印度史》，王立新、周红江译，第147—149页。

[3] 〔印〕R. C. 马宗达、H. C. 赖乔杜里、卡利金卡尔·达塔：《高级印度史》上册，张澍霖、夏炎德、刘继兴，等译，北京：商务印书馆，1986年，第328页。

在当时实属难得。

阿拉乌德丁统治期间，还积极发展手工业，建立了皇家工场卡哈纳，大型皇家工场的手工业者多达 17 000 人。①

图格鲁克王朝时期，进行过货币改革。吉亚斯·乌德·丁·图格鲁克即位之后，进行了土地改革，发展生产，将税收限制在全部产品的 1/11—1/10。穆罕默德·本·图格鲁克被誉为"造币大王"，他发行了新金币和银币以替代旧币，还发行了铜币一类的代用币，可以与金币、银币一样使用。但是因为没有制定防伪措施和制度，伪铜币泛滥流通："每个印度人的家庭都成了一个造币厂，各省的印度人制造了无数的铜币，他们用这些钱币交纳贡金，购买马匹、武器和各种精美的东西。"②这种现象无疑导致了市场混乱，影响了商业和手工业的发展，虽然政策在四年之后废止，铜币回笼，但还是致使国库受损。菲鲁兹沙·图格鲁克统治时期，发展农业，建立灌溉沟渠系统，取消了一些苛捐杂税，尤其是对商人免征强制性的入市税，有利于商品流通和贸易发展。

穆罕默德·本·图格鲁克在位时期，不断向印度南部扩张。为了便利统治，他把南部城市德瓦吉里改建为新都城道拉塔巴德，并修建了从德里到道拉塔巴德的道路，为此花费巨大。他还强迫德里的贵族和学者们迁居道拉塔巴德，以致怨声载道。后来，矛盾日益突出，各地反叛频繁。1334年，南部总督宣称独立，这就是后来的马杜赖苏丹国。1336年左右，维查耶纳伽尔城建立，之后立国，是一个印度教国家。该国农业和手工业都有发展，商业繁荣，拥有多个港口，与印度洋岛屿、东亚、东南亚及非洲和欧洲等地的国家都有贸易往来，一直持续到17世纪。因新都城道拉塔巴德的建立，迁来了大量穆斯林，随着他们势力不断加强，1347年，贵族扎法尔汗宣布自己为苏丹，称为阿拉-乌德-丁·巴曼沙，巴赫曼尼苏丹国开始发展。到马茂德沙·巴曼尼苏丹时期，巴赫曼尼苏丹国开始衰落。之后，在其区域兴起了五个苏丹国，分别是：贝拉尔的伊马德·沙希王朝、艾哈迈德讷格尔（马哈拉施特拉西部）的尼扎姆·沙希王朝、比贾普尔的阿迪勒·沙希王朝、高康达的库特卜·沙希王朝及比达尔的巴里德·沙希王朝。

到1500年之际，南亚次大陆内部贸易仍旧进行，印度洋贸易持续频繁，印度商人群体活跃。古吉拉特、马拉巴尔、孟加拉地区、科罗曼德尔

---

① 培伦主编：《印度通史》，哈尔滨：黑龙江人民出版社，1990年，第195页。
② 〔印〕R. C. 马宗达、H. C. 赖乔杜里、卡利金卡尔·达塔：《高级印度史》上册，张澍霖、夏炎德、刘继兴，等译，第343页。

海岸及旁遮普等地的贸易活动都很突出。比如古吉拉特，因为地处南亚次大陆西部沿海，通过坎贝、苏拉特和布罗奇等多个良港从事繁荣的商业贸易。1297年，古吉拉特被并入德里苏丹国，受其委派的穆斯林总督统治。1401年，总督扎法尔汗统治时宣布独立，后称王，自称苏丹穆扎法尔沙，1411年去世，由其孙子艾哈迈德沙继位。艾哈迈德沙对外开疆拓土，对内改革行政，继位伊始便建立了新都艾哈迈达巴德。到艾哈迈德沙的孙子阿布尔·法特汗（通称"马茂德·贝加尔哈"）为王时，被认为是古吉拉特所有国王中的最杰出者。马茂德·贝加尔哈使古吉拉特疆界达到了最大范围。他统治期间，葡萄牙人已经来到了印度，他还曾试图联合埃及的统治者一起阻止葡萄牙人在印度洋势力的发展。马茂德·贝加尔哈统治了50多年，于1511年去世。随后的统治者除巴哈杜尔外都懦弱无能。作为被嵌在海洋中的地区，古吉拉特被认为是一片"既属于印度洋，也属于印度的土地"①，第乌甚至霍尔木兹贸易的很大部分利润都是来自古吉拉特商人，他们被认为是非常具有利益价值的群体，单"就关税而言，古吉拉特人一直是最富有的"②。

洛迪王朝后期，政治局势动荡，地方政权风云相争。1498年，葡萄牙航海家达·伽马靠古吉拉特人帮助，绕过非洲南端的好望角，到达了印度西海岸的繁荣商港卡利卡特，西方殖民势力开始进入印度。葡萄牙人在船上装备大炮，依靠海上军事实力在印度洋耀武扬威，垄断了印度洋贸易，也为印度商品提供了一个前所未知的世界市场，印度商业开始受到异质文明和商业模式的不断冲击。

葡萄牙人远航印度有多个方面的原因，最传统的解释是寻找基督教徒和香料，也就是说，是基于现实层面的需求及其推动，当然，欧洲流行的旅游因素也起到了舆论上的推动作用。具体而言，有以下三个因素：

第一，经济因素。15世纪葡萄牙人口增长，寻求更宽广的生活空间显得极为迫切。当时，葡萄牙是粮食进口国，既需要发展在北非等地的粮食种植基地，也需要寻找国外的渔业基地，还想要获取巨额利润，尤其是黄金和奴隶的进口。

第二，政治因素。在封建制度下，次子、私生子及其他落魄贵族等人群所处社会地位不利，为了缓解封建制度的危机，远航也是为他们提供出路，

---

① Pedro Machado. *Ocean of Trade: South Asian Merchants, Africa and the Indian Ocean, c. 1750-1850*, Cambridge: Cambridge University Press, 2014, p.18.

② M. N. Pearson. *The New Cambridge History of India: The Portuguese in India*, Cambridge: Cambridge University Press, 1987, p.114.

因而得到了葡萄牙王室的支持，尤其是 15 世纪时以支持航海活动而著称的亨利王子。王室的支持为航海事业的发展提供了"方向"和"动力"[1]。

第三，航海传统。处于伊比利亚半岛的葡萄牙地理位置靠海，葡萄牙人很早就开始探索海洋，有航海欲望。而葡萄牙的造船技术则提供了航海所需的硬件保证。

葡萄牙人到来时，卡利卡特已有很多外商，贸易活跃。当地统治者允许葡萄牙人通商，达·伽马得到了很多印度商品，其中包括胡椒等。回到葡萄牙后，他获利颇巨。

葡萄牙王室看到了商机，1500 年，派出了 13 艘商船到印度进行贸易。1502 年，达·伽马又率船队前往印度。1505 年，葡萄牙王室开始建立东方海上殖民帝国，并任命了葡萄牙印度总督。为了不断扩展自己在印度的据点，葡萄牙还动用了武力，实行炮轰。1510 年，葡萄牙武力占据比贾普尔的港口果阿，果阿自此成为葡萄牙控制印度的重要据点。葡萄牙人把印度洋视作葡萄牙的内海，任何非葡萄牙船队，只要被发现，就会被没收船只及其商品，船员则会被抛入大海，或者被割去耳鼻后释放。[2]

自葡萄牙人来到印度，印度各地商品对于欧洲国家的重要性日益凸显。南亚次大陆南部沿海贸易中，胡椒贸易历来占据重要地位。在葡萄牙人到来后，运往欧洲的胡椒数量增加。南亚次大陆的人见识到了很多来自欧洲和其他地区的东西，主要是贵金属[3]和铜、锡、铅等非贵金属，也有珊瑚、明矾、葡萄酒、橄榄油及各类纺织物。

当时，在与葡萄牙人的贸易中，因胡椒在欧洲市场很受欢迎，葡萄牙人大量购买，印度得到了很多贵金属。15 世纪末，在马拉巴尔，每公担[4]胡椒葡萄牙人最多花费 6 克鲁扎多（1 克鲁扎多等于 3.6 克黄金），运回里斯本后，至少能卖 22 克鲁扎多。马拉巴尔每年最少输出 25 000 公担胡椒，以其利润 41 万克鲁扎多计算，除去各种损耗和成本，葡萄牙人的年净利润率高达 152%。以 1520—1521 年里斯本到印度的航线为例，有 3 艘葡萄牙船到了科钦，携带有 2 万克鲁扎多硬币和价值 64 000 克鲁扎多的货物，买了 3 万公担胡椒，每公担胡椒 2.5 克鲁扎多。回到里斯本，胡椒售价在每公担 30—

---

[1] M. N. Pearson. *The New Cambridge History of India: The Portuguese in India*, p.8.
[2] 汪熙：《约翰公司：英国东印度公司》，上海：上海人民出版社，2007 年，第 38 页。
[3] 非洲的黄金。1570 年之后，主要以美洲白银铸制里亚尔。参见 Om Prakash. *The New Cambridge History of India: European Commercial Enterprise in Pre-Colonial India*, p.30.
[4] 1 公担等于 100 千克。

40 克鲁扎多不等。①通过对葡萄牙 1506 年和 1518 年的预算对比，自胡椒垄断中获得的收入从 1506 年的 13.5 万克鲁扎多增加到 1518 年的 30 万克鲁扎多。印度得到的财富年均达到 5 万克鲁扎多。②这还仅是胡椒贸易，算上其他商品，利润更为可观。

德里苏丹国末期，大量贵金属涌入印度。1510—1518 年，运到科钦的各种金属年均达到 103 295 克鲁扎多。其中，铜有 49 464 克鲁扎多，约占总量的 47.9%，白银等有 30 274 克鲁扎多，约占总量的 29.3%，其他的主要是非贵金属和珊瑚。③这些数据显示了葡萄牙人在印度的贸易规模和贸易频率。

虽然马拉巴尔地区从与葡萄牙人的贸易中获取了丰厚的利润，但葡萄牙的垄断政策引发了当地商人与葡萄牙人之间的矛盾。为了确保垄断马拉巴尔的胡椒，葡萄牙人禁止当地与亚丁和红海贸易，除了袭击这些地方的商人外，葡萄牙人还要求马拉巴尔统治者与他们签订合同：胡椒只能卖给他们，且价格固定为极低价。葡萄牙人对商品支付手段也有规定，采用拿一些商品来支付 1/4 胡椒费用的办法，但这些商品对于当地人而言，并没有实际价值。马拉巴尔商人极为生气，他们想办法从不受葡萄牙人控制的地方进货。1520 年，葡萄牙官员问一位大商人为什么不卖胡椒给他们，这位商人回答说："有许多人求着我卖给他们，早在我家里，他们就答应了我的开价，我自然无须再出来售卖。"④

总体而言，早在远古时期，印度就已开始与中亚、西亚、东南亚、非洲和欧洲有了各种形式和各种途径的商贸往来。伴随着南亚次大陆不断更替的王朝和风云变幻的政局，印度商业也逐步进入了新的发展阶段。

印度商业的发展得益于以下因素：

第一，自然环境的影响。南亚次大陆背靠大陆、面朝大海的地理条件便利了陆路往来和海上交流，也促使人们在实践中进一步顺应和掌握大自然规律，从而更便捷和顺利地与其他国家和地区互动、沟通。

第二，各地区人们消费需求的推动。印度的很多商品在各地都有很大需求，比如象牙。印度还出口各种鸟类和兽类（包括贵重的信德马）、棉织品、金、银和珠宝。阿拉伯商人从印度南部各港口运送谷物到欧洲。长期

---

① M. N. Pearson. *The New Cambridge History of India: The Portuguese in India*, p.41.
② 〔德〕赫尔曼·库尔克、迪特玛尔·罗特蒙特：《印度史》，王立新、周红江译，第 254 页。
③ Om Prakash. *The New Cambridge History of India: European Commercial Enterprise in Pre-Colonial India*, p.30.
④ M. N. Pearson. *The New Cambridge History of India: The Portuguese in India*, pp.46-47.

以来，从印度沿海各港口运抵西方的其他商品还包括桂皮、生姜、胡椒和绿宝石等。

第三，印度人的商业意识。古代和中古印度就有大规模、长距离的商品运输。商人们不仅发展商业，而且资助王公，发展起了大规模、长距离的集市经济。①印度各地区的商业群体形成了自己独特的商业习俗和稳定的商业传统。古吉拉特商人是"跨区域接触的中间人和长距离贸易的促进者"②，在红海、波斯湾和阿拉伯海域附近港口贸易表现突出，他们还到达了非洲斯瓦希里海岸和莫桑比克。其中的一个商人群体来自卡提阿瓦半岛，主要是第乌和达曼地区，他们占据了红海的多个港口市场，也从事经纪人行业、银行业和大宗货物贸易。

第四，战争所带来的客观影响。自古以来，各种规模的战争直接损害了生产力发展，也给人们提供了了解其他地区的契机。印度西北部曾被波斯帝国的大流士征服，成为波斯帝国的第20个省区。印度人必须向波斯帝国缴纳沙金作为贡金。印度和埃及之间的商业受到巨大促进是在公元前4世纪末，托勒密家族登上埃及王位。旃陀罗笈多还将500头大象送给了塞琉古，而希腊人从印度学到了在战争中使用大象。③

第五，技术和知识进步及商品信息传播。陆路交通的改善、造船技术的不断进步、航海知识和季风规律的把握，以及欧洲人的游历及其地理知识记载和传播，都为印度商业的发展提供了条件。西方的"历史之父"希罗多德提到，印度人年复一年地缴纳大量沙金给大流士。印度的黄金，不管是从地下采掘出来的，还是被河水冲来的，产量都很大。还有一种野生的树，这种树的果实里面长有一种毛，比羊毛更美丽，质地更好。印度当地人穿的衣服就是用这种树上长的"羊毛"制作的。④在当时的传播媒介条件下，希罗多德的游历记录无疑也成了商品信息流通的重要途径。

作为有着古老文明的国度，印度历经沧海桑田，到16世纪上半叶，南亚内部各地之间及与亚洲其他地区、非洲和欧洲等地都有密切的商品流通与贸易往来，为之后的贸易发展奠定了基础。

莫卧儿王朝起自16世纪早期，贸易在当时已经有了很大程度发展。自欧洲商人最早于15世纪末来到印度之后，英国和荷兰东印度公司及欧洲私

---

① Thomas A. Timberg. *The Marwaris: From Jagat Seth to the Birlas*, New York: Penguin, 2015, p.18.
② Pedro Machado. *Ocean of Trade: South Asian Merchants, Africa and the Indian Ocean, c. 1750-1850*, p.19.
③ 〔印〕D. P. 辛加尔：《印度与世界文明》上册，庄万友等译，第104页。
④ 〔古希腊〕希罗多德：《历史》，徐松岩译注，上海：上海三联书店，2008年，第183—184页。

商们也不断在印度开展商业活动。16世纪初到19世纪上半叶，印度经济不断发展，通过商业贸易互动而汇入世界经济。①

16世纪早期，在印度洋贸易圈中，印度占据了很重要的地位。之所以如此，有以下两个原因：

第一，在地理位置上，印度处于从西亚到东南亚和东亚的关键节点，是东来西往商业贸易的交会之处，比如从亚丁到马六甲的航线就会经过古吉拉特或马拉巴尔。

第二，也是很重要的一点，印度有能力向市场提供具有高度竞争力价格的多种贸易商品。②印度能提供生产生活领域的各种商品，诸如大米、蔗糖、油及棉花和靛蓝等在印度都有丰富供应，而且印度各种纺织品，如达卡的平纹细布、古吉拉特的丝织物、科罗曼德尔海岸和古吉拉特的粗棉布等，从东亚到西亚甚至东非都有大量需求。所以除了地理位置上的优势之外，印度自身所具备的生产能力也是它竞争实力的体现，悠久的手工业历史、相对便宜的劳动力价格、丰富的产品种类、熟练的技能和精细的质量等都能保证印度产品具有竞争优势，印度也在某种程度上成为从西亚到东南亚的手工业中心。

总之，印度在亚洲贸易中占据重要地位，也是因为具有种植、生产和加工的能力，能提供棉织物、粮食及别的地方所需要的很多商品。而且印度港口众多，是邻近区域的农产品、矿产品和其他产品的重要出口地。

莫卧儿王朝是印度历史上的重要时期，其在商业领域的诸多发展呈现了突出特点，对其进行研究具有重要意义：

首先，研究莫卧儿王朝的商业史有助于完整了解王朝经济发展的历史，从而丰富印度洋区域经济史和贸易史的研究。而且莫卧儿王朝商业史是印度历史的重要组成部分，对其进行研究有助于更全面地梳理和掌握印度历史。莫卧儿王朝商业史既是16世纪到19世纪中期印度经济贸易发展进程的重要

---

① 有学者认为，15世纪的印度洋海上贸易表现出两个主要特点：第一，小贩式贸易，基于不定期、起伏不定的商业接触层面，仅涉及奢侈品；第二，跨印度洋的前资本主义海上贸易，是奢侈品和必需品的混合。参见〔澳〕肯尼斯·麦克弗森：《印度洋史》，耿引曾、施诚、李隆国译，第62～63页。美国学者伊曼纽尔·莫里斯·沃勒斯坦认为，印度洋区域贸易是少量的、不成熟的，基本上以奢侈品为主。比如香料（包括胡椒）、贵金属、纺织品和陶瓷制品贸易属于"奢侈品"贸易，是孤立发展的。澳大利亚学者肯尼斯·麦克弗森认为，沃勒斯坦没有解决区分奢侈品和必需品的问题，他把胡椒当作奢侈品，但是对欧洲、中东等地的许多人来说，它显然是生活必需品。参见〔澳〕肯尼斯·麦克弗森：《印度洋史》，耿引曾、施诚、李隆国译，第173页。

② Om Prakash. *The New Cambridge History of India: European Commercial Enterprise in Pre-Colonial India*, p.12.

组成部分，也是封建主义与资本主义碰撞和交流的展示，能反映近代世界资本主义商业发展的轨迹。

其次，莫卧儿王朝是近代印度由盛转衰并逐步沦为英国殖民地的时期，莫卧儿王朝的商业发展受到政治背景、国际环境和殖民进程的深刻影响。这一时期的商业发展不仅处于王朝从强盛到衰亡的社会背景之下，也处于印度逐渐沦为英国殖民地的进程之中。莫卧儿王朝的商业史，与世界殖民主义进程有着密切关联。

因为商业贸易的地区性和流动性等特点，本书内容所涉地域范围，以莫卧儿王朝所辖区域为中心，辐射了莫卧儿王朝时期南亚次大陆其他部分地区的商业发展及其表现，这些地区在当时并不属于莫卧儿王朝的领土。特此说明。

第一章 从疮痍到兴盛（1526—1605 年）

莫卧儿王朝的开国君主是巴布尔，其父系是帖木儿后裔，母系是成吉思汗后裔，身兼突厥族和蒙古族血脉，天资聪颖，极具军事才能。年仅 11 岁时，巴布尔就从父亲那里继承了费尔干纳，并一直想恢复在河中地区的统治，得到撒马尔罕。他曾说过：文明世界没有任何城市能与撒马尔罕相媲美。巴布尔曾几次出征，皆受到各种阻挠，极为困顿之时，甚至失去故土，颠沛流离。但这些都没有击垮巴布尔的扩张之心，他转向南方。恰逢洛迪王朝内部倾轧，巴布尔抓住机会，到了旁遮普，挥师拉合尔。1526 年，巴布尔的军队与洛迪王朝军队在帕尼帕特展开对决。最终巴布尔大胜，占领了德里和阿格拉，建立了莫卧儿王朝。王朝初定短短几年，巴布尔即去世。胡马雍继位后，不敌舍尔沙，流亡在外多年，后率军重振莫卧儿王朝。阿克巴继位后，实行了一系列改革，使政局稳固，莫卧儿王朝一步步走向兴盛。

第一节 政 局 趋 稳

印度学者曾指出，公元 1526—1556 年的印度历史主要是莫卧儿人与阿富汗人在这个国家争夺霸权的历史。①阿富汗人的竞争早在德里苏丹国时期就已突出。德里苏丹国虽历时 320 年，但王朝更迭频繁，各政权经常面临激烈争夺，其中一个竞争者就是实力强劲的阿富汗贵族。1451 年，布卢尔汗·洛迪推翻了赛义德王朝，建立了洛迪王朝，成为第一个在德里登上王位的阿富汗人。但洛迪王朝建立之后，内部争斗不断。巴布尔抓住机会进军旁遮普，并向德里推进。

从兵力上而言，巴布尔军队不如洛迪王朝军队，但是巴布尔军队拥有火炮优势，且战场经验丰富，气势正旺。莫卧儿王朝以武力征服建立，王朝建立伊始，虎视眈眈者众多，印度北部的拉其普特政权磨刀霍霍，阿富汗军事贵族割据称雄。莫卧儿王朝面临极大威胁。巴布尔打败了拉其普特诸王，又征讨阿富汗军事贵族，将印度北部大部分地区收入囊中。

---

① 〔印〕R. C. 马宗达、H. C. 赖乔杜里、卡利金卡尔·达塔：《高级印度史》上册，张澍霖、夏炎德、刘继兴，等译，第 451 页。

巴布尔除具有军事才能外,还极富文学和艺术修养。东征西讨之际,他留下了内容翔实丰富的察合台文自传作品——《巴布尔回忆录》。[1]针对当时与洛迪王朝军队的战争,《巴布尔回忆录》中有记载,洛迪王朝军队约有十万人,大象约有一千头,时任苏丹易卜拉欣·洛迪还握有其父亲和祖父遗留下的全部库藏钱币。巴布尔对洛迪王朝易卜拉欣·洛迪的评价是:"既未能满足自己的士兵,也不同意把自己库藏的钱分掉……悭吝成性,又贪心不足……没有经验……毫未作战斗准备,无论行军和驻扎,都是杂乱无章;无论攻城和野战,都是漫不经心。"[2]1530年,巴布尔去世,其长子胡马雍继位。

胡马雍继位之时,内外交困。内有三个弟弟和多位亲戚垂涎王位,外有各支势力反对莫卧儿王朝。胡马雍为防止兄弟阋墙,给三个弟弟封赐领地:卡姆兰得到了喀布尔和坎大哈;阿斯卡里得到了罗希尔坎德;欣达勒得到了梅瓦特。南亚次大陆其他割据势力也趁机而起,古吉拉特军队在巴哈杜尔沙的领导下意欲称雄印度北部,不断扩张,还与洛迪王朝残余势力联系,共同对付胡马雍。阿富汗人势力又有崛起,领导者是舍尔沙,其根据地在比哈尔,胡马雍曾与之多次对阵。

舍尔沙是阿富汗人,他的祖父受洛迪王朝苏丹的邀请来到印度,他继承了父亲的地产,并在巴布尔的宫廷中任职。据说,舍尔沙给巴布尔留下了深刻印象,巴布尔曾对臣属说:"在他的额头上可以看到王位的印记。我见过许多阿富汗贵族,比他更伟大,但是他们从来没有给我留下深刻印象。但是,当我刚一见到这个人,我就闪现出一个念头应该将他逮捕,因为我在他身上发现了伟人的品质和强大的标志。"[3]当然,舍尔沙不仅没有被捕,还占领了比哈尔,并通过联姻扩大了自己的势力。

胡马雍拔军进攻比哈尔的舍尔沙,舍尔沙退到孟加拉地区,又绕道返回比哈尔南部,切断了胡马雍的退路。舍尔沙整顿兵力,1540年,在卡瑙季与胡马雍对阵。根据巴布尔的表弟米尔咱·马黑麻·海答儿记载,胡马雍军队有四万人左右,都披着铁甲,骑着战马,但军队作战过程中有一个致命弱

---

[1] 《巴布尔回忆录》对巴布尔在阿富汗和印度等地的经历有翔实的记载,并附有确切的时间,为研究当时的历史提供了很有意义的资料,具有极高的学术价值。巴布尔去世后,胡马雍亲手抄写了《巴布尔回忆录》,阿克巴的大臣阿布勒·法兹勒撰写了《阿克巴传》。《巴布尔回忆录》被译成了波斯文,之后不断出现多种抄本。据学者考证,其抄本共有30多种。参见布阿衣夏木·阿吉:《〈巴布尔回忆录〉研究意义与综述》,《哈尔滨学院学报》2017年第12期,第125—129页。国外最早关注《巴布尔回忆录》的是俄国的突厥语言学家,18世纪将其转写为拉丁文并油印,19世纪之后,出版了英文、德文、俄文、法文等多种文字版本。

[2] 〔印〕巴布尔:《巴布尔回忆录》,王治来译,北京:商务印书馆,1997年,第464页。

[3] 〔印〕斯迪芬·麦勒迪斯·爱德华兹·赫伯特·利奥纳德·奥富雷·加勒特:《莫卧儿帝国》,尚劝余译,西宁:青海人民出版社,2009年,第16页。

点，那就是军中贵族无论大小，都带有一队随军侍从。这帮人对主人作战毫无帮助，一旦在战场上找不到自己的主人，就会"惊慌失措，到处乱窜"，"一切队形全乱了"，"敌人还一箭未发，我们已经溃不成军，败下阵来"，米尔咱·马黑麻·海答儿说，不算随军侍从和工匠，胡马雍军队就有四万人，却败给了对方只有一万人的军队。而且"一炮未发，战车全都没有用上"，后来，大家纷纷逃命，"惨状不忍笔述"①。

　　胡马雍失败后，跟随者人心涣散，意见不一。米尔咱·马黑麻·海答儿鼓励和支持胡马雍，对他说："先帝巴布尔历尽艰辛，才征服了痕都斯坦（印度）的这一广大地区，驾崩之时，把（江山）传给了陛下。陛下岂能忍令痕都斯坦这样的美好江山沦于舍尔沙这样一个人的手中？""陛下持政无恒，漫无目标，以致障碍丛生。如今只有历尽艰辛，才能有所成就了。""陛下应责成人人尽其职责。例如，可任命我去征服克什米尔，保证不出两个月之内夺得该地。"②米尔咱·马黑麻·海答儿也确实征服了克什米尔地区。胡马雍失败后，一路外逃。以至到1542年秋天，自己的儿子（即后来的阿克巴）出生时，胡马雍穷困潦倒，能送给各位随从的礼物唯有一个麝香袋，他只能把麝香袋分成碎片，赠予大家。③

　　1540年5月，舍尔沙大胜胡马雍，进占德里和阿格拉，建立了以德里为首都的苏尔王朝。

　　苏尔王朝建立起来后，胡马雍在得不到任何兄弟支持的情况下颠沛流离。他一路逃到拉合尔、信德，最终到了波斯萨法维王朝以求安身，得到国王塔赫马斯普一世的帮助。当然，塔赫马斯普一世也提出了自己的要求，就是要得到坎大哈。胡马雍虽不情愿，但迫于形势也只能答应。不过，在率军出征坎大哈的萨法维王子死后，胡马雍发动突然袭击，抢回了坎大哈，并夺取了喀布尔。他以阿富汗为根据地，一直寻找机会重返国土，为打回印度奠定基础。舍尔沙于1545年去世，其子伊斯拉姆沙·苏尔继位之后，统治无力，于1554年去世。之后，贵族争权，割据频仍。这给一直在等待的胡马雍提供了极好的复兴机会。1554年，胡马雍挥军白沙瓦；1555年初，进占拉合尔；7月占领德里和阿格拉。苏尔王朝被推翻。胡马雍重登王位，百废待兴。但他却于1556年意外去世。

---

① 米尔咱·马黑麻·海答儿著，王治来校注：《中亚蒙兀儿史——拉失德史》，新疆社会科学院民族研究所译，乌鲁木齐：新疆人民出版社，1983年，第472页。
② 米尔咱·马黑麻·海答儿著，王治来校注：《中亚蒙兀儿史——拉失德史》，新疆社会科学院民族研究所译，第475页。
③ 〔印〕斯迪芬·麦勒迪斯·爱德华兹、赫伯特·利奥纳德·奥富雷·加勒特：《莫卧儿帝国》，尚劝余译，第20页。

胡马雍去世后，继位的是他年仅14岁的长子阿克巴。因为年幼，阿克巴的监护人也是他父亲的老战友白拉姆汗辅佐其执政。在白拉姆汗的帮助下，阿克巴消灭了苏尔王朝的残余势力。1562年，阿克巴开始独立执政。

阿克巴聪明而睿智。欧洲传教士蒙特塞拉特与阿克巴接触颇多，其在1582年11月26日呈交给葡萄牙果阿官员的一份名为《关于莫卧儿皇帝阿克巴的记述》的报告中，对阿克巴有非常具体的描述。[1]报告中指出，莫卧儿王朝领土辽阔，资源丰富，贸易路线四通八达。这可以算是欧洲最早的基于第一手观察资料对莫卧儿王朝的描述。该报告对阿克巴的外表、才智和待人接物等各方面都进行了刻画：非常近似理想君主。他的外表不仅展现了皇家尊严和气派，也是穆斯林、印度教徒、中亚人甚至欧洲人特征的综合体。他的发型是对印度教徒的妥协；可能是为了取悦他的印度臣民，不像正统穆斯林服装的素朴，阿克巴穿着金线刺绣的丝织服装，他也喜欢欧式风格。阿克巴才智突出，像欧洲君主一样热情赞助艺术和文学。他还为普通人和其他贵族提供每天与他见面及交流的机会。阿克巴对待各国使节都很和善，对行政有很强的掌控力。但与此同时，蒙特塞拉特也表示阿克巴有些伪善[2]，莫卧儿军队进攻葡萄牙占领的达曼，这件事明明是阿克巴策划的，但他和葡萄牙传教士交谈时却根本不承认。

第二节 经济发展

巴布尔以征战立国，进入印度之后，很多地方都让他耳目一新。据他自己所述，印度让他印象最深的是"数不清的手工业者、伴随季风雨而来的新鲜空气、计算法则和度量衡种类以及大量的金银"[3]。对巴布尔而言，印度的财富之多，体现在印度的财富数据之大，居然用到了"10万""1000万"甚至更大的数字来计算财富，在之前的洛迪王朝国库中竟然有那么多钱。但是，巴布尔为王，统治没多久就去世了。胡马雍在位期间，很大部分时间处于颠沛流离之中。所以莫卧儿王朝初期，发展的重中之重就是创造稳定的社会环境。巴布尔在位时间虽短，但也制定了一些稳定政局、发展经济的措施。

---

[1] Joao Vicente Melo. *Jesuit and English Experiences at the Mughal Court, c.1580-1615*, Cham: Palgrave Macmillan, 2022, p.49.

[2] Joao Vicente Melo. *Jesuit and English Experiences at the Mughal Court, c.1580-1615*, p.53.

[3] Stephen Frederic Dale. *Babur: Timurid Prince and Mughal Emperor, 1483-1530*, Cambridge: Cambridge University Press, 2018, p.139.

首先，土地、赋税和财政政策。在回忆录中，巴布尔多次提到，战争结束之后会分配土地和采邑，把新占领的地方进行分封，然后规定赋税数额。①巴布尔进占德里和阿格拉之后，用光了之前洛迪王朝国库的钱财。为了支付军队装备、火药、炮手和射击手们的薪饷，巴布尔发布诏令，令每个领到薪饷的人，应以其收入的30%上交政府，以应付上述开支。②

其次，修建驿站设施。1528年12月17日的回忆录提到，在阿格拉至喀布尔之间，巴布尔命人每隔18千米建一座塔，塔顶建一个四面有门的哨亭；每隔36千米建一个备有6匹驿马的驿站；驿站长与马夫皆有规定的薪酬，马匹备有秣料。③因为在位时间短，巴布尔不可能对莫卧儿王朝的经济发展实施更多的政策，但有一点很重要，那就是巴布尔建立了公共事务部，为王朝之后的手工业发展奠定了制度上的基础。

最后，发展农业生产。1528年10月，巴布尔到瓜廖尔，参观了一些城堡。他曾下令在岩石上凿造有顶棚的水池，将水池挖深，以便蓄水。④他多次催人完成水井的建造。12月23日的回忆录提到，巴布尔去视察自己要求建造的石井、石槽和石柱及水渠。由于打上来的井水有臭味，他要求接连15昼夜不停地转动辘轳，引开臭水。⑤回忆录中多处可以看到修建花园、水池和澡堂的记载。巴布尔经常抱怨印度的各种瓜质量不好，他在阿格拉的花园中试种中亚水果，包括甜瓜和葡萄等，专门请中亚的园丁种植和管理，种子也从中亚带过来，还有专业的灌溉设备，后来也确实培植成功了甜瓜和葡萄等水果。

巴布尔时期的商业贸易，主要是进口农产品，进口的都是各地的特产而不是主食，比如广泛食用的调味品、波斯东部出产的一些药品、新鲜的或干的水果和坚果等。中亚出产的甜瓜、干杏及杏仁等都受莫卧儿人喜爱。斯蒂芬·弗雷德里克·戴尔认为，从中亚进口水果，不仅"具有经济意义，也具有文化意义"，体现了王朝早期莫卧儿人的"怀旧乡土情结"⑥。

除了从中亚进口水果之外，莫卧儿人还用纺织品、靛蓝和蔗糖等商品在布哈拉汗国购买马匹，资料显示，巴布尔和胡马雍时期，中亚很少见到莫卧儿货币。⑦

---

① （印）巴布尔：《巴布尔回忆录》，王治来译，第563页。
② （印）巴布尔：《巴布尔回忆录》，王治来译，第590页。
③ （印）巴布尔：《巴布尔回忆录》，王治来译，第599页。
④ （印）巴布尔：《巴布尔回忆录》，王治来译，第588页。
⑤ （印）巴布尔：《巴布尔回忆录》，王治来译，第604页。
⑥ Stephen Frederic Dale. *Indian Merchants and Eurasian Trade, 1600-1750*, Cambridge: Cambridge University Press, 1994, p.22.
⑦ Stephen Frederic Dale. *Indian Merchants and Eurasian Trade, 1600-1750*, p.26.

因为印度商品的数量很多,赚取的利润足够支付购买马匹。

舍尔沙统治时期,得到了莫卧儿王朝的大部分疆土,建立了以官僚集团为首的统治体制,还进行了多方改革。

首先,行政制度改革。整个国家划分为47个行政单位,称为萨卡尔。每个萨卡尔都设置了管理各领域工作的专门官员,官员们由舍尔沙直接监管。

其次,赋税改革。重新丈量全国土地,与耕地者一起制定税率。税率约为产量的1/4,最多不超过1/3,缴税方式多样,可以用实物,也可以用货币。这一举措既增加了国家收入,又减轻了民众负担。①

最后,有一系列具体的经济政策出台,制定了有关货币、道路修建、驿站等方面的政策。为鼓励和促进商业发展,舍尔沙废除了沉重的苛捐杂税,只在商品入境和销售两地征税。同时,为了便于商贸流通,发展交通运输,在全国修筑了四条道路,最长的道路从孟加拉地区的达卡经过阿格拉、德里直达印度河流域,这条道路沿用至今。道路两旁植树,并建立驿站和旅馆为过往客商提供便利,甚至考虑到印度境内的多种信仰,将印度教徒和穆斯林分馆安置。为了便于商贸流通,舍尔沙废除了旧货币,铸造新的金、银、铜币。②

舍尔沙的改革,内容全面且兼顾社会各个阶层。学者们认为,他比阿克巴以前的任何君主都更富有立法者和人民保护人的精神,从多个方面为阿克巴体制奠定了基础。③但舍尔沙的统治时间仅有五年。

胡马雍登位后,初期的十多年一直在征战中,之后则长时期流离在外,成功复位后没多久即去世。他的经历决定了他没能集中发展经济,但是他大力支持手工业发展,建立了移动宫殿、移动花园和移动市场,也就是在船上设置宫殿、花园和市场,让它们在亚穆纳河漂流。④这种制度和构思有助于莫卧儿王朝之后的经济发展和手工业技艺的提升。

阿克巴执政时间很长,形成了一套统括各领域的统治体系,统治措施有些是新创的,有些则在沿袭原来制度的基础上有所改革。其中,对商业发展有影响的措施和政策主要有以下几点。

---

① 〔印〕R. C. 马宗达、H. C. 赖乔杜里、卡利金卡尔·达塔:《高级印度史》上册,张澍霖、夏炎德、刘继兴,等译,第468—469页。
② 新货币被后来的莫卧儿王朝和英印殖民政府采纳,一直沿用到1835年。参见刘建、朱明忠、葛维钧:《印度文明》,北京:中国社会科学出版社,2004年,第371—372页;培伦主编:《印度通史》,第217、209页。
③ 〔印〕R. C. 马宗达、H. C. 赖乔杜里、卡利金卡尔·达塔:《高级印度史》上册,张澍霖、夏炎德、刘继兴,等译,第471页。
④ Tripta Verma. *Karkhanas Under the Mughals from Akbar to Aurangzeb: A Study in Economic Development*, Delhi: Pragati Publications, 1994, p.39.

一、继续军事征服

阿克巴时期，莫卧儿王朝不断扩张，征服了马尔华、冈德瓦纳、除美华尔的拉其普他那、古吉拉特、孟加拉、比哈尔、喀布尔、克什米尔、信德、奥利萨、俾路支斯坦，版图扩大到整个印度北部及阿富汗的部分地区。阿克巴还继续挥军南下，分别派使节和大军到印度南部多个地方，最终把王朝的南部边界扩展到了戈达瓦里河以南。[①]一系列的征服行动扩大了莫卧儿王朝的疆域范围，使南亚次大陆的统一区域进一步增加。1572年征服古吉拉特，对莫卧儿王朝的商业发展而言，意义重大。古吉拉特被并入莫卧儿王朝，古吉拉特的港口贸易范围就辐射了莫卧儿王朝疆域内地，内陆各地都能从古吉拉特各港口繁荣的进出口贸易中受益。

二、行政体制

为加强中央集权，防止地方势力坐大，阿克巴改革了行政体系，任命了四位首席大臣帮自己处理行政、财政、军事和宗教司法大事，也被誉为王朝的"四根支柱"——宰相"瓦吉尔"、财政大臣"瓦齐尔"或"迪万"、军事大臣"巴赫希"及宗教司法大臣"萨德尔"或"萨德尔·苏都尔"。1581年，阿克巴废除了"萨德尔"这个职位，由以下6个省的"萨德尔"取代：①德里、马尔瓦尔和古吉拉特；②阿格拉、卡尔皮和卡林贾尔；③哈吉普尔到萨尔巨或哥格拉河；④比哈尔；⑤孟加拉；⑥旁遮普。同时，为防止贪污腐败并提高办事效率，在每个大城市还设立了一位监督下属司法官的"卡济"[②]。

阿克巴把全国分为12个类似于"省"的"苏巴"，苏巴之下设置各级行政管理单位，如萨卡尔和帕尔加纳。后来，苏巴增加到15个。疆域范围不断扩大和行政建制的持续规范，都推动了商业贸易的发展。

通过行政改革，阿克巴建立了中央集权的君主专制统治体制，这种体制影响了莫卧儿王朝的商业贸易发展。

三、土地制度

阿克巴时期的土地制度，是在之前德里苏丹国土地制度的基础上进行的改革，主要表现为扎吉尔制和柴明达尔制。扎吉尔是一种军事采邑，在全国

---

① 林承节：《印度史》，第157—158页。
② 参见〔印〕斯迪芬·麦勒迪斯·爱德华兹、赫伯特·利奥纳德·奥富雷·加勒特：《莫卧儿帝国》，尚劝余译，第147—148页。

实行统一的品级制度，品级称为曼萨布，获得品级的人称为曼萨布达尔。再按照品级分配相应的土地，以土地的税收供养骑兵，为国征战。阿克巴时期的军事品级共 66 级。得到的采邑土地称为扎吉尔，扎吉尔的领受人称为扎吉尔达尔。柴明达尔是被莫卧儿军队征服的原来的印度王公、部落首领及后来的包税人等。莫卧儿王朝时期的土地制度是印度封建土地制度不断发展的体现。

四、税收政策

阿克巴亲政之后，对税收制度进行了改革。1563 年初，他取消了朝觐税，和朝觐有关的一切税收都被废除。1564 年，又取消了人头税"季兹雅"，得到了印度教徒的支持，稳定了局势，有利于凝聚人心。阿克巴还取消了一系列苛捐杂税，如手工艺人税、港口税、集市税、货物税、货币兑换税、房屋买卖税等。这些无疑都减轻了人们的负担，也有助于经济的发展。但是当时人们仍然有很重的税收负担，原因是各地官员或柴明达尔自行征收杂税，或是不同的统治者采取了不同的措施。

莫卧儿王朝的税收大多来自土地税，对海洋贸易没有过多的重视。当时，有一句名言："跨海出行的人就像抱着木头的傻虫。"[1]开国君主巴布尔入主印度前，一直在中亚征战，一生从未见过海洋。阿克巴也是直到 1572 年征服古吉拉特之后，才在坎贝湾一睹海洋的真面目。

五、交通设施

阿克巴时期，随着国家富足，为了发展内外贸易，开始改善道路交通，修建桥梁和旅馆，并保护商队。阿克巴时期，修建了跨越整个帝国的道路网络，甚至延伸到了波斯和图兰的边界。有学者认为，阿克巴这样做，部分原因是出于"战略考虑"[2]。1586 年，带轮子的交通工具能直抵喀布尔；1587 年，从阿塔克到喀布尔的道路安全基本得到保障。印度西北和喀布尔之间及开伯尔山口的商业和战略地位变得尤为重要。1590 年征服信德后，从西南方向去阿富汗的道路安全也得到了保障。

阿克巴非常重视商路的安全性。其实，他的祖辈和父辈与商队都曾有过特殊的联系。巴布尔在喀布尔贫穷潦倒时，曾抢劫过商队。胡马雍流亡在外时，也曾敲诈过路商队的马匹和商品。为缓解尴尬，阿布勒·法兹勒说胡马雍没收的那队马匹是商队自愿给他的，还有一次的商品是商队主动送给他的

---

[1] M. N. Pearson. *The New Cambridge History of India: The Portuguese in India*, p.27.
[2] Stephen Frederic Dale. *Indian Merchants and Eurasian Trade, 1600-1750*, p.36.

礼物，他也会偿还。①

六、货币和度量衡的标准化

阿克巴进行了货币改革，以保证货币规范，以便市场流通。货币改革的内容主要是发行了一套由不同面额构成且成色固定的金、银、铜质货币。最高面额的金币，用于巨额贸易，通常用的金币相当于 10 卢比；银币称为卢比，还有半卢比、1/4 卢比、1/8 卢比、1/16 卢比、1/20 卢比的银币；铜币称为达姆，最小的铜币叫作吉塔尔，是 1 达姆的 1/25。各种货币上都印有阿克巴的名字（没有头像），也有铸币厂的名称和发行年代。②1595 年，金币莫赫价值 9 卢比，17 世纪初期，莫赫价值 10 卢比。

阿克巴统治时期，铜币与银币的兑换比例是 40 达姆兑 1 卢比。德里苏丹国时期，曾用过 48 达姆兑 1 卢比，后来，铜价不断上涨，铜币与银币的兑换比例曾降到 35 达姆兑 1 卢比，1584 年左右，40 达姆兑 1 卢比，这个比例一直持续到 17 世纪初。莫卧儿王朝货币的铸造年代、铸造厂名称及当时在位君主的名字都会镌刻其上。新铸造的货币称为"西卡"。一般而言，因年代流逝、使用过多造成磨损而导致货币价值的贬损是很少的。莫卧儿王朝在其征服的所有地区都推广标准的货币体系。当然，也有一些地区会沿用以前的货币，比如古吉拉特。莫卧儿王朝于 1572 年征服古吉拉特，以艾哈迈达巴德为省府，在当地建立了一座铸币厂，既铸造新的莫卧儿货币，也把当地以前流通的马赫穆迪③改铸成卢比。但是，马赫穆迪并没有退出市场，后来还使用了很久，比如在苏拉特就长时期使用，17 世纪初，1 马赫穆迪的价值大约等于 2/5 卢比，但因后来不再铸造，其价值上升，1 马赫穆迪约等于 4/9 卢比。④

货币流通方面还有一个新的趋势，即汇票开始使用。1599 年起，在坎贝和艾哈迈达巴德的汇票可以被兑换成卢比。⑤汇票是一种付钱给某个指定之人或持有汇票者的书面凭证，一般是在不同城镇之间流通，尤其是在大额钱财转移中使用广泛。汇票既能从一个地方汇款到另一个地方，也可以用于

---

① Stephen Frederic Dale. *Indian Merchants and Eurasian Trade, 1600-1750*, p.34.
② 林承节：《印度史》，第 176 页。
③ 1584 年，1 马赫穆迪等于 5/12 卢比，荷兰人认可这个兑换比例；英国人认可的兑换比例是 1 马赫穆迪等于 2/5 卢比。1636 年，新兑换比例是 1 马赫穆迪等于 4/9 卢比。参见 Irfan Habib. *The Agrarian System of Mughal India: 1556-1707*, Oxford: Oxford University Press, 1999, p.436.
④ Irfan Habib. *The Agrarian System of Mughal India: 1556-1707*, p.435.
⑤ Najaf Haider. A Sturdy Regional Currency: The Continuous Use of Maḥmūdīs in Gujarat Under the Mughals, *Studies in People's History*, Vol.4, No.2, 2017, p.168.

在另一个地方借贷。

阿克巴时期，广泛使用的重量单位[1]是莫恩德，1莫恩德等于40西尔。这个重量制莫卧儿王朝基本上全部应用，除了少部分地区会合并使用其他的标准。1西尔等于18或22达姆，阿克巴时期提高到1西尔等于28达姆，后来还提高到1西尔等于30达姆。1达姆等于322.7格令（1格令约等于0.065克），如果以阿克巴时期的1西尔等于28达姆计算，1莫恩德约等于23.49千克；如果以1西尔等于30达姆计算，1莫恩德约等于25.17千克。

阿克巴时期，根据价值对国库中的各类宝石进行了详细分类，由专职财政官员司管。[2]

红宝石分为12等（等级划分以价值为标准）：第一等，价值不低于1000莫赫；第二等，价值500—999莫赫；第三等，价值300—499莫赫；第四等，价值200—299莫赫；第五等，价值100—199莫赫；第六等，价值60—99莫赫；第七等，价值40—59莫赫；第八等，价值30—39莫赫；第九等，价值10—29莫赫；第十等，价值5—9.75莫赫；第十一等，价值1—4.75莫赫；第十二等，价值0.25卢比到0.75莫赫。再便宜的就没有价值了。

钻石和翡翠等也分为12等（划分标准同红宝石）：第一等，价值30莫赫以上；第二等，价值15—29.75莫赫；第三等，价值12—14.75莫赫；第四等，价值10—11.75莫赫；第五等，价值7—9.75莫赫；第六等，价值5—6.75莫赫；第七等，价值3—4.75莫赫；第八等，价值2—2.75莫赫；第九等，价值1—1.75莫赫；第十等，价值5—8.75卢比；第十一等，价值2—4.75卢比；第十二等，价值0.25—1.75卢比。

珍珠分为16等，以串记，价值以莫赫为单位：第一等，包括20颗珍珠，每颗价值30莫赫以上；第二等，价值15—29.75莫赫；第三等，价值12—14.75莫赫；第四等，价值10—11.75莫赫；第五等，价值7—9.75莫赫；第六等，价值5—6.75莫赫；第七等，价值3—4.75莫赫；第八等，价值2—2.75莫赫；第九等，价值1—1.75莫赫；第十等，价值5卢比—1莫赫；第十一等，价值2—5卢比；第十二等，价值1.75—2卢比；第十三等，价值30达姆—1.25卢比；第十四等，价值20—30达姆；第十五等，价值10—20达姆；第十六等，价值5—10达姆。

珍珠打孔，要另外按颗收费，1颗第一等珍珠，收费0.25卢比；二等收

---

[1] 重量单位的介绍参见 Irfan Habib. *The Agrarian System of Mughal India: 1556-1707*, pp.420-431.

[2] Abual-Fazl Ibn Mubarak. *Ain I Akbari*, Vol.1, Translated from the Original Persian by H. Blochmann, M. A. Calcutta, 1873, pp.15-16.

1/8 卢比；三等收 1/10 卢比；之后各等再依次减少。

《阿克巴则例》中详细介绍了如何提纯黄金和白银、如何从尘渣中提炼出白银的方法和步骤及费用。

阿克巴非常重视手工业，在拉合尔、阿格拉和艾哈迈达巴德等城市都建有卡哈纳，里面召集了来自各地的技艺精湛的各行各业工匠。卡哈纳规模很大，设有专职部门和官员管理。阿克巴自己也用心学习各类手工工艺的理论和技术，还经常视察卡哈纳。因为君王的重视，莫卧儿王朝的手工业发展起来，讲究产品的工艺和精美。《阿克巴则例》中描述了阿克巴时期的地毯，以前地毯从波斯和图兰进口，当时虽然仍有进口，但是莫卧儿王朝的编织工也可以制作相当精美的地毯，被单和床罩等也都有不俗的产品。食物器皿制作也很精致，餐盘材质多样，包括金、银、石和陶等。

第三节 商 业 起 步

莫卧儿王朝早期，南亚次大陆各地的商业贸易继续发展。在印度南部地区，葡萄牙人的贸易活动最为突出。葡萄牙人到达印度之后，在海岸重要据点建立商站，在港口建立要塞，并派遣舰队巡游以保卫安全；科钦、坎纳诺尔、果阿和第乌等地都是他们的重点地区。葡萄牙人之所以能得到这些地区，一是直接征服，比如果阿[①]；二是强迫当地统治者签订条约，比如第乌和达曼；三是当地统治者从自身利益考虑，允许葡萄牙人的行为，比如科钦。同时，印度本地人也给予葡萄牙人帮助：为葡萄牙人领航，葡萄牙船只的有些船员是印度当地人；为葡萄牙人献计献策；受雇为葡萄牙人打探消息和情报。葡萄牙的私商活动也很多，尤其是在坎贝，早在 1509 年就已开始出现。葡萄牙政府和教会都反对私商，教会认为私商活动会导致他们无心圣事，葡萄牙政府则认为，一旦和古吉拉特开战，私商有可能会成为对方的人质。

葡萄牙人到印度后，很多古吉拉特商人成为葡萄牙贸易的中介或经纪人。但面临葡萄牙人的竞争，当地王公不保护本地商人利益，也不限制他们与葡萄牙人的往来，这些王公认为，"海上战争是商人们的事，并不影响王公声誉"[②]。

为控制印度洋贸易，葡萄牙强迫其他国家的商船购买通行证，缴纳过路费。早在 1502 年，葡萄牙人便发放通行证给奎隆、科钦和坎纳诺尔的船

[①] 果阿曾属于维查耶纳伽尔，后来属于巴赫曼尼苏丹国，再后来属于比贾普尔，之后被葡萄牙征服。
[②] M. N. Pearson, *The New Cambridge History of India: The Portuguese in India*, p.56.

只。①通行证的颁发机构是葡萄牙当局,证上标注了船长姓名、船只大小、船员情况等信息。船只必须在葡萄牙港口停留并缴纳过路费,还要缴纳保证金,确保回程也来缴税。如果没有通行证,船上的货物会被没收,船员可能会被杀害或被送去做苦役。即便有通行证,如果不符合葡萄牙规定的条款,也会被没收货物。1540年,一艘古吉拉特船就被没收了货物,原因仅仅是葡萄牙人认为该船要去的目的地和通行证标注地不符。②

作为征服而立的王朝,莫卧儿王朝特别重视马匹。印度本土的马匹主要来自古吉拉特的喀奇,但品种不佳。因为不出产良种马,印度很早就依靠进口获取马匹,最好的马来自阿拉伯半岛和波斯。一匹能上战场的好马可能会价值500克鲁扎多,一般的马也会超过300克鲁扎多。马匹一般都在孔坎的港口登陆,进口良马的税收成为当地税收的主要来源。在果阿,马匹进口无须缴税,但是离开之时,一匹马要缴纳40克鲁扎多的税。果阿每年至少进口1000匹马,这构成了果阿每年税收来源的一半。进入16世纪40年代,这项收入已经达到65 000克鲁扎多。③葡萄牙人极力推动马匹贸易,为此还制定专门政策,从霍尔木兹运到果阿的马匹,数量只要超过10匹,同行的其他货物就不再需要缴税。而从果阿购买的马匹只要超过5匹,在果阿境内要缴纳的其他税收都可以享受优惠。

阿克巴时期,政局稳定,各领域的政策相继贯彻实施。农业有了很大进步,耕地面积扩大,棉花、甘蔗、靛蓝和粮食等各种作物的种植量增加,社会经济比之以往更为进步和繁荣。国库白银储备量也不断增加:1595年,国库的白银储备是4551.9吨;1600年达5701.85吨;1605年达6934.72吨。④阿克巴继位之后,莫卧儿王朝仍不断扩张,相继兼并了很多王公的领地,增加了资源、商品和财富,便利了交通,扩大了市场。这些都为商业的进一步发展提供了适宜的环境。

一、城市发展

阿克巴时期的城市数量和规模都达到很高程度,有120个大城市和3200个市镇,每个市镇下面都有成百上千个乡村。1600年左右,莫卧儿王朝最大的三个城市是德里、阿格拉和拉合尔,每个城市的人口大约都是50

---

① Nazer Aziz Anjum. Indian Shipping and Security on the Seas in the Days of the Mughal Empire, *Studies in People's History*, Vol.2, No.2, 2015, p.160.
② M. N. Pearson. *The New Cambridge History of India: The Portuguese in India*, p.38.
③ M. N. Pearson. *The New Cambridge History of India: The Portuguese in India*, p.50.
④ Shireen Moosvi. *People, Taxation, and Trade in Mughal India*, Oxford: Oxford University Press, 2008, p.64.

万。艾哈迈达巴德有 25 万居民。而同时期,那不勒斯大约 20 万人,罗马约 11 万人,伦敦约 17 万人,马德里仅有 6 万人,里斯本 1629 年有 11 万人。[①]1600 年,印度总人口为 1.4 亿—1.5 亿,其中,1.1 亿人口是在莫卧儿王朝境内;同时期葡萄牙的人口约为 150 万。[②]1603 年,孟加拉小镇胡格利的人口已超过 5000。[③]无论从城市规模还是人口数目来看,莫卧儿王朝已远超同时期的欧洲国家。

从 16 世纪来到印度的欧洲人的文字记载中,同样也可以看出当时莫卧儿王朝城市的繁华。1579 年,葡萄牙人安东尼奥·蒙塞拉特从果阿去法塔赫布尔西格里,记载了他沿途的真实所见,他认为德里"是一个非常大、非常富裕的城市"[④],而拉合尔"就规模、人口和财富而言,不论是在亚洲还是欧洲,都是最高级别的"[⑤]。城市里挤满了来自亚洲各地的商人,街上人太多,以至"人挤人",所以有欧洲来的旅行者认为拉合尔是"东方最大的城市,甚至超过了君士坦丁堡"[⑥]。

二、国内贸易

随着交通改善、市场扩大,经济日益繁盛,国内贸易活跃。农业生产水平进步,农产品产量增加,再加上阿克巴的税收改革规定农民要以货币缴税,推动了农民进入市场。阿克巴还取消了一系列苛捐杂税,手工业者和商人的负担减轻,提高了贸易积极性。

阿克巴对商人的获利行为并不反对,从《阿克巴则例》的规定便可以看出来,"进行商业投机买卖、从事有利可图的行业、把一部分财产变成货币宝物、一部分变成商品货物或投资到他人的买卖中、买土地和不动产、从事借贷……这些都是允许的"[⑦]。阿克巴还提供商人与王室权贵接触的机会,让大家选择和购买商人们从各地带过来的商品。

阿克巴时期的物价,虽然是变动的,但针对日常食物,《阿克巴则例》

[①] M. N. Pearson. *The New Cambridge History of India: The Portuguese in India*, p.93.
[②] M. N. Pearson. *The New Cambridge History of India: The Portuguese in India*, p.23.
[③] M. N. Pearson. *The New Cambridge History of India: The Portuguese in India*, p.84.
[④] Michael H. Fisher. *Visions of Mughal India: An Anthology of European Travel Writing*, London: I. B. Tauris, 2007, p.54.
[⑤] Michael H. Fisher. *Visions of Mughal India: An Anthology of European Travel Writing*, p.57.
[⑥] Reeta Grewal. *Five Thousand Years of Urbanization: The Punjab Region*, New Delhi: Monohar Books, 2005, p.109.
[⑦] 转引自邱永辉:《〈阿克巴则例〉中反映的十六世纪北印度社会结构》,《南亚研究》1985 年第 3 期,第 66 页。

给出了平均价，主要食物价格如下：①

春季作物（重量以 1 莫恩德计）：小麦，12 达姆；喀布尔鹰嘴豆，16 达姆；黑豆，8 达姆；扁豆，12 达姆；大麦，8 达姆；小米，6 达姆；亚麻籽，10 达姆；红花，8 达姆；胡芦巴，10 达姆；豌豆，6 达姆；荠菜籽，12 达姆。

秋季作物（重量以 1 莫恩德计）：有 11 种不同的稻米，价格为 20—110 达姆不等；白芝麻，20 达姆；黑芝麻，19 达姆；小麦粉，22 达姆；大麦粉，11 达姆；其他各种豆等食品，价格为几达姆到十几达姆不等。

蔬菜价格（重量以 1 莫恩德计）：菠菜，16 达姆；薄荷，40 达姆；大蒜，40 达姆；洋葱，6 达姆；胡萝卜，21 达姆。卷心菜，每西尔 1 达姆；姜，每西尔 2.5 达姆。

肉类：各种绵羊每头的价格为 1.5—6.5 卢比不等；羊肉每莫恩德 65 达姆；山羊价格便宜一些；鹅，每只价格 20 达姆。

奶制品：凝乳，每莫恩德 18 达姆。

阿克巴时期，与欧洲人的贸易仍然以葡萄牙人为主，葡萄牙人在印度境内的贸易范围不断扩大。不过，葡萄牙人在印度的贸易，如奥姆·普拉卡什所说，仅仅是另一个既存贸易结构的参与者，最初至少是在印度和亚洲其他商人的帮助和合作下进行的。就算有香料贸易上的控制，这种控制也极为松散。唯一的重要创新是 16 世纪下半叶开启了从果阿到日本长崎的长距离贸易，不过这也不是因王室支持而是由私商完成的。②葡萄牙唯一能成功阻止航行的一片区域是从马拉巴尔海岸到红海，但是也没能完全封锁住。1569 年左右，葡萄牙最终放弃对红海贸易的控制。

在这一阶段，葡萄牙的私商活动比较显著。1572 年，阿克巴到达坎贝，发现当地居住有 50—60 名葡萄牙人；1594 年，当地约有 100 户葡萄牙人家庭。③这些葡萄牙人与当地女子结婚，并且永久居住。马拉巴尔海岸和科罗曼德尔当时也盛行葡萄牙私商贸易。16 世纪初，葡萄牙私商到了孟加拉地区。1580 年左右，他们就已居住在胡格利。

三、国际贸易

这一阶段的国际贸易主要表现为各国、各地区商品在印度的买卖，以及

---

① Abual-Fazl Ibn Mubarak. *Ain I Akbari*, Vol.1, pp.62-64.
② Om Prakash. *The New Cambridge History of India: European Commercial Enterprise in Pre-Colonial India*, p.90.
③ M. N. Pearson. *The New Cambridge History of India: The Portuguese in India*, p.83.

印度商人到中亚、西亚、东南亚和欧洲等地从事贸易活动。

印度商人与中亚的贸易往来固然源于双方长久的贸易传统，也因为16世纪之后中亚地区对商业贸易的重视，双方发展起了和谐的外交关系。1572—1573年、1577—1578年及1586年，布哈拉汗国的阿卜杜拉汗二世派遣使节到了莫卧儿王朝，阿克巴在1585—1586年和1591—1592年派了使节去布哈拉汗国。①选谁出使也很有特点，中亚国家一般遴选教派名人做使节，莫卧儿王朝则常常派出高官为使。他们出使的任务包括传递书信和珍贵特产等。除了使节往来之外，也有很多中亚人士在莫卧儿朝廷为官，究其原因，主要有：其一，印度的富饶令他们向往，莫卧儿王朝对他们很是慷慨；其二，被莫卧儿王朝吸引，愿意成为其行政官僚体系中的一员；其三，当时布哈拉汗国政局不稳。②人员的往来无疑有利于印度与中亚之间的贸易发展。

莫卧儿王朝与中亚很早就有贸易往来。德干和古吉拉特的商人频繁地在布哈拉汗国进行贸易，把印度布匹、蔗糖和香料等商品带到当地。布哈拉和塔什干地区特地为印度商人建有住宿的大旅店，布哈拉还有专门的印度区。③1557年12月，欧洲人发现有印度人在布哈拉销售纺织品，有人是从孟加拉地区过去的，他们带了很精美的棉布在那里售卖。1597年，撒马尔罕也有印度商人。而且他们比从印度运输纺织品过去销售更先进了一步，他们是直接在当地购买纱线和羊毛，再在那里生产纺织品出售。④1577年，一位名为谢赫·比克的孟加拉商人带着三船孟加拉丝绸制品，从海路到了俄国。⑤

莫卧儿王朝还从波斯和图兰进口丝绸、地毯等奢侈品，以及马匹和贵金属。印度的气候及缺乏合适的牧场导致不可能大规模饲养马匹。莫卧儿君主都是直接从波斯或图兰购买良种马，因此，阿富汗、波斯和土耳其的很多商人都从事马匹生意。阿克巴统治后期，莫卧儿骑兵每年可得到1000匹波斯马、21 000匹土耳其马。⑥当时的伊斯兰三大帝国大多使用银币，金币很少用，铜币则主要在本地市场使用。17世纪，在波斯和图兰的印度商人团体不断增加，因为亲族关系的迁移，所以他们很多都是家族式公司，这也是当时基本的商业组织。要梳理这些在波斯、图兰及后来俄国的印度商人的规模

---

① Richard C. Foltz. *Mughal India and Central Asia*, Oxford: Oxford University Press, 1999, p.53.
② Richard C. Foltz. *Mughal India and Central Asia*, pp.57-58.
③ 蓝琪：《中亚史》第5卷，北京：商务印书馆，2020年，第66页。
④ Stephen Frederic Dale. *Indian Merchants and Eurasian Trade, 1600-1750*, p.24.
⑤ Indrajit Ray. The Silk Industry in Bengal During Colonial Rule: The "De-Industrialisation" Thesis Revisited, *The Indian Economic and Social History Review*, Vol.42, No.3, 2005, p.341.
⑥ Stephen Frederic Dale. *Indian Merchants and Eurasian Trade, 1600-1750*, pp.25-26.

和他们的影响，无异于"对失落文明的考古学重建"①，难度很大，要从细碎、分散的证据中寻找资料。

虽然阿克巴时期莫卧儿王朝的海洋贸易不突出，但当时建造有大船供朝觐所用。穆斯林有去麦加或麦地那朝觐的传统。阿克巴的养母曾在1563—1564年朝觐，但当时不是从古吉拉特出发，而是走的陆路，即使坐船，也是从信德出发。1576年，阿克巴宫中一批至亲女眷要从苏拉特出发去朝觐，为了保证她们的航行安全，阿克巴向果阿总督要了一张通行证。②葡萄牙规定，所有非葡萄牙船只从葡萄牙据点经过，都要出示通行证。当然，也有古吉拉特商人从苏拉特出发去波斯等地的港口做生意。在16世纪末期，葡萄牙实行了护卫舰队制，由葡萄牙舰队护卫当地商船航行，保障商船安全，避免海盗袭击。古吉拉特依靠海港进出口商品获利，每年都有2—3个来自果阿的护卫舰团，被护卫的船只超过200艘。③当然，如果海洋贸易不是当地收入的主要来源，那么对葡萄牙的依赖就要小很多，也不会轻易被葡萄牙的政策所左右；反之，则易受葡萄牙政策和行动影响。不过，葡萄牙最想垄断的是香料贸易，古吉拉特的主要商品是布匹、靛蓝和硝石等，并不很被葡萄牙关注。所以唯一的影响可能就是要多缴5%的税收。④

近代印度商业贸易繁荣，有名的商人非常多。以古吉拉特商人为例，古吉拉特商人一直都是印度商人中的佼佼者，他们主要是穆斯林，也有印度教徒。古吉拉特商人的贸易范围很广，涉及东方和西方。

东方主要是在东南亚地区，古吉拉特商人很早就开始了与东南亚地区的贸易往来，贸易重点在爪哇和苏门答腊岛。15世纪下半叶，马六甲兴起，成为重要港口，也成为东西方商人的会合点和主要的国际交易中心。马六甲使用的语言有84种之多，包括印度、缅甸及中国和日本在内的主要商人群体在那里都有贸易据点。古吉拉特商人迅速转向马六甲，当时，"每年都会有大约1000名古吉拉特商人与4000—5000名船员去马六甲"⑤，他们凭借自己的商业经验，敏锐地感觉到了当地良好的商机。

事实上，每年都有很多商船会从坎贝出发，驶往马六甲。而且商船上的商人来自世界各地，包括阿拉伯人、波斯人、土耳其人及其他西亚商人等，

---

① Stephen Frederic Dale. *Indian Merchants and Eurasian Trade, 1600-1750*, p.69.
② Dr. Pramod Sangar. *The Social-Economic History of Mughal India*, Chandigarh: Abhishek Publications, 2003, p.150.
③ M. N. Pearson. *The New Cambridge History of India: The Portuguese in India*, p.39.
④ M. N. Pearson. *The New Cambridge History of India: The Portuguese in India*, p.54.
⑤ Om Prakash. *The New Cambridge History of India: European Commercial Enterprise in Pre-Colonial India*, p.15.

但这些人加起来都不如古吉拉特商人突出,因为后者已经掌管了这条贸易路线。古吉拉特商人从坎贝出发去马六甲,船上的商品显示出典型的国际化:一般会有从地中海来的彩色羊毛服装和玻璃器皿,从西亚来的玫瑰香料、鸦片、靛蓝和银器等,但是每船的很大部分货物都会有古吉拉特纺织品,主要是粗棉,当然,也有做工精细的棉和丝。①由此可知,坎贝既是国际货物的集合地,也是分发地。

古吉拉特商人在马六甲销售完带过去的商品后,返航时,会带回商品,也会在返程路上继续购买商品。所以从马六甲所带回商品的来源也是多样化的,既有很多国际化的商品,也会有地区特产。比如,古吉拉特商人船只一路上会停靠在苏门答腊岛的亚齐、吉打及缅甸南部的丹老和勃固等港口,在这些中途停靠点会带一些当地特产。从马六甲及返程路上带回的商品主要供应古吉拉特和印度北部的消费市场,也有很大部分会再出口到西亚,主要是阿拉伯半岛的亚丁和吉达,随同运去西亚的还有古吉拉特的纺织品。

除了东方航线之外,古吉拉特商人也经营西方贸易。合适的航行季节是东北季风期,持续时间长,比较平稳,能全程从马拉巴尔海岸驶往红海。一般每年10月底开始,持续到第二年的2月或3月。从阿拉伯地区到印度的航行,合适的时间是西南季风期,东非海岸从3月开始,5月底到达马拉巴尔海岸。6—7月,伴随雨季而来的是大风和巨浪,印度西海岸的航行全部停止。当然,因为各地具体情况不同,也会有变化,但是季风限定了印度洋的航行节奏和模式。

西方航线主要是从坎贝到亚丁,这条航线的掌握者是阿拉伯商人、波斯商人和亚洲其他地区的商人,但是古吉拉特商人也会参与。经过坎贝转运到西亚的商品除了供应西亚市场,也会经过地中海到达欧洲市场。西方航线有两条航路,一条经红海,一条经波斯湾。不过,经过红海的航路在埃及的亚历山大港就终止了,经波斯湾的航路则利用底格里斯河或幼发拉底河,再通过马车商队最终到达伊拉克和叙利亚沙漠。

古吉拉特商人也有从坎贝到东非港口的直接贸易,但规模不大。早在公元1世纪,希腊的旅行指南在提到印度洋时,就描述了从古吉拉特的坎贝湾和布罗奇出发的船只带着食品和衣服去往东非。16世纪之前,印度商人都没有在东非永久性地定居。②古吉拉特商人航行到非洲有漫长的历史了,只

---

① Om Prakash. *The New Cambridge History of India: European Commercial Enterprise in Pre-Colonial India*, pp.15-16.

② Marcus Banks. *Organizing Jainism in India and England*, Oxford: Clarendon Press, 1992, p.126.

不过都是短期的贸易活动,并不是在那里永久定居。葡萄牙人15世纪晚期到达东非沿岸,16世纪初夺取了东非重要地区基卢瓦和桑给巴尔,后来还把莫桑比克当作把控印度西部的重要途径。因为葡萄牙的关系,古吉拉特商人后来发展起了非洲贸易。

阿克巴时期,古吉拉特商人的贸易体现出很多独特之处:

第一,市场灵敏度高。古吉拉特商人有着丰富的商业经验,能敏锐感知新兴市场及其隐藏的商机,比如他们去马六甲。

第二,商品来源国际化。古吉拉特因为有利的靠海位置,能吸引来自印度洋各港口的商品,这些商品有些本身也是来自其他地区,加上印度内陆各地区运到古吉拉特出口的商品,导致当地商品种类丰富,来源多样。

第三,商人贸易范围多元化。古吉拉特商人在南亚次大陆各地的商业活动很活跃,同时在印度洋多个港口周边地区都有贸易活动。

第四,经商活动易受社会环境和当地局势的影响。比如海盗、地区战争及贸易地社会动荡等因素。

值得注意的是,虽然阿克巴时期商业贸易有了很大发展,但是商业在莫卧儿王朝总收入中所占的比重仍然很低。相关资料显示,1600年,莫卧儿王朝的总收入中,农业和畜牧业占比达62.86%,商业收入包括房租等利润加起来只有约4%[1]。而这也是封建制农业国家的主要表征。

第四节 结 语

莫卧儿王朝早期,战争不断,一片疮痍,但是在巴布尔和胡马雍初期统治的铺垫之下,再辅之以舍尔沙改革的经济复兴,尤其是在阿克巴长时期的有力统治和大规模改革下,莫卧儿王朝政局已经稳定,经济不断发展,推动了商业振兴。

印度自远古开始即已有活跃的贸易往来,虽王朝更替不断,但贸易活动依旧进行。莫卧儿王朝早期,政权稳固,政策扶植,社会安宁,国内外贸易逐步蓬勃发展。

---

[1] Shireen Moosvi. *People, Taxation, and Trade in Mughal India*, pp.2-3.

第二章 持续繁荣（1605—1658 年）

阿克巴去世之后，继位的是萨利姆王子，即贾汉吉尔。贾汉吉尔继位后，继续扩张。他平定了孟加拉地区的叛乱，征服了拉贾斯坦的美华尔，还想征服德干，但成就不显著。1627 年，贾汉吉尔去世。正在德干征战的库拉姆王子赶回阿格拉继位，他因在 1616 年成功夺取艾哈迈德讷格尔而被授予"沙杰罕"（"世界之王"）的称号。在阿克巴时期不断繁荣的强大王朝，经贾汉吉尔和沙杰罕时期，进一步发展。这一时期，莫卧儿王朝所处的国际环境发生了显著变化。除葡萄牙人之外，其他欧洲人也不断来到印度。荷兰与英国的东印度公司进入印度市场，不断在印度各地建立商馆，想方设法攫取经商特权。莫卧儿王朝的商业面临新的发展态势。

第一节 东印度公司

17 世纪初，荷兰人和英国人都来到印度经商。莫卧儿王朝的商业发展进入了新的阶段。

一、莫卧儿王朝与英国的关系

英国东印度公司于 1600 年成立，孜孜以求的是控制东方的香料贸易。因为在盛产香料的东南亚地区与荷兰竞争激烈，于是英国东印度公司把目标转向了同样出产香料的印度。

1608 年，英国人派威廉·霍金斯到莫卧儿王朝当时的首都阿格拉，向贾汉吉尔递交英国国王的书信，要求通商。霍金斯自 1609 年见到贾汉吉尔之后，在莫卧儿王宫一直住到 1611 年，但想要建商馆或得到贸易权的事因葡萄牙人在中间阻拦而不断受挫。在这一过程中，贾汉吉尔与霍金斯建立了频繁的联系。贾汉吉尔经常召见霍金斯，后来还授予了他曼萨布达尔待遇，每年霍金斯能得到 3200 英镑和 400 匹马。有耶稣会士声称，因进入曼萨布品级，霍金斯还得到了一块价值 2 万克鲁扎多的宝石。[1]霍金斯本人认为，这种跃升成为莫卧儿贵族的优待，无论对英国还是对他个人都是有利的，不能

---

[1] Joao Vicente Melo. *Jesuit and English Experiences at the Mughal Court, c.1580-1615*, pp.140-141.

拒绝。

学者若昂·文森特·梅洛认为，霍金斯被纳入莫卧儿王朝曼萨布达尔体系中，"既是莫卧儿精英不断进行的结构性转变的一部分，也是与欧洲建立新交流渠道的尝试"，贾汉吉尔是在用威严的"荣誉经济"掌控霍金斯。[1]

贾汉吉尔之所以能接受霍金斯，主要有以下三个原因：

第一，霍金斯顺应了莫卧儿王朝建立"统治世界的帝国计划"，把自己的国家当作是需要莫卧儿王朝提供优惠和实施保护的国家。霍金斯带来了附有英国国王詹姆斯一世印玺和签名的信件，请求贾汉吉尔允许英国船只到访莫卧儿王朝的港口并开展贸易活动，满足了贾汉吉尔的统治欲。

第二，贾汉吉尔能从霍金斯那里获取自己想知道的外界信息。霍金斯通晓土耳其语，贾汉吉尔也懂，他们拥有共同语言。所以当贾汉吉尔阅读查理一世的书信时，不需要其他翻译，霍金斯就可以胜任。而且霍金斯从西方到东方，见多识广，向贾汉吉尔介绍了多地的风土人情，比如他对土耳其的了解，贾汉吉尔很感兴趣，他成为英国与莫卧儿王朝之间一个有用的、可以依赖的中间人。[2]在贾汉吉尔看来，霍金斯既是一个来自遥远国度的使节，也是一个能为自己提供新鲜见闻的信使。

第三，贾汉吉尔对葡萄牙强势颁发通行证的做法很不满，这也推动了他与霍金斯更亲近。贾汉吉尔的母亲要去麦加朝觐，葡萄牙人要求太后的朝觐船出示通行证，没有通行证就要收取大笔罚款。这种海上暴力导致了莫卧儿宫廷疏离葡萄牙人。

当然，同父亲阿克巴一样，贾汉吉尔对待不同民族和信仰的人群也持包容态度，只要他们能臣服，包括那些曾被认为是与莫卧儿王朝处于敌对立场的群体，比如阿富汗人和拉其普特人等。莫卧儿后宫的女子也都是来自各地。

虽然与贾汉吉尔有过密切联系，但霍金斯的莫卧儿之行还是没有让英国达到期望。为了排除葡萄牙的干扰，也为了获得更多贸易特权，英国东印度公司鼓动英王詹姆斯一世向印度派出外交使节托马斯·罗伊爵士，以他为全权代表，常驻莫卧儿宫廷。托马斯·罗伊是英国国王派出的第一位官方使节，他的使命既是为了保护英国东印度公司的利益，也是为了寻求进一步贸易的潜在机会。他于1615年1月24日离开英格兰，9月24日到达苏拉特附近的斯瓦里。因为很明白自己此行的使命所在，所以他在抵达港口的仪

---

[1] Joao Vicente Melo. *Jesuit and English Experiences at the Mughal Court, c.1580-1615*, p.141.

[2] Joao Vicente Melo. *Jesuit and English Experiences at the Mughal Court, c.1580-1615*, p.140.

式上做足了功夫，他所乘坐的船只装饰了旗帜和饰带，而且鸣放了48响礼炮。①

自1615年抵达印度，托马斯·罗伊一直到1619年才回国。他通过多种途径在莫卧儿宫廷为英国获取特权。当时，贾汉吉尔的王后努尔·贾汉势力很大。托马斯·罗伊攀上了王后的哥哥、贾汉吉尔和库拉姆王子的重要大臣——阿萨夫·汗。托马斯·罗伊送出了很多礼物，得到了阿萨夫·汗的帮助，见到了库拉姆王子。库拉姆王子不仅给了托马斯·罗伊关于孟加拉地区的敕令，还授予他在莫卧儿王朝境内的一些特权，尤其是在苏拉特。1618年，托马斯·罗伊成功得到了两个敕令，一个出自贾汉吉尔，一个出自库拉姆王子。这两个敕令确认了英国人的贸易及免除护路费。这时，英国人已经在艾哈迈达巴德、布尔汉布尔、阿格拉和苏拉特建立了商馆。②但是因为葡萄牙人在贾汉吉尔面前强烈反对，更优惠的条约没有缔结成功，不过，托马斯·罗伊还是为英国人争取到了一些有利的条款。最主要的是，他"提高了英国人在印度的声誉，为他们在莫卧儿宫廷赢得了尊重"③。学界对托马斯·罗伊的评价，一般都认为，他进行了"一次成功的出使，为英国在印度的利益发展做出了重要的贡献"④。托马斯·罗伊到莫卧儿王朝时，英国东印度公司在印度的财政和贸易处境都不乐观，葡萄牙人一直使用各种手段阻挠和打压英国人，莫卧儿王朝各级官员也对他们敲诈勒索，贸易进行得也不顺利。他到来后，不懈地与贾汉吉尔斡旋，争取优惠，保证了英国东印度公司的进一步贸易。

当然，托马斯·罗伊在莫卧儿王朝居住的三年多时间里，与莫卧儿王朝的传统习俗之间存在很多分歧。比如，他拒绝参加贾汉吉尔要求的某些仪式，把赠予礼物当作贿赂的表现等。"17世纪的欧洲人生活在一个符号和通信的世界，而印度人生活在一个物质的世界。"⑤对托马斯·罗伊来说，物质世界是简单的，同样重要的是，物质世界中的每件事、每个人都有其价值。这也是东西方文化、政治、经济和社会等领域的碰撞，双方在利益和观念等方面既有交流，也有分歧。

---

① Lisa Balabanlilar. *The Emperor Jahangir: Power and Kingship in Mughal India*, London: I. B. Tauris, 2020, p.101.
② Dr. Pramod Sangar. *The Social-Economic History of Mughal India*, p.149.
③ Dr. Pramod Sangar. *The Social-Economic History of Mughal India*, p.151.
④ Michael J. Brown. *The Life of Sir Thomas Roe: Itinerant Ambassador*, Lexington: The University Press of Kentucky, 1970, p.102.
⑤ Miles Ogborn. *Indian Ink: Script and Print in the Making of the English East India Company*, Chicago: The University of Chicago Press, 2007, p.28.

17世纪上半叶，英国东印度公司在印度的境况并不乐观，经常处于困境之中。造成这种局面的主要原因如下：

　　第一，竞争激烈。英国人到印度后，最早的竞争对手是葡萄牙人。1498年已到印度的葡萄牙人不断破坏英国人在印度的贸易及其与莫卧儿王室的关系。他们对于英国人的到来虎视眈眈，对于英国人想要在莫卧儿王朝得到贸易权一事，千方百计不断阻挠。英国必须想方设法对付在莫卧儿王朝实力很强的葡萄牙人。到1612年，英国东印度公司的船只在斯瓦里打败了葡萄牙人。贾汉吉尔看到英国人的优势后，才答应通商。1613年，英国人在苏拉特建立商馆。1614年，英国东印度公司又一次击败了葡萄牙人。英国两次打败葡萄牙人之后，动摇了葡萄牙的海上强权地位。更重要的是，贾汉吉尔对英国人有了一定的信任，允许他们与莫卧儿王朝建立永久贸易关系。1622年，英国人与波斯国王联合，攻克了霍尔木兹岛，这个地方已经被葡萄牙人占领了很长时间。从此之后，霍尔木兹岛成为英国在波斯湾的重要据点。再加上一些葡萄牙人在孟加拉湾实施海盗行为，无法无天。1632年，君主沙杰罕在一怒之下对胡格利发动了大规模袭击，重创葡萄牙人。至此，葡萄牙在东方的势力被大大削弱。英国与葡萄牙在莫卧儿王朝的竞争得以告一段落。

　　另一个竞争对手是荷兰人。荷兰人在东方的根据地是东南亚，但在印度同样有商馆，也有频繁的商品贸易活动。对于英国人而言，无论是出售从国内带来的商品还是购买东方商品，都要面对荷兰人的尖锐竞争。[1]这种竞争处处存在，对英国东印度公司在印度的贸易发展是一个很大的障碍。同时，英国东印度公司还要面对印度境内的本土商人及其他国家和地区商人的市场角逐。

　　第二，英国商品在印度市场销路不畅。英国运到印度的商品少而贵，市场不大，印度对英国的毛呢绒几乎没有需求。英国东印度公司常常把毛料和其他商品作为礼物送给莫卧儿君主和贵族，以获取贸易便利，但这类礼物不具有吸引力，有时甚至会被退回来。印度商人对英国商品和与英国人做生意都没有兴趣。[2]莫卧儿王室一开始对英国人也抱着怀疑态度。贾汉吉尔的回忆录中表现出一种很明显的对欧洲商人的冷漠。回忆录中记载了波斯及其邻近国家的使节，但是对托马斯·罗伊没有直接提及，遥远的英国被认为是一个"小店主国家"。1613年英国人到阿格拉时，贾汉吉尔还认为与他们签订

---

[1] William Foster. *The English Factories in India, 1642-1645*, Oxford: Clarendon Press, 1913, p.v.

[2] Dr. Pramod Sangar. *The Social-Economic History of Mughal India*, pp.46-47.

协议是贬低了自己。①

第三，资金短缺。17世纪上半叶，英国东印度公司在印度购买商品所需要的资金来源有以下渠道：

其一，直接由英国船只从英国带过来的白银兑换成卢比。但经常碰到资金难以为继的情况，因为当时从英国来到印度，航程顺利的话，需要半年左右的时间；如果航程不顺利，就更难估计了。英国船只"帕斯格雷号"船长理查德·奥尔纳特在1634年1月的信中写道：船只于1633年4月从英国出发，9月10日到达波斯，11月5日到达斯沃利。这一路航行，损员10人，其中有8人死在了波斯到苏拉特的旅途中，另外2人在斯沃利死去。②如果单靠国内带过来的白银购买商品，这么长且不确定的等待时间，无疑会是很大的问题。

其二，从苏拉特商馆总经理那里汇款过来。17世纪大部分时间里，英国东印度公司在印度西部的商馆都归苏拉特商馆总经理管辖。

其三，有时汇款不够，会挪用出售其他商品的收入，比如出售水银和绒面呢的收入。

其四，直接向印度商人借款。但借款利息重。英国商馆经常入不敷出，包括圣乔治堡和苏拉特在内的各商馆都负债严重。③印度商人贷款给欧洲贸易公司的情况很常见，几乎每个欧洲贸易公司都向印度商人借过钱，并承担高低不等的利息。

1634年2月6日，苏拉特商馆总经理举行咨询会议，决定关闭艾哈迈达巴德的商馆，一来因为资金紧张，二来因为购买的印度布匹在东南亚的销路没打开。1635年9月，为了给英国国内和其他地区提供棉布，重新开了布罗达（在古吉拉特）和艾哈迈达巴德的商馆。为了给商馆提供启动资金，英国人从苏拉特商人威尔吉·沃拉那里借了2万卢比，月息是1%。④1652年4月24日，苏拉特商馆总经理写信给英国东印度公司，表示想找图尔西达斯借钱，但没能如愿，便求助于本尼·达斯，后者答应借给他们20万卢比。⑤

第四，英国封建专制国王的压榨。英国国王詹姆斯一世想要加强王权，取悦西班牙，其政策影响了资产阶级的利益和贸易活动的开展。1628年，

---

① Andre Wink. *The Making of the Indo-Islamic World, c.700-1800 CE*, Cambridge: Cambridge University Press, 2020, p.170.
② William Foster. *The English Factories in India, 1634-1636*, Oxford: Clarendon Press, 1911, p.8.
③ William Foster. *The English Factories in India, 1642-1645*, p.34.
④ William Foster. *The English Factories in India, 1634-1636*, p.114.
⑤ William Foster. *The English Factories in India, 1651-1654*, Oxford: Clarendon Press, 1915, p.119.

英国东印度公司的"负债已达 30 万英镑,同时查理一世还不断地向公司勒索款项"①。1629 年,英国国王查理一世解散议会,英国东印度公司得不到议会支持,在接下来国王专权的 11 年时间里,公司贸易受到损害。1640 年,为了筹措军费镇压苏格兰人民起义,查理一世还强迫英国东印度公司把价值 6.5 万英镑的胡椒赊让给他。②

总之,17 世纪的英国东印度公司在莫卧儿王朝境内的贸易经常遇到困难,其实,除了以上原因之外,还有一个最大的原因,那就是这一时期的莫卧儿王朝很强大,一般情况下,远道而来的英国人及其他欧洲商人都不敢乱来,偶尔为之,也会受到莫卧儿政府严惩。

二、英葡关系

在英国人与荷兰人到印度之前,葡萄牙确实享有对东方贸易很大程度上不受限制的垄断权。葡萄牙很早就颁发海上通行证,这一时期仍在实施。至于通行证的费用,1617 年,库拉姆王子(当时是古吉拉特总督)的一艘船去穆哈(今也门港口),花费了 8000 马赫穆迪。③1620 年左右,葡萄牙人向苏拉特商人索要的通行证费用是一艘船 3000—8000 马赫穆迪。拥有通行证的话,如果船被抢劫了,可以向发证者索赔,但是很不容易得到赔偿。

虽然葡萄牙在当时很有实力,但是不利因素的影响越来越明显。为应对奥斯曼帝国的崛起、赢得波斯支持,以及受经济因素等的影响,葡萄牙的垄断并不是很有效,葡萄牙本身也缺乏资源和人力维持对红海的控制。英国人到达印度后,让早已在此的葡萄牙人更感到了巨大的威胁。如荷兰东印度公司总督安东尼·范戴曼后来所说:"大部分在印度的葡萄牙人都把这里看作他们的祖国,而再也不怀念葡萄牙。他们很少或根本不同那边做生意,而满足于亚洲境内的港口贸易,似乎这里就是他们的故土,而没有别的祖国。"④

所以,葡萄牙人千方百计阻拦英国人从莫卧儿王朝那里获取贸易权利。

葡萄牙人不仅阻碍英国人与莫卧儿王室的交流,而且不断拦截英国人前往印度的商船。霍金斯初到苏拉特时,葡萄牙人也极力阻拦,他每走一步,都有莫卧儿官员和耶稣会士跟着。有一次,霍金斯参加苏拉特贵族举办的宴

---

① 汪熙:《约翰公司:英国东印度公司》,第 70 页。
② 汪熙:《约翰公司:英国东印度公司》,第 71 页。
③ Nazer Aziz Anjum. Indian Shipping and Security on the Seas in the Days of the Mughal Empire, *Studies in People's History*, Vol.2, No.2, 2015, p.162.
④ M. N. Pearson. *The New Cambridge History of India: The Portuguese in India*, p.87.

会，结果遭到他们派来的 3 个人的刺杀，刺杀失败之后，又有三四十人攻击了他的房子。逃脱之后，有同情霍金斯的莫卧儿官员告诉他，是葡萄牙人掏了 4 万里亚尔贿赂莫卧儿官员穆克拉伯·汗帮忙干的。①霍金斯在从苏拉特到阿格拉的一路上，也遭到葡萄牙人多次谋害。1609 年 2 月 1 日，霍金斯出发前往阿格拉，4 月 16 日到达。据他自己说，他这一路上，葡萄牙人和被他们贿赂的莫卧儿官员多次害他，就连他的车夫等人都是被他们雇用来毒杀他的。

葡萄牙人认为，霍金斯是一个厉害的竞争对手。因为他会说土耳其语，能与贾汉吉尔直接交流。对于葡萄牙耶稣会士而言，"不仅难以监控对手的活动，也给他们劝说改宗带来了潜在的干扰"②。据记载，莫卧儿王朝当时"并不清楚欧洲发生的宗教改革"及其影响③，在之前葡萄牙人的宣传中，欧洲是罗马教皇治下的统一天主教世界。可是，当贾汉吉尔询问霍金斯有关天主教教义时，霍金斯的回答完全是站在英国国教的立场，他强调英国独立于罗马教廷，以此来削弱天主教和伊比利亚国家在莫卧儿王朝的既得利益，这不能不让葡萄牙人担忧。

霍金斯代表的英国人，在葡萄牙人心目中，既是异教徒，又是商业对手。霍金斯能在贾汉吉尔宫廷中受到优待，让他们很不放心，因为在霍金斯前往宫廷的路上没能谋杀成功，所以他们只能不断在贾汉吉尔面前贬低和诽谤英国人，把詹姆斯一世描述为一个"渔民国王"，将英格兰描述成"贫穷"和"无关紧要"④的地方。17 世纪 20—30 年代，葡萄牙被狠狠打击过几次后，其势力才被大大削弱。

学者尼尔斯·斯滕斯高认为，葡萄牙的活动是诸侯性和再分配性的，而荷兰和英国公司的政策体现出理性和生产力最大化特征。葡萄牙的胡椒垄断"不是一种生意，而是一种习惯"。16 世纪末，葡萄牙海洋贸易和陆地贸易价值比例，在果阿是 15∶1，17 世纪早期是 12∶1，1616 年是 6∶1。⑤海洋贸易比例之所以不断下降，是因为有了荷兰人和英国人竞争。1600—1630年，果阿的海关税收差不多下降了一半。1600 年是 270 万克鲁扎多，1616—1617 年是 180 万克鲁扎多，1635 年是 140 万克鲁扎多，到 1680 年仅有 50 万克鲁扎多。⑥

---

① Joao Vicente Melo. *Jesuit and English Experiences at the Mughal Court, c.1580-1615*, p.137.
② Joao Vicente Melo. *Jesuit and English Experiences at the Mughal Court, c.1580-1615*, p.138.
③ Joao Vicente Melo. *Jesuit and English Experiences at the Mughal Court, c.1580-1615*, p.139.
④ Lisa Balabanlilar. *The Emperor Jahangir: Power and Kingship in Mughal India*, p.99.
⑤ M. N. Pearson. *The New Cambridge History of India: The Portuguese in India*, p.91.
⑥ M. N. Pearson. *The New Cambridge History of India: The Portuguese in India*, p.141.

与葡萄牙相比，英国、荷兰公司的成功不是因为政府垄断或使用暴力，而是因为它们有能力参与市场竞争，对股份、价格和商品买卖模式等都采取了明确的政策。①但是，葡萄牙除了一开始的海上实力之外，没有发展起自己强大的国内工业，并以此来占领印度市场。"葡萄牙从来没有统治过他们军舰上的大炮射程所达不到的任何印度土地。"②葡萄牙在印度的贸易很快就被挑战，而荷兰、英国及稍晚一点的法国都进入了印度的贸易圈。

　　1634年，英国与葡萄牙的关系有所改善，双方还签订了合作条约。主要原因是英国人看到葡萄牙军队比较穷，再加上饥荒蔓延，葡萄牙人死亡率高。而当时荷兰人的船只越来越多，葡萄牙人已无法抵挡。如果葡萄牙人被榨干了，接下来荷兰人要对付的就是英国人了。于是，英国和果阿的葡萄牙人联系，意欲改善双方关系，葡萄牙人也有此意。经过不断协商，双方约定正式会谈。

　　1634年11月，苏拉特商馆总经理威廉·梅斯沃尔德回复葡萄牙人，表示在商馆返回英国的船只装货返航之后，他就出发到果阿。他这样做，是既防着荷兰人，也防着苏拉特总督。荷兰人可能已经有所发现。而苏拉特总督如果知道了这件事，一定会非常愤怒，还会阻碍英国货物装船。威廉·梅斯沃尔德不愿这样的事发生，同时，他还想让返回英国的船只和自己一起出发，那样，就可以把他们和葡萄牙签订协议的消息带回国内。在安排好留守苏拉特商馆的人手及其他船只的航程之后，1635年1月6日，威廉·梅斯沃尔德一行抵达果阿。葡萄牙人热情欢迎他们的到来。1月10日，果阿总督与威廉·梅斯沃尔德会面，询问了关于荷兰及他们贸易的问题，表示非常愿意与英国保持友好关系，承诺让英国人使用所有的葡萄牙港口，并为英国海军提供补给及食宿等。协议签订后，葡萄牙与英国从此结束了多年来的敌对关系。1635年，果阿的葡萄牙人想要购买900公担铜，就是英国人以印度商人的名义购买的，然后用船运去果阿，对外宣称是去苏门答腊岛。③

　　英国人与葡萄牙人关系的转变，让苏拉特政商两界又气又忧。苏拉特总督米尔·穆萨就此事专门提交了一份报告给君主沙杰罕。沙杰罕回信给米尔·穆萨，表示强烈反对英葡协议，并让他询问苏拉特的荷兰人，假如英国人被排除出在莫卧儿境内甚至包括高康达和比贾普尔的所有贸易圈，荷兰人

---

① Om Prakash. *The New Cambridge History of India: European Commercial Enterprise in Pre-Colonial India*, pp.81-82.
② 汪熙：《约翰公司：英国东印度公司》，第88页。
③ William Foster. *The English Factories in India, 1634-1636*, p.101.

愿不愿意来接替英国人的位置，并且问荷兰人是否愿意和莫卧儿人一起进攻第乌和达曼的葡萄牙据点。如果荷兰人答应，那么沙杰罕将让英国人选择，要么废除与葡萄牙人的协议，要么退出印度。荷兰人了解到莫卧儿王朝君主的意图之后，觉得非常棘手：若如此，英国人将会报复印度商船，而荷兰人将会被要求保护印度商船，英国与荷兰之间就会面临战争危险。所以荷兰人答复莫卧儿君主，他们必须先得到国内的允许。结果，这件事就以这样"无限期的拖延"[1]结束了。

三、荷兰人的贸易

荷兰人最初到东方是为了寻找香料，结果发现东南亚人所穿的都是印度棉布做的衣服，明白了印度棉布在东南亚具有较高市场价值，所以来到印度寻找贸易机会。1605年，荷兰人在印度东南海岸的马苏利帕塔姆设立商馆。孟加拉地区是印度棉布产区之一，1612年，荷兰人到孟加拉地区考察，准备在当地建商馆。之后，荷兰人开始了在孟加拉地区的贸易。刚开始，荷兰人只是在克塔克，后来，逐渐到达比布利和巴拉索尔。1626年，荷兰人与卡利卡特王公签订合约，明确规定当地出产的所有胡椒和姜都要以固定价格卖给荷兰人，且不得向荷兰人征收任何进口税或出口税。1634年，荷兰人开始直接与胡格利开展贸易。

但是，荷兰人在孟加拉地区的贸易一开始并不顺利。胡格利的贸易被孟加拉地区的本地商人掌握，当地政府对荷兰人也不友好。几经努力，荷兰人才改变不利状况，首先是争取到孟加拉总督同意他们在当地进行贸易，然后在1638年，荷兰人得到了沙杰罕的敕令，沙杰罕允许他们买卖包括硝石在内的商品，之前硝石是被禁的商品。1639年，王子沙·舒贾任孟加拉总督，他刚上任就写信给荷兰人，让他们在胡格利开商馆。虽然没过多久，荷兰人的货栈就被大水冲垮，但这并不妨碍他们的进一步贸易，1656年，他们被允许在钦苏拉（邻近胡格利的村庄）兴修更大规模的商馆。随着获得更多的君主敕令和总督指示，荷兰人在孟加拉地区的地位逐渐稳固。在巴拉索尔、达卡、巴特那、卡西姆巴扎尔及钦苏拉等地，荷兰人都建立了商馆。1655年，荷兰人在孟加拉地区建立了董事会。当时的孟加拉商人从荷兰人和葡萄牙人那里获取通行证，以确保航行安全。

荷兰人在印度要获取的主要商品是纺织品，在科罗曼德尔海岸用黄金支付，在古吉拉特用白银支付。因此，在亚洲得到贵金属很重要，当时亚洲贵

---

[1] William Foster. *The English Factories in India, 1634-1636*, p.xiii.

金属最重要的产地是日本。16世纪日本新银矿的发现和开采，使日本成为当时仅次于西班牙美洲矿的世界第二大白银产地。1609年，荷兰在日本的平户建立了商馆。除了葡萄牙和欧洲公司通过好望角带过来的白银之外，大量的白银也通过黎凡特运到了红海和波斯湾。美洲白银运到亚洲还有一个途径，即通过大帆船从墨西哥南部港口阿卡普尔科运输到马尼拉。但是因为贸易被西班牙控制，超出了荷兰的能力范围。

早在1640年，荷兰就仿效葡萄牙，想要控制印度洋贸易，拒绝给来自古吉拉特、孟加拉地区去往东南亚的船只发放通行证，理由是与东南亚地方统治者处于战争状态。荷兰还告诫印度商船，如果没有通行证就航行，将会被荷兰舰队扣押。印度政府一气之下，对荷兰商馆进行了狠狠打击。但是荷兰一意孤行，直到1653年才与地方政府缓和关系。1655年，荷兰公司与比布利和巴拉索尔的军事指挥官穆罕默德·优素福关系极僵。荷兰人威胁奥里萨总督，若不将穆罕默德·优素福解职，他们将不会颁发通行证给从比布利和巴拉索尔出发的船只，假如有船只离开，荷兰舰队将会在公海袭击它们。荷兰人的威胁奏效了，穆罕默德·优素福不再担任比布利的军事指挥官，但仍在巴拉索尔任上。1656年，胡格利的军事指挥官申请一张去科伦坡的通行证，沙·舒贾也要三张通行证，分别去往科伦坡、科钦和贾夫纳帕塔姆。荷兰人委婉地拒绝了，因为沙·舒贾想要垄断当地某些商品的贸易。[1]莫卧儿政府不断要求荷兰人颁发通行证给印度商人，因为荷兰人在孟加拉地区的贸易不断扩大，他们在发放通行证的同时，也要求莫卧儿政府给予他们在当地贸易的优惠待遇。

荷兰与英国在印度的贸易竞争越演越烈。1654年，英国代理商报告说，荷兰人使英国人在当地民众中很不受欢迎，实际上，很不受欢迎的是他们自己。孟加拉总督沙·舒贾对荷兰人非常不满，让他们自己保护好在孟加拉地区的货栈，里面存放了大量商品。还有两个荷兰人被当地人杀害了。[2]

1634年初，英国东印度公司的船长理查德·奥尔纳特听说荷兰人已经答应买下苏拉特总督的所有靛蓝，条件是不能分给英国人。随后，苏拉特总督建议君主自己控制靛蓝贸易，强迫所有商人都和他交易，由他定价，并要求提前一年付款。并且到交货时，君主可以随心所欲地给点东西，哪怕是用

---

[1] Nadara Ashafaque. The Dutch in Bengal, c.1650-1707 and Their Relations with Local Mughal Administration, *Indian Historical Review*, Vol.49, No.1, 2022, p.109.

[2] Nadara Ashafaque. The Dutch in Bengal, c.1650-1707 and Their Relations with Local Mughal Administration, *Indian Historical Review*, Vol.49, No.1, 2022, p.108.

次品之类的货物来应付。①无论此事的真假如何，都至少可以看出，荷兰人与英国人在莫卧儿王朝境内的商品竞争是激烈的。

四、莫卧儿王朝各级官员与贸易

在贾汉吉尔和沙杰罕时期的商业贸易活动中，莫卧儿各级官员除了正常履行行政和管理职责之外，还通过各种方式与贸易活动发生了直接关联。这些方式主要有四种。

（一）官员自身参与贸易

莫卧儿地方政府的一些总督和其他高级官员自身也参与从苏拉特到红海和波斯湾的商业活动。英国东印度公司和荷兰的商船自然就成了他们的竞争对手，他们会利用政治权力限制甚至打压欧洲公司的生意。早在1619年，苏拉特总督就下令，不准英国东印度公司在苏拉特、布罗奇和巴罗达购买任何销往穆哈和亚奇的商品。17世纪20年代和30年代，印度北部的靛蓝市场都被莫卧儿各级官员把持甚至垄断。1622年，英国东印度公司被禁止在巴罗达从事贸易，公司的经纪人同时也是印度大商人的塔皮达斯为公司与莫卧儿当局进行协商，他还向公司表示，如果协商不成功，他自己便向公司提供商品。②在这样的情形下，印度经纪人为公司从莫卧儿政界获取贸易许可不断地进行谈判和沟通，为公司贸易活动的正常开展起到了很大的协调作用。

当时的古吉拉特总督库拉姆王子及艾哈迈达巴德的财政官马哈穆德·塔基也进行靛蓝贸易。萨义夫·汗也参与贸易。阿格拉总督穆克拉伯·汗，之前是古吉拉特总督，后来调任比哈尔，然后到阿格拉任职，他要求阿格拉的英国人提供"玩具和新奇物品"呈送国王。阿格拉的英国代理人经过大量努力，提供了价值500卢比的物品。穆克拉伯·汗对英国人提供的物品不满意，就以专卖名义对所有靛蓝实施禁运。同时，他还宣称只有英国人提供了满意的物品才能购买靛蓝，哪怕已经临近英国船只的返航时间。③

---

① William Foster. *The English Factories in India, 1634-1636*, p.7.
② Ghulam A. Nadri. The English and Dutch East India Companies and Indian Merchants in Surat in the Seventeenth and Eighteenth Centuries: Interdependence, Competition and Contestation, In Adam Clulow, Tristan Mostert. *The Dutch and English East India Companies: Diplomacy, Trade and Violence in Early Modern Asia*, Amsterdam: Amsterdam University Press, 2018, p.130.
③ Jagadish Narayan Sarkar. *Studies in Economic Life in Mughal India*, New Delhi: Oriental Publisher & Distributors, 1975, pp.162-163.

(二)强迫欧洲人帮忙或拖欠结账

莫卧儿官员会强迫欧洲人给自己帮忙。1650 年 10 月 24 日,英国东印度公司商馆总经理写给公司的信中提到:莫卧儿大王子达拉·舒科强求公司的大船去信德,护送他的帆船去冈布隆,再在那里接上他的使者去巴士拉,完成一次出使。但英国人只愿意送到冈布隆,接下来的事不愿意做。他们把这个不利安排告诉了艾哈迈达巴德和信德的总督。英国人也承认,达拉·舒科在后来帮了他们很多。

莫卧儿官员还会故意拖欠结账。苏拉特总督穆兹-乌尔-穆尔克和英国人有生意往来。1649 年 11 月 16 日,他得到通知,将由穆萨·阿尔伯接替他的职位,他将在 1650 年 4 月 5 日离开苏拉特。所以英国人不断催促穆兹-乌尔-穆尔克结清以往和他们做生意的账款,一共是 27 221 卢比 46 派斯。但是,他却告诉英国人这笔账会让穆萨·阿尔伯来结清,因为用这笔钱买的所有东西都送给莫卧儿君主了。英国人去找穆萨·阿尔伯,后者表示同意,但要求穆兹-乌尔-穆尔克写一份签名的详细账单。穆兹-乌尔-穆尔克照做了,可做出来的账单数目却只有 16 635 卢比 64 派斯。英国人要求他写完整,但是直到他离开的那一天,英国人都没有得到完整的账单。

英国人又去找穆萨·阿尔伯,说他们知道莫卧儿君主的规定,如果前任总督的账目没有理清,新任总督不能让他离开。英国人请求穆萨·阿尔伯帮他们结账,后者同意以英国人的名义写信给莫卧儿政府的财政大臣来结账。至此,英国人还是没有得到满意的结果。[1]随后,英国人派出了阿格拉商馆经理理查德·戴维奇去德里面君控诉。理查德·戴维奇 7 月 20 日出发,8 天后到达德里,呈上了礼物,陈述了遭遇,并请沙杰罕授予贸易特权。沙杰罕答应等穆兹-乌尔-穆尔克到德里后,一定会还清他们的账,还很礼貌地回应了英国人所有的诉求。为了等到欠款,理查德·戴维奇直到 9 月 26 日还在德里,虽然穆兹-乌尔-穆尔克早已到德里了,但是仍未结账。理查德·戴维奇甚至提出可以减免一些账款。不过,穆兹-乌尔-穆尔克确实惹恼了沙杰罕,他被控诉毁坏了苏拉特附近的村庄,导致王室税收受损,还伤害了苏拉特的商人。最终,他的所有职务都被撤销了。

(三)勒索

勒索钱财可能是当时比较常见的现象。托尔加(在艾哈迈达巴德)地方官从事靛蓝贸易。1622 年,艾哈迈达巴德的英国代理人找托尔加地方官购

---

[1] William Foster. *The English Factories in India, 1646-1650*, Oxford: Clarendon Press, 1914, pp.318-320.

买靛蓝，但未找到人。于是，他们在自由市场购买了600莫恩德的萨克赫吉靛蓝。结果，托尔加地方官知道后，要求英国人要先购买他自己的靛蓝。为此，他还劝说艾哈迈达巴德的财政官阻止所有萨克赫吉商人运入或运出靛蓝，即便是已经交易过的靛蓝也不能运输。结果，商人们一起投诉，最终官员禁令被废除，恢复了自由贸易。①

有时，君主敕令在地方上也并不完全有效。1627年2月6日，英国东印度公司的通信中提到，英国人已经拿到了贾汉吉尔的敕令，允许他们在莫卧儿王朝境内自由贸易，货物不需要缴纳护路费。但这条敕令不太管用，从阿格拉到苏拉特的一路上，虽然在所有经过之地都出示了这条敕令，但英国人的一批货（只有硝石和蔗糖），却被迫在好几个地方都缴了护路费，总金额达2500卢比。在巴多尔，英国人被迫缴了357.5卢比；在达塔，英国人缴了443.5卢比。在葵卡，当地官员扣押了230匹骆驼的货物，要求英国人缴护路费，敕令甚至还被笑话；在巴罗里，有一匹骆驼被扣押，要求缴护路费。②把这些费用都加起来，从阿格拉买硝石比从苏拉特直接买要贵得多。鉴于这些经历，英国人认为，必须让莫卧儿君主惩罚这些地方官，同时也要给自己提供以后正常贸易的保证，不然，他们为了得到敕令而做的一系列努力都毫无意义了。当然，由此也可以看出，在远离王朝统治中心的印度南部地区，莫卧儿君主的权威是微弱的。

地方官员强买强卖的现象很多。再以英国人为例。1634年12月29日，英国东印度公司的商馆职员在信中写道：还有13箱里亚尔在船上，这些只能卖给总督，不能卖给其他人，去年已经卖给他很多了，这次要另外找一个买家。③1636年3月15日，苏拉特商馆总经理写给艾哈迈达巴德代理人的信中提到：所购硝石因莫卧儿官员要求，付了200卢比的好处费。当时，硝石是禁卖商品，到各个产地购买都必须给当地政府的主管掏好处费。④1640年2月5日，英国东印度公司在给比贾普尔经纪人的信中提到，从总督那儿拿到了货款，而实际上，如果卖给其他商人，能多得到1000帕戈达。⑤

此外，1656年2月6日，英国东印度公司阿格拉商馆的职员提到，瓦

---

① Jagadish Narayan Sarkar. *Studies in Economic Life in Mughal India*, pp.160-161.
② William Foster. *The English Factories in India, 1624-1629*, Oxford: Clarendon Press, 1909, pp.176-177.
③ William Foster. *The English Factories in India, 1634-1636*, p.69.
④ William Foster. *The English Factories in India, 1634-1636*, p.182.
⑤ William Foster. *The English Factories in India, 1637-1641*, Oxford: Clarendon Press, 1912, p.237.

齐尔（财政大臣）沙杜拉·汗[1]正在德里，他对沙杰罕影响很大。沙杜拉·汗希望能得到两柄时尚的英国宝剑，宝剑的尺寸要大，有宽阔的剑背。如果能得到这个礼物，钱肯定不会白花，他会以20倍的价值偿还。假如没有满足他的心愿，他有可能会对英国东印度公司做一些无礼的事，比如要求公司的绒面呢在新建的德里城缴税，税率是1.5%，他会借口说这笔税是君主敕令里没有包含的，因为新城修建于他们得到敕令之后。英国东印度公司的代理人为了避开这笔税，做了很多努力，最终以送礼物的方式换来了沙杜拉·汗的帮助。[2]

17世纪，英国东印度公司在印度各地商馆的信件往来中，经常提到被莫卧儿官员勒索的事情。各地王公也进行勒索。1630年底，比拉普尔（巴罗达南面12英里[3]左右）王公扣押了英国人的42包硝石。英国人想尽办法要回硝石，告诉王公他的父亲以往和英国商馆有过友好往来，他的父亲曾应允英国人在境内自由贸易，如果英国人的货物被强盗打劫了，他的父亲还会帮忙追回。苏拉特商馆总经理还让巴罗达代理商写信给比拉普尔王公的上一级政府主管及大扎吉尔达尔，以确保货物能追回来。[4]

米尔·穆萨在1629—1635年是苏拉特总督，之后接替他的是马希夫-乌兹-札曼。米尔·穆萨离任之后，一直想重新回到这个位置。没过多久，他便如愿了。1638年12月28日，他重新担任苏拉特总督。马希夫-乌兹-札曼被调离的直接原因是他残忍地勒索钱财，引来怨声一片。而且他关押了苏拉特大商人威尔吉·沃拉，这件事引起了广泛关注。当时，英国东印度公司苏拉特商馆总经理正好刚由威廉·弗里曼伦接任，替代威廉·梅斯沃尔德。威廉·弗里曼伦和其他主要的英国商人都参加了米尔·穆萨的就任仪式。

米尔·穆萨曾在苏拉特从事贸易活动。威尔吉·沃拉和米尔·穆萨关系密切，后者担任苏拉特总督期间，曾帮助当地大商人垄断包括珊瑚和香料在内的商品买卖。穆拉德·巴赫什发兵时，向苏拉特商人借款100万卢比，当地大商人代表苏拉特商人群体付了这笔钱，而且不需要利息。[5]

---

[1] 英国人对沙杜拉·汗的评价是"能干"和"正直"，参见 William Foster. *The English Factories in India, 1655-1660*, Oxford: Clarendon Press, 1921, p.1.
[2] William Foster. *The English Factories in India, 1655-1660*, p.62.
[3] 1英里约等于1.609千米。
[4] Jagadish Narayan Sarkar. *Studies in Economic Life in Mughal India*, p.30.
[5] Shalin Jain. Jain Elites and the Mughal State Under Shahjahan, *Indian Historical Review*, Vol.42, No.2, 2015, p.222.

（四）扣押货物和人员

莫卧儿官员有扣押英国东印度公司的货物和直接抓人的情况。1634 年 1 月，英国船长理查德·奥尔纳特写信给公司报告：苏拉特总督扣押了英国东印度公司的铅，放在海关将近两年，就是因为英国人没有以便宜一半的价格将这些铅卖给他。还有一些从阿格拉运来的商品，一年半之前就出发了，现在还在布尔汉布尔。①

1612 年，江布尔的主管官员钦·奇里吉·汗把当地的所有珠宝商都抓进了监狱，向他们提出完全超出他们能力范围的要求。当被回复办不到时，钦·奇里吉·汗感觉自己被冒犯了，用链子把珠宝商们拴在一起，用带刺的鞭子抽打他们，几近致死。但是，他的做法没有得到许可，或许是出于私人恩怨。贾汉吉尔提到过，钦·奇里吉·汗让弟弟做自己的副手，其弟"性格邪恶"，常压迫人们。后来，贾汉吉尔下令把其弟带走。②1628 年 3 月 17 日，阿格拉商馆写信给苏拉特总馆，称货品车队已经发车，但是经历了一系列麻烦。商馆的格雷戈里·克莱门特和约翰·班厄姆被囚禁了一天一夜，因为硝石被禁运，他们没有得到许可。后来，他们用礼物贿赂了君主宠臣之后，才得到君主的许可。③

当然，一些莫卧儿官员与欧洲人的联系也很多。米尔·穆萨在苏拉特期间，与英国东印度公司也有密切联系。欧洲人对他多有倚重，除了能依靠他帮助缓和与莫卧儿朝廷的关系外，也依靠他借款渡过资金不足的难关。

第二节 礼物情结

贾汉吉尔和沙杰罕时期，有一种突出的现象，那就是送礼。两位君主不仅经常送礼物给王公权贵，回礼物给宫廷访客，也非常热衷于收受礼物。同一时期的莫卧儿各级官员同样对礼物表现出迫切的情有独钟。很多时候，这种礼物情结影响甚至决定了商业活动的进程。

一、贾汉吉尔与礼物

经过阿克巴时期的稳定发展，贾汉吉尔接手的是一个不断强大的王朝，

---

① William Foster. *The English Factories in India, 1634-1636*, p.7.
② Shalin Jain. Piety, Laity and Royalty: Jains Under the Mughals in the First Half of the Seventeenth Century, *Indian Historical Review*, Vol.40, No.1, 2013, p.71.
③ William Foster. *The English Factories in India, 1624-1629*, p.270.

国势日益强盛，商业活跃。根据贾汉吉尔的传记及同时期的作品描述，贾汉吉尔的性格体现出残忍与温柔的结合，既会毫不留情地惩罚和处死冒犯他的人，也会担忧大象在冬天洗冷水澡时会发抖，故而要给它们用热水。① 在相对和平富裕的环境中，他个人各种各样的爱好发展到了极致，诸如打猎、喝酒、珠宝鉴赏等。

莫卧儿王朝的珠宝非常有名，但各位君主对珠宝的热爱程度表现不一。开国君主巴布尔在位时间短暂，第二位君主胡马雍过了十多年颠沛流离的生活。阿克巴继位后，在位将近半个世纪，励精图治，生活简朴，其兴趣更在于枪炮。贾汉吉尔登位之后，珠宝消费呈现出完全不同的景象。贾汉吉尔接手了一个繁荣的国家，如果说莫卧儿王朝前三位君主是扩疆土、夺江山、治天下，贾汉吉尔则是坐江山，在花费精力治理时弊和改革朝政的同时，他也是享受型君主，在日常生活中经常纵情享受，"很少有印度的乐事是他不知道的"②。

贾汉吉尔喜欢收礼物，其中最常见的礼物是念珠，他经常佩戴念珠。念珠通常由珍珠制成，其中也夹有绿宝石和红宝石，有的全部都是绿宝石。他的头巾上也装饰着珠宝。1608年，贾汉吉尔收到的一串念珠和红宝石及绿宝石价值超过了30万卢比（1卢比价值0.5个西班牙银币）。1618年，另一位拜访者送了一串价值2000卢比的绿宝石念珠③，还有绿宝石戒指等礼物。

在宝石中，绿宝石以其神圣的颜色而享有荣耀的地位，因为伊斯兰教崇尚绿色。④ 1610年，阿格拉的威廉·霍金斯在王室统计的基础上，估计贾汉吉尔的珠宝总量有：绿宝石412.5磅；大于2.5克拉的钻石总重量约125磅；红宝石至少164磅；珍珠约990磅。⑤ 1617年，库拉姆王子（后来的沙杰罕）送了一个宝石礼物给贾汉吉尔，其中包含一块来自比贾普尔的绿宝石，可能来自哥伦比亚，是通过果阿运来的。贾汉吉尔认为这块绿宝石有着极好的成色和极高的价值，是所见过的宝石中最好的。

来到莫卧儿王朝的欧洲人为了从贾汉吉尔那里获取贸易特权，想尽办法向他进贡。学者们认为，君主对欧洲礼物感兴趣的行为，就莫卧儿君主的角

---

① Som Prakash Verma. *The Lesser-Known World of Mughal Emperor Jahangir*, New Delhi: Routledge India, 2019, p.30.
② Kris Lane. *Colour of Paradise: The Emerald in the Age of Gunpowder Empires*, New Haven: Yale University Press, 2010, p.146.
③ Kris Lane. *Colour of Paradise: The Emerald in the Age of Gunpowder Empires*, p.146.
④ Lawrence A. Babb. *Emerald City: The Birth and Evolution of an Indian Gemstone Industry*, Albany: State University of New York Press, 2013.
⑤ Kris Lane. *Colour of Paradise: The Emerald in the Age of Gunpowder Empires*, p.148.

度而言，是显示"莫卧儿的优越地位"；就欧洲各国使节的角度而言，他们把这看作是君主在对他们表达一种"认可态度"①。

1610年7月，葡萄牙总督派人到莫卧儿宫廷，带了帽子作为礼物。贾汉吉尔很热情地取下自己的头巾，戴上帽子，并让人取来镜子照看自己戴帽子的模样。

英国人也送了很多礼物给贾汉吉尔，为了能取悦他，用尽了办法，除了尽量搜罗奇珍异宝向他进贡之外，还不断招揽能人异士展示各项才能以吸引他的注意力。1612年，有一批英国商人到了苏拉特，他们的代表是保罗·坎宁。与他一起的还有两位音乐家，他们在1613年4月到达阿格拉的宫廷，为贾汉吉尔进行表演。其中一位音乐家的表演没有让贾汉吉尔感兴趣，但是吹短号的罗伯特·塔利却很成功，因此贾汉吉尔让工匠再做了6个短号。②贾汉吉尔还想让人向罗伯特·塔利学吹短号，但是那个人没多久却因病去世，罗伯特·塔利又不愿教别人吹，所以很长一段时间里他都是当时莫卧儿宫廷唯一能吹短号的人。就这样，英国多次派使节来到莫卧儿宫廷，都没能成功获得商业特权，最后只好派出官方使节托马斯·罗伊。托马斯·罗伊的日记中提到了很多莫卧儿宫廷的事，比如贾汉吉尔对礼物和欧洲新奇物品非常感兴趣。贾汉吉尔的艺术兴趣，导致英国国王请托马斯·罗伊转送给他的绘画作品出现了很多仿版。③

威廉·霍金斯说道："没有礼物和贿赂，什么事也办不了。我派我的经纪人到处搜罗适合王室的珠宝，送给贾汉吉尔的姐姐和他的王后。"另一位欧洲旅行者罗伯特·科弗特曾送给贾汉吉尔一个重量约1盎司的金口哨，上面镶嵌着红宝石，贾汉吉尔可能转送给了努尔·贾汉。弗朗索瓦·贝尼耶也提到，"空着手是得不到任何好处的"④。努尔·贾汉的很多财富就是来自这些礼物。

除了欧洲人之外，中亚王朝到访莫卧儿王朝的使节也千方百计送新奇的礼物以引起国王的重视。在当时的莫卧儿王朝，"礼物是每个外交使团必不可少的要素，有助于建立、保持和加强联系"⑤。1611年3月，萨法维王朝的使节带来了送给贾汉吉尔的礼物，包括1500件珍贵的布料、丝绸织锦、

---

① Joao Vicente Melo. *Jesuit and English Experiences at the Mughal Court, c.1580-1615*, p.155.
② Lisa Balabanlilar. *The Emperor Jahangir: Power and Kingship in Mughal India*, p.100.
③ Dr. Pramod Sangar. *The Social-Economic History of Mughal India*, p.151.
④ K. S. Lal. *The Mughal Harem*, New Delhi: Aditya Prakashan, 1988, p.74.
⑤ Kim Siebenhuner. Approaching Diplomatic and Courtly Gift-Giving in Europe and Mughal India: Shared Practices and Cultural Diversity, *The Medieval History Journal*, Vol.16, No.2, 2014, p.532.

天鹅绒、来自俄罗斯的珍稀黑狐狸皮，还有来自阿巴斯一世皇家马厩的 50 匹珍贵的马，每匹马都搭配着珍贵的黄金马鞍，以至任何一位国王"都无法想象在自己的皇家马厩里能出现两匹这样的马"。1616 年 10 月，萨法维王朝的使节抵达莫卧儿宫廷。他们带来的礼物包括 30 匹阿拉伯和波斯的马，还有果脯、地毯、宝石及用 50 匹骆驼驮着的天鹅绒、葡萄酒和玫瑰香水等。贾汉吉尔用非常高规格的礼节招待他们，派出了 100 头大象迎接使节和琳琅满目的礼物。[1]

托马斯·罗伊正好见到了萨法维王朝令人震惊的礼物。虽然自己也带有礼物，但是和萨法维王朝的礼物相比，他感觉到"很羞愧"[2]。托马斯·罗伊没有拿得出手的礼物，虽然身份是正式的官方使节，但是从礼物的角度来说，有时他送的礼物甚至比不上之前那些英国商人送的东西。他也抱怨说，他的礼物被那些亲眼见过的人鄙视。1616 年，托马斯·罗伊带到宫廷的礼物有一辆马车，这辆马车从英国运来，一路颠簸，装饰的天鹅绒已经磨损和褪色。贾汉吉尔对这辆马车连同驾车的车夫进行了一番嘲弄，还和聚集在一起的贵族们拿这份礼物开玩笑。更令托马斯·罗伊感到羞辱的是，贾汉吉尔下令把马车拆开，进行了翻新和重新装饰。[3]

还有商人会因特殊的目的而送礼给贾汉吉尔。一位名为昌都·桑维的商人在送了一件珍贵的礼物给贾汉吉尔之后，向他请求拨一块地建庙和花园以纪念自己的老师。贾汉吉尔答应了，颁发敕令分配给了他一块坎贝附近的农村用地。敕令还特别下令当地政府不许为难昌都·桑维，也不能对这块地进行任何官方征税。[4]

除了自己喜欢收受礼物之外，贾汉吉尔也经常赏赐礼物给各级文武官员。镶嵌珠宝的宝剑、匕首、笔筒、箭袋、马鞍、珍珠绿宝石珠串、各种纺织品、马匹……还有现金，通常会在盛大的仪式上赏给拥有一定级别的人，也会赏赐给穷人。贾汉吉尔赏赐的礼物中，意义最大的是"荣誉袍"。荣誉袍上镶了一些翡翠，可当作护身符，也常刻有宝座经文。这种服装最主要的是意义重大，因为"本质上是皇帝外表的一种延伸"，"穿上他的外套等于在分享君主神圣的光辉"[5]。

---

[1] Kim Siebenhuner. Approaching Diplomatic and Courtly Gift-Giving in Europe and Mughal India: Shared Practices and Cultural Diversity, *The Medieval History Journal*, Vol.16, No.2, 2014, p.533.

[2] Lisa Balabanlilar. *The Emperor Jahangir: Power and Kingship in Mughal India*, p.69.

[3] Lisa Balabanlilar. *The Emperor Jahangir: Power and Kingship in Mughal India*, pp.101-102.

[4] Shalin Jain. Piety, Laity and Royalty: Jains Under the Mughals in the First Half of the Seventeenth Century, *Indian Historical Review*, Vol.40, No.1, 2013, p.71.

[5] Kris Lane. *Colour of Paradise: The Emerald in the Age of Gunpowder Empires*, p.155.

莫卧儿官员也流行送礼。1613年，穆克拉伯·汗送给贾汉吉尔的礼物有：一个镶有宝石的烧瓶、一顶欧洲的帽子、一只宝石制成的鸟、一副昂贵的欧洲马鞍、12匹阿拉伯马及其他的珍贵物品。当年他就被派往苏拉特当官了。1615年，他送给贾汉吉尔一条头巾、一颗红宝石、一个镶满宝石的宝座。没过多久，他就被派到古吉拉特任总督了。①

二、沙杰罕与礼物

沙杰罕时期，是莫卧儿王朝极为繁盛的阶段。1648年，法国珠宝商让-巴蒂斯特·塔韦尼耶在阿格拉拜访过沙杰罕之后，评价沙杰罕很有品位，提到他在阿格拉的一条河上设置了观景台，他会坐在那里欣赏船只航行，也会让大象斗架。观景台前面有一个长廊，类似于门廊，沙杰罕原本想把这个长廊设计成全部被红宝石和绿宝石覆盖，用各类宝石装饰成葡萄的形象，而且要体现出葡萄由绿变红的过程。结果因为这个设计需要的珠宝太多，没有完工。②沙杰罕时期消耗了大量哥伦比亚宝石，很多有名的宝石都被用于建造泰姬陵。他也被当时的外国人认为是"世界上最富裕的君主"。

1635年沙杰罕过生日，收到了臣属送的很多礼物，他也回了差不多同样的礼，回礼包括：160块红宝石、250块绿宝石、一头母象、几件黄金器物及一些上好的布料。③作为君主的礼物，珍珠、红宝石、钻石甚至大象等都具有特殊意义——奇异、多彩、慷慨及神圣④，所以都可以作为王权的标志。

沙杰罕大量赏赐珠宝，其中很多都赐给了他的儿子们。1633年，奥朗则布15岁，按照习惯称体重，沙杰罕赏赐了匕首、一套矛和盾牌、臂环、头巾饰品及镶嵌有红宝石和绿宝石的珍珠念珠。1636年，奥朗则布大婚，沙杰罕把一顶由珍珠所制、装饰有红宝石和绿宝石的宝冠戴在了他的头上。1637年，奥朗则布被派驻管理德干前，被赏赐大量珍珠、绿宝石等无价之宝。1640年和1647年每次前往德干，奥朗则布都会被赏赐很多礼物。1652年，奥朗则布又得到了父亲赏赐的镶嵌有红宝石、珍珠和绿宝石的臂环。1656年，奥朗则布征服高康达，部属米尔·朱木拿赠送给他很多珠宝，包括1块钻石原石、2块红宝石、9块绿宝石、1块蓝宝石和60颗

---

① Kim Siebenhuner. Approaching Diplomatic and Courtly Gift-Giving in Europe and Mughal India: Shared Practices and Cultural Diversity, *The Medieval History Journal*, Vol.16, No.2, 2014, p.536.
② Kris Lane. *Colour of Paradise: The Emerald in the Age of Gunpowder Empires*, p.149.
③ Kris Lane. *Colour of Paradise: The Emerald in the Age of Gunpowder Empires*, p.150.
④ Kris Lane. *Colour of Paradise: The Emerald in the Age of Gunpowder Empires*, p.151.

珍珠。①

这一时期，礼物赠送特别典型。"送礼和还礼是一种高级别的自我塑造，是政治表达和肯定现有关系的相互实践。"于双方而言，都是精心安排的，既是表达对收礼者的尊重，也是送礼者想要为自己争取荣耀。②大人物既以此证明自己是杰出军事将领，分发战利品给那些陪同自己南征北战的将士，以获取人心；同时也是权势与实力的展示。当时的莫卧儿王朝国势鼎盛，对于其他国家和地区的人表现出明显的优越感。

一般来说，莫卧儿王朝君臣互赠礼物是常见的事，但有时，君主也会拒绝收下礼物，这种拒绝被认为是王室慷慨的表现。

除了莫卧儿王朝的君臣收受礼物之外，当时南亚次大陆其他王公也乐于收礼。英国东印度公司职员在写给公司的信（1640年1月28日）中说道：柯登集团③商人伦纳德·伍德曼送给比贾普尔王公很贵重的礼物，包括一个金链（镶嵌了一颗耀眼的大珍珠）、一些布匹、带有玛瑙把手的刀具，一套包括一打勺子、两个杯子、一个水壶及一个痰盂的琥珀用具，总价值达2535帕戈达（金币）。送上礼物之后，伦纳德·伍德曼请求王公允许他在比贾普尔境内自由贸易，他会和其他商人一样纳税。他们的目的是胡椒，不过当时胡椒很难得到。④然后，王公回赠给伦纳德·伍德曼一匹马，并允许他在比贾普尔境内贸易。

除了频繁的王室礼物往来，地方官员也盛行收受礼物。英国人和荷兰人在争取莫卧儿官员支持上也相互竞争。1631年，英国东印度公司为了赢得苏拉特海关总管支持所花费的钱，甚至超过了在君主身上的花费。⑤"政治权力的有效行使是官员财富的关键。"⑥1633年11月5日，当时停留在斯沃利的荷兰船从巴达维亚来，带来了给苏拉特总督的礼物——两头大象和多种香料。⑦

---

① Kris Lane. *Colour of Paradise: The Emerald in the Age of Gunpowder Empires*, p.150.
② Kim Siebenhuner. Approaching Diplomatic and Courtly Gift-Giving in Europe and Mughal India: Shared Practices and Cultural Diversity, *The Medieval History Journal*, Vol.16, No.2, 2014, pp.533-534.
③ 一个垂涎东方贸易的英国商人集团。1637年，查理一世授予了该集团为期5年的东方贸易特权，英国东印度公司对此表示强烈抗议。
④ William Foster. *The English Factories in India, 1637-1641*, p.231.
⑤ Aasim Khwaja. Mughal Port Officials and European Company-Men: The Dynamics of a Commercial Relationship in the Seventeenth Century, *International Journal of Maritime History*, Vol. 33, No.4, 2021, p.619.
⑥ Aasim Khwaja. Mughal Port Officials and European Company-Men: The Dynamics of a Commercial Relationship in the Seventeenth Century, *International Journal of Maritime History*, Vol. 33, No.4, 2021, p.630.
⑦ William Foster. *The English Factories in India, 1634-1636*, p.7.

第三节 贸易往来

17世纪中叶，印度的白银输入量剧增，银币流通数目增大。1591—1639年，印度银币的流通量变成了之前的三倍。[①]流通量的飞速上升，与同一时期美洲的白银矿藏开采密切相关，美洲白银低成本、高产量，很大部分被投入了亚洲市场，而印度是白银主要的流入地之一。印度银矿不够，金矿也很少，所以极为欢迎外来贵金属。当然，印度白银输入并不仅靠欧洲人，与其他地区的贸易，比如与阿拉伯人和波斯湾港口进行的贸易也是白银输入的重要渠道。17世纪，印度有一系列的出口贸易中心，有很多手工业者就驻扎在印度西部和东南沿海的许多港口，专门为出口贸易而生产。印度能吸引欧洲人陆续到来，并在当地设立商馆拓展贸易，则是源于印度商品种类丰富，以及各类商品强大的市场占有能力。

一、贸易发展背景

进入17世纪，印度的商品贸易发展到新阶段，品种更加丰富，市场更加宽广。究其原因，主要如下：

第一，实行了有利于贸易发展和保护商人的政策。贾汉吉尔继位后，颁布了新的法令，新法令对贸易有具体的规定。比如降低了贸易关税，保护商人的权利和商品，搜查商人的包裹被认为是非法的。对于那些盗贼和土匪活跃的地区，命令当地政府严加管理。规范商路沿线管理，要求开挖水井。后来还免除了喀布尔和坎大哈这两个地区的商品进出口关税。1648年，沙杰罕从阿格拉迁都德里（1638年开始修建）。

沙杰罕还采取了保护商人的政策，主要是保护他们各种财产的所有权。比如，博尔本德尔的商人萨瓦吉·卡般吉·帕莱克曾向沙杰罕抱怨当地政府对他提高了征税比率，从原来的3%提高到了6%。结果，他成功地得到了沙杰罕的敕令，敕令要求所有的地方官员征税不能超过3%。[②]又如，1638年，哈吉姆·萨陀任苏拉特总督，他想垄断胡椒贸易渠道，以便从苏拉特商人手里榨取钱财，为了威吓商人团体，他甚至把当时的大商人都抓起来了，后来还是沙杰汗下令释放的。[③]这些政策无疑都有助于印度的市场监管，便

[①] Dietmar Rothermund. *An Economic History of India: From Pre-Colonial Times to 1991*, London and New York: Routledge, 2003, p.6.

[②] K. C. Jain. *History of Jainism*, Vol.3, New Delhi: D. K. Printworld, 2010, p.1084.

[③] K. C. Jain. *History of Jainism*, Vol.3, p.1072.

利商品流通。

第二，货币政策不断完善。莫卧儿王朝基本的交易货币是银币，也就是卢比。金币是莫赫，铜币是达姆。在莫卧儿王朝的统治区域内，政府不断完善和规范统一的货币流通体系。君主们把货币的铸造及流通看作是"最高权威的象征"，货币的发行和流通是有关"威望"的大事。[①]贾汉吉尔继位后第10年，1莫赫价值10.7卢比，1621年跌回10卢比；1626年，1莫赫价值14卢比；1628年，在艾哈迈达巴德，1莫赫价值12.75—13卢比；1633年，在拉贾斯坦的贾洛尔，1莫赫价值12.5卢比；1640年，在孟加拉地区，1莫赫价值13卢比；1641—1642年，1莫赫价值14卢比，1653年仍是这样的兑换比例。

当时，银铜兑换率长时期保持相对稳定。主要原因有二：一是白银大量涌入，成为莫卧儿王朝征收地税的货币；二是因为铜开采量不足。1626年在阿格拉，1卢比能兑换29或30达姆；1628年和1633年在古吉拉特，1卢比能兑换25达姆；1634年在信德塞赫万，1卢比只能兑换24达姆；1636年在古吉拉特，1卢比能兑换26或27达姆；1637年在阿格拉，1卢比能兑换25达姆，1638年能兑换29达姆；1640年，在拉杰马哈尔，1卢比能兑换28达姆。[②]印度南部使用帕戈达，1640年，比贾普尔和苏拉特的兑换比例是100帕戈达兑换316卢比。[③]

随着统治区域的不断扩大，对于被征服的地区，莫卧儿政府要求当地停止铸造以往的货币并禁止流通使用，缴税时，这些货币被拒收，即便收也会打折扣，用这样的方式迫使这些货币逐渐被淘汰掉。以往流通的货币都会被送到王朝铸币厂，铸造成莫卧儿王朝的法定货币。一段时间后，原来的地区货币就慢慢退出市场了。当然，在具体运行过程中也有难度，如果地方王公允许流通旧货币，尤其是这种流通有利于他们获取利益，或者货币兑换商及用钱人已经形成了一种对于这种货币的"强烈的习惯性的忠诚"[④]，那么旧货币的退出就不会那么迅速，比如古吉拉特。

古吉拉特王国曾被德里苏丹国兼并，1401年宣布独立。古吉拉特王国效仿德里苏丹国铸造银币，单枚重177.6格令。马赫穆德·沙时期，发行了一种更轻的银币，单枚重88格令，即马赫穆迪。穆扎法尔·沙二世时期，

---

① Najaf Haider. A Sturdy Regional Currency: The Continuous Use of Maḥmūdīs in Gujarat Under the Mughals, *Studies in People's History*, Vol.4, No.2, 2017, p.162.
② Irfan Habib. *The Agrarian System of Mughal India: 1556-1707*, p.441.
③ William Foster. *The English Factories in India: 1637-1641*, p.238.
④ Najaf Haider. A Sturdy Regional Currency: The Continuous Use of Maḥmūdīs in Gujarat Under the Mughals, *Studies in People's History*, Vol.4, No.2, 2017, p.163.

发行了一种稍重的银币，单枚重 111 格令。穆扎法尔·沙三世时期，发行了两种银币，一种单枚重 72 格令，另一种单枚重 118 格令。这五种银币，只有马赫穆迪没有受政权变迁影响，在 16—17 世纪仍大量流通。之所以如此，是因为马赫穆迪是三个独立地方政权铸造的，且这三个政权都在莫卧儿王朝管辖范围之外。古吉拉特西部的普杰和纳瓦纳加尔共用一种马赫穆迪；古吉拉特南部，主要是在苏拉特，通用巴格拉纳王公所发行的马赫穆迪；第三种出现在和以上政权同一联盟范围内的地区，比如以普杰之名在纳瓦纳加尔境内铸造的货币。①沙杰罕统治时期，巴格拉纳和纳瓦纳加尔臣服。

苏拉特长期使用马赫穆迪，主要是因为马赫穆迪在当地有着众多的使用人群，包括货币兑换商、店主、货物运输者及莫卧儿政府的官员。而且苏拉特作为印度西部的商业大港，贸易繁荣，当时还没有足够多的卢比能够满足当地的交易需求，只好把马赫穆迪推出市场，马赫穆迪的流通量很大。另外，阿克巴时期，曾允许巴格拉纳王公以莫卧儿君主的名义铸造马赫穆迪。到 1620 年左右，卢比也逐渐在苏拉特市场使用。1633 年，苏拉特的英国商馆与印度商人兑换黄金时，被告知有两种兑换货币可以选择，一种是马赫穆迪，另一种是卢比。17 世纪早期，马赫穆迪和卢比之间的兑换比例是 1 卢比值 2.5 马赫穆迪；30 年代，1 卢比值 2.25 马赫穆迪；17 世纪下半叶，1 卢比值 2.5 马赫穆迪，后来这种比例长期使用。②

贾汉吉尔继位后，公布了新的莫恩德重量，1 西尔等于 36 达姆，约等于 30.14 千克。沙杰罕继位后，重新制定了重量标准，1 西尔等于 40 达姆，约等于 33.48 千克。

古吉拉特可能一直沿用当地的重量制，1611 年，苏拉特使用的莫恩德是阿克巴莫恩德重量的一半左右，1614 年，在象牙、金和银等交易中还在使用当地的重量制，但是之后就用得少了。后来使用的是贾汉吉尔莫恩德重量的一半，包括黄油、肉、蔗糖、靛蓝、硝石、木材和盐等所有商品都使用，范围是在整个古吉拉特。1622 年，在布尔汉布尔，英国人采用贾汉吉尔莫恩德制卖出了他们的铅。沙杰罕莫恩德制是在 1634 年左右开始应用的。1634 年，塞赫万还采用另一种重量制，称为卡瓦尔，在称重粮食时使用，1 卡瓦尔等于 9—10 个贾汉吉尔莫恩德。1635 年，英国人发现塔达的科

---

① Najaf Haider. A Sturdy Regional Currency: The Continuous Use of Maḥmūdīs in Gujarat Under the Mughals, *Studies in People's History*, Vol.4, No.2, 2017, pp.163-164.

② Najaf Haider. A Sturdy Regional Currency: The Continuous Use of Maḥmūdīs in Gujarat Under the Mughals, *Studies in People's History*, Vol.4, No.2, 2017, pp.174-175.

瓦尔约等于8个沙杰罕莫恩德。克什米尔地区仅采用卡瓦尔,1卡瓦尔等于3莫恩德8西尔,或者80.37千克。①

第三,农作物大量种植和各地商品互通传统。印度出产各种作物,各地区之间有频繁的商品往来。

西北部、东北部地区,出产棉花、麻、蔗糖、靛蓝、蚕丝及各种粮食作物等。阿格拉附近巴亚那和信德塞赫万出产质量极好的靛蓝,靛蓝由船运往巴士拉,偶尔也经由苏拉特运往欧洲。达金的泰伦加纳所产靛蓝质量中等,但是种植范围广。鸦片种植很广泛,尤其是在马尔瓦尔和比哈尔。阿格拉的黄油和稻米是人们日常生活常见食品,"没有人不吃"②。孟加拉地区黄油产量很大,不仅自用,还可以外销。阿格拉从孟加拉地区购买生丝、蔗糖、大米、小麦和黄油,然后把蔗糖、小麦和生丝运到古吉拉特。孟加拉地区的大米会运输到印度尼西亚、亚丁、霍尔木兹及马六甲。穆拉达巴德的小麦、锡尔欣德的稻米运往拉合尔和木尔坦,蔗糖和姜由船运到塔达,再运回胡椒和椰枣。供出口的黄油由河运从珀格尔(今巴基斯坦境内)运到塔达。克什米尔地区出产的藏红花运到阿格拉和印度其他地方,在巴特那与尼泊尔的藏红花竞争。克什米尔披肩出名,成分主要是山羊毛,从拉达克和西藏购买。各种薯类在印度北部很常见。马铃薯和秋葵是熟知的新品种。蔬菜品种的"多样"和"丰富"③给到印度的欧洲旅行者留下了深刻印象。17世纪,因为玫瑰香水和玫瑰香精的需求,玫瑰种植得到了很大发展。

西南部,古吉拉特的棉布适合制成日常穿着的服装,出口到亚洲各港口。在东南亚,这些棉布能够换取香料。16世纪,很多香料的购买就是通过棉布而不是金钱支付的。古吉拉特的靛蓝尤其是萨克赫吉品种,出口到欧洲和中东地区。古吉拉特装有各类商品的船只,每年5月出发去马六甲,6月到达。其中一部分商品会用来换取中国的丝绸和瓷器,有些船只为了获取胡椒,前往苏门答腊岛。离开东南亚回程的季风期会在马尔代夫停留。接下来,没有回古吉拉特的商船会去亚丁,获取红海商品,既可以在古吉拉特销售,也可以再出口。

古吉拉特商人掌握了从印度到东非的贸易路线,把布匹、珠子和粮食等商品运往东非,把乌木、奴隶、象牙和黄金等商品输入印度。胡椒是印度香料贸易中最重要的商品。早在中古时期,经典的泰米尔诗歌便形容外来商人是"带着黄金来,揣着胡椒走"。17世纪中期,荷兰人说"胡椒就像所有人

---

① Irfan Habib. *The Agrarian System of Mughal India: 1556-1707*, pp.427-428.
② Irfan Habib. *The Agrarian System of Mughal India: 1556-1707*, p.59.
③ Irfan Habib. *The Agrarian System of Mughal India: 1556-1707*, p.53.

都围着跳舞的新娘"。东方的胡椒绝对不是用来保存食物或掩盖腐肉的臭味。中古时期的欧洲，与昂贵的胡椒相比，肉相对便宜。在当时的欧洲，买得起胡椒的人，都能买得起新鲜肉。换句话说，就是对胡椒的拥有欲绝对不是因为实用。当时，胡椒是有声望的、标志性的商品，代表健康、神奇、尊严及异域风情。它的吸引力已经超越了文化、阶层和时尚。①马拉巴尔海岸与古吉拉特有着传统贸易，海路运来胡椒换取鸦片和棉花。古吉拉特从马尔瓦尔和阿季米尔得到各类粮食。苏拉特和布尔汉布尔之间种植的农作物则会运往阿格拉。

17世纪也有了烟草种植。《阿克巴则例》中没有提到烟草，但1603年比贾普尔的使节带给了阿克巴一个做工精致的水烟袋，接着，烟草在莫卧儿王朝迅速传播，贾汉吉尔曾下过禁烟令，但没有效果。农民大力种植烟草，1613年，苏拉特附近的村庄已经有大量烟草了。1634年，烟草已经名列塞赫万的"纳税作物之列"②。长胡椒主要产自孟加拉地区，但是最好的品种是圆胡椒或黑胡椒，产自印度南部的西高止山脉。

印度水果繁多，既有野生的，也有种植的。丛林中有多种野生水果，可供穷人采集维生。种植水果包括甜瓜、杧果、菠萝和木瓜等。甜瓜是季节性种植。杧果在果园种植，果园可能属于农民，也可能属于富人，富人雇用农民种植和出售杧果。还有菠萝，由葡萄牙人引进，16世纪末已经在孟加拉地区和古吉拉特等地大量种植。贾汉吉尔时期，每年都会有大量菠萝出现在阿格拉。后来还传入了木瓜。

东南部和中部地区也与各地市场连通。

总之，当时商品品种丰富多样，各地区之间商品互通频繁。自然经济下的农民种植也开始紧跟市场节奏，与市场需求密切联系。1630—1632年古吉拉特发生饥荒，粮价上涨，农民们立刻用粮食作物代替了棉花。17世纪40年代，信德和巴亚那靛蓝价格猛跌，导致了靛蓝种植业的衰落。原因是中东对塞赫万靛蓝需求减少，价格剧降，很多种植者都面临破产。而当烟草市场不断扩大时，农民们立刻扩大了烟草种植面积。③

第四，王室踊跃从事贸易。贾汉吉尔本人就是高消费典型。1605年，贾汉吉尔继承了阿克巴的王位和财产后，就消费了王室金库中的6000万—7000万卢比。17世纪早期的白银进口也因贾汉吉尔的奢侈消费而不断

---

① Sebastian R. Prange. *Monsoon Islam: Trade and Faith on the Medieval Malabar Coast*, Cambridge: Cambridge University Press, 2018, pp.208-209.

② Irfan Habib. *The Agrarian System of Mughal India: 1556-1707*, p.51.

③ Irfan Habib. *The Agrarian System of Mughal India: 1556-1707*, pp.88-89.

增长。①

贾汉吉尔的皇后努尔·贾汉也参与了贸易，她不仅政治实力强，而且经济实力雄厚。她的财富一部分来自她的父亲，一部分来自贾汉吉尔的赠予，一部分来自印度王公贵族和国外商人赠送的礼物，一部分来自她的封地（扎吉尔）的税收收入。她最大的一块扎吉尔在阿季米尔东南 30 千米处的拉姆萨尔。1617 年，她还得到了另一块扎吉尔，在苏拉特到阿格拉的商道上。这块扎吉尔给她带来了 20 万卢比的年收入。②还有一部分来自她参与的国际贸易。莫卧儿王室女性世代都有参与国际贸易的传统。她们通过代理人与来到宫廷的欧洲人进行交易。努尔·贾汉自己有船队，与英国人关系也不错，这样就可以利用英国人的船运送货物，比如靛蓝和绣花布匹。她与葡萄牙人的关系也不错，可以从他们那里得到来自东方的稀有商品。

除了参与国际贸易之外，努尔·贾汉还通过代理人经营大客栈。荷兰东印度公司的高级代理商曾描述过在阿格拉横渡亚穆纳河的商品要被努尔·贾汉的代理人征税的情况：在河的那一边是一座叫锡根德拉的城市，修建得很好，很繁华，所有从东方过来的商品都要从这里经过，如孟加拉地区的棉布和巴特那的生丝、甘松、硼砂、铜绿、姜、茴香、成千上万种药材及数不清的黄油和谷物等商品。努尔·贾汉的代理人在这里修建了大客栈，所有的商品装船运送之前都要被征税。据记载，她在锡根德拉的大客栈能同时站立 500 匹马，能同时容纳 2000—3000 人住宿。③

阿格拉到拉合尔之间修建的另一座客栈更加深了大家对努尔·贾汉的理解，她既是国际商人团体的赞助者，又是活跃的参与者。这座客栈被描述为当时印度最壮观的客栈，用红砂岩建成，华丽地装饰着浅浮雕的动物图案，客栈面积超过 550 平方英尺④，有超过 124 个房间，但是大部分旅客都住在免费的庭院里。这个客栈可以容纳 2000 位旅客，以及他们的骆驼和马。⑤努尔·贾汉的这些行动也是为了配合贾汉吉尔进行的基础设施建设，贾汉吉尔下令在从阿格拉到拉合尔的道路沿线上设置里程标记，规定每 3 科斯⑥要配置一个水井，以方便旅行者。

---

① Dietmar Rothermund. *An Economic History of India: From Pre-Colonial Times to 1991*, p.6.
② K. S. Lal. *The Mughal Harem*, p.73.
③ Lisa Balabanlilar. *The Emperor Jahangir: Power and Kingship in Mughal India*, p.178.
④ 1 英尺等于 0.304 8 米。
⑤ Lisa Balabanlilar. *The Emperor Jahangir: Power and Kingship in Mughal India*, p.178.
⑥ 古印度长度单位，1 科斯大致相当于现代的 4 千米，也有说法认为相当于 1.5—3 英里。

二、贸易概述

除了印度内部各地贸易之外，与欧洲贸易的发展是这一时期的突出表现。

（一）贸易表现

印度输入葡萄牙的胡椒比例很高。16 世纪到 17 世纪上半叶，进口到里斯本的胡椒绝大部分都来自印度西南海岸，马拉巴尔胡椒所占地位显著。1612—1634 年，运往里斯本的胡椒总量中，从马六甲得到的胡椒只占 3.26%，其他都来自印度西南海岸。①

另外，印度与英国的商品贸易很突出。英国船只从国内带来商品在印度销售，再从印度各地购买商品供应英国或转销欧洲其他市场。英国船只带来的商品品种多样，从英国商馆向国内董事会汇报信的叙述中就可见一斑。摘录几节内容如下：

1629 年 4 月 27 日商馆给国内的信。水银在苏拉特和艾哈迈达巴德都卖得不错，每莫恩德值 95 卢比，这个价格每年能卖出 600 莫恩德，不过不能再多，再多的话，市场就饱和了。琥珀珠在艾哈迈达巴德每西尔能卖 9.25 卢比，每年都能卖出很多，只不过市场偏向更坚硬和没有瑕疵的琥珀珠。铅，有一部分在艾哈迈达巴德兑换萨克赫吉靛蓝，每莫恩德铅的卖价是 3.75 卢比，靛蓝每捆重 4 莫恩德 7 西尔，售价 54—55 卢比，其他的铅用来和威尔吉兑换胡椒，铅是每莫恩德 7 马赫穆迪，胡椒是每莫恩德 16 马赫穆迪。买回来的商品有 1200 包比亚那靛蓝，价格是每莫恩德 36—37 卢比，运输费用昂贵，算起来是萨克赫吉靛蓝价格的 3 倍，售价每莫恩德只有 12—16 卢比。棉织品在艾哈迈达巴德、布罗奇、巴罗达和苏拉特等地都很便宜。硝石买得比以往多，按公司指示，把阿格拉和艾哈迈达巴德所有能买到的硝石都买下来了。不过，1629 年，沙杰罕下令在他自己得到 1 万莫恩德火药之前，禁止在阿格拉买硝石。蔗糖，上一船已经运回来了 364 包，是在阿格拉买的，但今年产量减少，不可能再买到更多，除非出高价。②

1634 年 12 月 29 日，斯沃利的孟什沃德等商馆人员的信中提到，已经卸下发来的所有商品：一是金银，包括 20 箱银块、30 箱里亚尔、所有的利克斯银圆、一箱黄金；二是用来做礼物的两件绒面呢和一些刀。8 里亚尔（面值，是运来的最好的银币）已经卖给了当地货币兑换商，每 100 里亚尔

---

① Om Prakash. *The New Cambridge History of India: European Commercial Enterprise in Pre-Colonial India*, pp.42-43.

② William Foster. *The English Factories in India, 1624-1629*, pp.334-335.

可兑换 215.25 旧卢比或 212.125 新卢比。银块每拖拉①可以兑换 1 卢比，都兑换成了新卢比。利克斯银圆，每 100 银圆兑换 216 卢比。金块售价不等，从每拖拉 22 马赫穆迪 23 派斯（铜币）到 25 马赫穆迪 20 派斯。②遇到的最大问题是，铸币厂的铸币速度太慢，每天最多 6000 卢比，最高曾达到 9000 卢比。但是荷兰人到来后开始了竞争，他们每天得到 3000 卢比的量，英国人只有 5000 卢比。英国人曾向当地总督抱怨因为铸币速度太慢，给他们带来了损失，总督主动无偿地借给他们 75 000 卢比，他们用这笔钱还了很多债。③

1638 年 3 月 16 日，商馆的信中提到，硝石很贵，而且运送也很麻烦，因为会污染和损坏其他商品，如果有选择，最好选蔗糖、姜和肉桂等商品。买的靛蓝有两包居然是黑土，担心剩下的靛蓝也有类似情况，这批靛蓝将会运回英国；还有 1/3 是比亚那靛蓝，染工发现这种靛蓝 1 磅能抵之前的 1.5 磅。橡胶树脂质量很差，达不到指定的要求。④

1639 年 1 月 4 日，苏拉特商馆总经理威廉·弗里曼伦给公司的信中提到，他当时所在船上的商品有波斯的丝绸，孟加拉地区的印花布、蔗糖、靛蓝和硝石，阿格拉的靛蓝和硝石，布罗奇、巴罗达和艾哈迈达巴德的布匹，艾哈迈达巴德的硝石、棉纱、靛蓝和姜，德干的胡椒，还有其他地方的原棉和蔗糖及珠子等。总共 2788 包商品，价值 1 375 231 马赫穆迪 5 派斯。当时 1 卢比可兑换 2.5 马赫穆迪。⑤

1637 年 9 月 26 日，英国代理商在马苏利帕塔姆的船上写信给苏拉特商馆总经理，报告他们的船只正准备来苏拉特，船上的商品包括蔗糖、橡胶树脂、红树木材、烟草、硝石及烧酒等。其他船只还会带来原色布料等商品。希望总经理能提供给他们 12 000 帕戈达，以便还债，这笔债务的利息是月息 2%。⑥

综上可知，印度与英国东印度公司有多种商品往来，印度市场能接纳的英国商品包括贵金属、水银、琥珀珠和铅等；除了贵金属之外，其他商品在印度市场容易饱和。英国在印度市场购买的商品包括靛蓝、胡椒、棉织品、蔗糖、硝石和橡胶树脂等。

---

① 有学者认为，1 拖拉重量约为 185.5 格令，也有学者认为，1 拖拉重约 186 格令。参见 Irfan Habib. *The Agrarian System of Mughal India: 1556-1707*, p.420.
② William Foster. *The English Factories in India, 1634-1636*, p.68.
③ William Foster. *The English Factories in India, 1634-1636*, p.68.
④ William Foster. *The English Factories in India, 1637-1641*, p.30.
⑤ William Foster. *The English Factories in India, 1637-1641*, p.120.
⑥ William Foster. *The English Factories in India, 1637-1641*, p.30.

（二）贸易特点

根据上述信件，可以看出当时的莫卧儿王朝与英国东印度公司的贸易往来状况，英国商人带来的主要有各类贵金属和毛呢等商品，在印度购买的商品主要是布匹、硝石、靛蓝、胡椒及蔗糖等。这一时期双方贸易表现出以下特点：

第一，交易的商品种类丰富多样。市场既有印度各地的自有商品，也有来自亚洲其他地区的商品，商品质量参差不齐。相比17世纪初英国人刚到印度时毛呢等商品不受印度市场欢迎，英国的某些商品如铅和水银等，在印度还是有不错的销路。

第二，英国直接用船从国内运来大量贵金属以购买印度市场上的商品。黄金和白银等进入印度后，需在印度换成卢比。但此时印度的铸币能力跟不上金银流入的速度和数量。英国人会以金银同印度的货币兑换商进行交易，换取卢比。

第三，英国在印度购买货物，资金流有时会出现断裂，只好向印度商人借钱，利息不低。

第四，有印度商人成为英国东印度公司的代理人，为其在印度各地搜集商品并运送到各地商馆。

（三）贸易产生的影响

第一，进一步扩大了印度市场，商品数量和种类进一步增多。贵金属大量涌入，使莫卧儿王朝国库丰厚。各类商品既丰富了印度市场，也进一步推动了印度的农业商业化种植和手工业技术的不断提升。

第二，印度商人开始为欧洲人服务。欧洲人初到印度，人生地不熟，印度的语言、地域风情、文化习俗于他们而言都是陌生的，甚至连最基本的商品买卖都成了问题。在这种情况下，印度本土商人成了他们最合适的帮手，很多印度商人担任了欧洲公司的经纪人，给欧洲人做翻译，为他们在各原产地挑选和购买商品、讨价还价并负责商品运输等事务。

第三，推动印度金融业发展。贵金属大量涌入，需要兑换成莫卧儿卢比，铸币厂的生产能力有限，很多商人也就成了货币兑换商，便利了欧洲人的资本转换；欧洲人经常会出现资金流短缺，货币兑换商又是欧洲人贷款的主要来源之一。货币兑换商最主要的功能是检测和换钱。[①]莫卧儿王朝的货币体系是多金属制的，从一种货币兑换成另一种货币很常见，检测货币就成

[①] Najaf Haider. The Moneychangers (Sarrafs) in Mughal India, *Studies in People's History*, Vol.6, No.2, 2019, p.147.

了货币兑换商的重要工作之一。他们检测和评估货币的重量和价值，收取一定的佣金。假如货币检测错了或价值不一致，检测者还要赔偿。

货币兑换商是铸币厂货币的供应者。随着莫卧儿王朝贸易不断发展，各种货币、金银都涌入印度市场，这些都必须换成莫卧儿货币才便于使用。为了节约时间，也为了不和铸币厂官员纠缠，需要兑换货币的商人一般都会通过货币兑换商来做这些事。

货币兑换商也是银行家和票据交易商。作为银行家，他们会吸收存款和放出贷款。17世纪上半叶，阿格拉的存款利率是每月0.625%，贷款利率是每月1%—2.5%，货币兑换商利用差价赚钱。[1]除了处理个人资金之外，莫卧儿地方政府的资金也通过货币兑换商存储。1623年，当时还是王子的沙杰罕的手下命令艾哈迈达巴德的货币兑换商将一笔古吉拉特金库中的钱汇到王子驻扎之地，结果引起了艾哈迈达巴德的钱荒，可见这是把资金转运走了。[2]当然，汇票使用之后，情况就变化了。

三、纺织品贸易

印度棉布产量大，产区多，棉种类齐全，纺织品充足。学者们提出，棉花起源于印度，在印度河流域古文明摩亨佐·达罗的考古发掘成果中，便发现有棉织物的残片。公元前600年，美索不达米亚开始买卖棉织物。公元前4世纪，棉花进入欧洲。但因为没有适宜的栽培环境，也缺乏成功种植的知识，棉花的传播极为受限。[3]印度棉（calico）的名称最初由葡萄牙人发明，达·伽马首次在印度登陆的地点是卡利卡特，当地人穿着本地生产的棉织衣物，葡萄牙人将之称为卡利卡特制的布，"calico"就是由此演变而来。棉织布匹优点很多，但是1600年之前的欧洲人对之却一无所知，英国是以毛织品为主。[4]

印度有多个地方都是纺织品的传统产地，包括东北的孟加拉、东南的科罗曼德尔、西北的旁遮普和西南的古吉拉特等地。这些地区原材料便利、劳动力密集且最重要的是技术熟练精湛，这就是印度纺织品能占领市场的重要原因。

---

[1] Najaf Haider. The Moneychangers (Sarrafs) in Mughal India, *Studies in People's History*, Vol.6, No.2, 2019, p.152.

[2] Najaf Haider. The Moneychangers (Sarrafs) in Mughal India, *Studies in People's History*, Vol.6, No.2, 2019, pp.152-153.

[3] 〔意〕乔吉奥·列略：《棉的全球史》，刘媺译，上海：上海人民出版社，2018年，第32页。

[4] 〔日〕浅田实：《东印度公司——巨额商业资本之兴衰》，顾姗姗译，北京：社会科学文献出版社，2016年，第44页。

（一）棉布种类及其买卖

1620年，英国人在巴特那建立了商馆，原因是：一方面，是被当地作为大商业中心的名气所吸引；另一方面，也是想要购买巴特那的棉布及当地销售的其他商品，比如孟加拉丝绸。巴特那棉布产量多，厚实紧密，价格便宜。英国人认为，这种棉布除了窄幅之外，没有别的缺点，但窄幅经久耐用，且是褐色的，没有经过漂白。印度棉布的种类、尺寸和价格是多样的。比如，一种棉布称作拉西丝，2卢比一件；一种棉布称作泽法柯耶，这种布比拉西丝宽1/8—1/4，价格是1.5—6卢比一件；还有一种是泽含勒斯，是最宽也是质量最好的布，价格是3—12卢比一件。① 不过，后来英国人发现阿格拉的棉布比巴特那的棉布更便宜，所以他们认为在巴特那建商馆是一种浪费。

在巴特那周边还有其他棉布，主要有：①萨含和哈玛姆，这两种棉布都由经销商控制，走水路从孟加拉地区运过来，不是巴特那本地所产，在本地市场也不大，但是因为英国人有需求，这两种布逐渐进入巴特那。1620年，巴特那代理人运到阿格拉商馆的这两种棉布有60件。② ②查塔哈，是一种厚棉布，字面意思是"四层"，是一种双倍长和双倍宽的粗棉布。③拉姆特，是一种宽的粗棉布。④卡苏哈，字面意思是"干的"或"部分完成的"，意即尚未完工的产品。因为有些地方的棉布延迟交工或价格昂贵，英国人建议商馆提供这种"尚未完工的"、快速又便宜的选择。⑤卡萨，一种平纹细布。这种布运输到拉合尔，然后出口波斯。英国人经过了解后，认为这种布更适合波斯而不是英国。⑥道帕塔斯，是一种窄棉布，更多用作生产服装，由亚美尼亚商人进口而来。③

以巴特那为中心的周围30英里内，都是重要的棉织中心。英国人考察后，认为巴特那及其周围地区生产的棉布是最适合英国市场的。1620年10月，英国人得到了1975件棉布，1621年8月，又得到了9500件棉布。④ 不过，英国人在巴特那的贸易竞争很激烈，有葡萄牙人、波斯人、阿富汗人、亚美尼亚人、其他中亚人及包括孟加拉地区在内的印度商人。波斯和孟加拉地区的商人从巴特那出口棉布、平纹细布及其他品种布匹，运到拉合尔和印度西北部，然后运到波斯、土耳其和北非，都很畅销。1630年之后，古吉

---

① Jagadish Narayan Sarkar. *Studies in Economic Life in Mughal India*, p.1.
② Jagadish Narayan Sarkar. *Studies in Economic Life in Mughal India*, p.5.
③ Jagadish Narayan Sarkar. *Studies in Economic Life in Mughal India*, pp.5-7.
④ Jagadish Narayan Sarkar. *Studies in Economic Life in Mughal India*, p.3.

拉特的棉布以其便宜和质优受到了英国人的关注。

(二) 丝织品种类及其买卖

巴特那不仅是重要的棉花产地和棉织品产销地,也是重要的丝织品贸易中心。1620—1621年,在苏拉特英国东印度公司总部的要求下,英国组织了首个商业代表团去巴特那了解棉织品行情。到巴特那之后,英国人发现巴特那及其邻近地区都是丝和纱的生产地,这些原料是从孟加拉地区和奥里萨各地运来的。①英国有悠久的丝织历史,早在中古时期就有大量的生丝运到英国。近代早期宗教改革和战争期间,法国部分胡格诺教徒受到迫害后迁移到了英国,他们很多都是丝织工人。英国国王查理一世统治期间,丝织业的重要性更加突出了。16世纪中期,英国的生丝来自波斯,由俄国人带入。后来又主要依靠土耳其。17世纪早期,英国人花费巨大成本从波斯进口生丝,因为波斯蚕丝量少而价贵,所以英国人迫切需要在印度找到生丝。②孟加拉地区的生丝在巴特那就可以得到。

巴特那的丝织品可以分为两类:一类是从外地运进来的;一类由本地或邻近地区生产,准备外销。在运进来的产品中,主要有孟加拉地区来的蚕丝被,还有柞蚕丝产品,柞蚕丝质量要粗糙些,颜色呈暗黑色。孟加拉地区及其邻近地区使用柞蚕丝有很久的历史。17世纪早期,柞蚕丝被认为是"半丝、半棉"。根据1632年的记载,从孟加拉地区运到巴特那的丝织品主要有三类:第一类是女子所用的面纱,装饰有金线;第二类是头巾带,用丝和金线加工而成;第三类是丝织条纹物品或丝织布。③

但是,17世纪初期在巴特那发展棉织业和丝织业有困难,主要原因如下:

第一,印度织工贫穷,英国人要先支付部分费用给织工。如果不提供预付资金,没有钱购买原材料,他们不可能开工,而英国商馆的资金本来就短缺。比如,1620年8月,英国人意欲订购价值20万—25万卢比的棉布,2卢比一件,要先投资5万卢比,但是英国东印度公司的资金经常滞后,而且数额不够,只到了3.7万卢比。④

第二,巴特那技术方面的限制。巴特那没有丝织传统,技术比不上阿格拉和拉合尔。⑤不过,这并不妨碍巴特那成为英国东印度公司获取商品的重要地区。

---

① Jagadish Narayan Sarkar. *Studies in Economic Life in Mughal India*, p.20.
② Jagadish Narayan Sarkar. *Studies in Economic Life in Mughal India*, pp.21-22.
③ Jagadish Narayan Sarkar. *Studies in Economic Life in Mughal India*, pp.30-33.
④ Jagadish Narayan Sarkar. *Studies in Economic Life in Mughal India*, pp.10-11.
⑤ Jagadish Narayan Sarkar. *Studies in Economic Life in Mughal India*, p.26.

四、硝石贸易

硝石在当时的用途非常广泛：制作火药、漂白、玻璃制造、洗涤、冷却、做染料、医用、鱼和肉等食物的防腐和提亮颜色、小麦和烟草等的施肥等方面。17世纪的欧洲人，硝石最主要的用途是做火药、船舱压舱石及冷却。

（一）硝石概况

硝石的形成需要一定的自然环境。在印度，比哈尔、高康达、比贾普尔、古吉拉特、阿格拉和信德等地都出产硝石。17世纪20年代，荷兰商馆代理人说，仅阿格拉一地，每年就可以得到5000—6000莫恩德硝石；1647年，英国商馆代理人在信中写道，高康达每年能供应100英吨[①]硝石。[②]硝石出口的重要港口包括胡格利、比布利等。

作为商品，在当时的条件下，硝石表现出两种特性。

第一，硝石是否经过提纯，差别很大。

硝石之所以重要，体现在它是制作火药的关键成分。制作火药必须用质地良好的提纯硝石，没有经过提纯的硝石，一经接触就会毁坏别的物品，无法用来制作火药。英国人在1639年1月4日提到，硝石是"好商品的坏邻居"[③]，就是指它容易毁坏邻近的商品。

第二，在当时的印度，硝石无论已提纯还是未经提纯，其运输和关税价格都一样。而硝石的价格根据产地和质量等因素的不同会有浮动，欧洲人考虑到运输和提纯等各项成本，所以只购买提纯过的硝石。但是，要购买到质量好的提纯硝石并不容易，常常会买到次品甚至掺假品。因为英国与荷兰作战，1653年9月，英国公司要求苏拉特商馆购买200英吨提纯硝石。艾哈迈达巴德提供的硝石虽然很白，但质量极差，掺杂了盐。[④]所以英国人决定自己提纯硝石，既可以保证质量，还能节省费用。

（二）硝石提纯

当时的欧洲人并不是很了解硝石提纯技术，硝石提纯原来都是由印度本地人完成。因为提纯硝石很重要，英国商馆代理人非常关注，有时甚至会在公司自己的屋子里提纯，既保证质量，又节省费用。

[①] 1英吨等于1016.047千克。
[②] Jagadish Narayan Sarkar. *Studies in Economic Life in Mughal India*, p.72, p.69.
[③] William Foster. *The English Factories in India, 1637-1641*, p.94.
[④] Jagadish Narayan Sarkar. *Studies in Economic Life in Mughal India*, p.81.

1648年1月6日商馆总经理写给国内董事会的信中说道：英国人在拉伊巴格自己尝试提纯硝石，结果失败了，便把剩下的硝石带到斯沃利提纯。但他们发现价格过高，每莫恩德硝石提纯需要4.25卢比，算起来比在阿格拉和艾哈迈达巴德直接买贵多了。①

1652年1月14日圣乔治堡代理人写信给公司，信中说道：硝石在巴拉索尔和胡格利等地很容易买到，但因为没有合适的锅，所以没法提纯。给苏拉特商馆总部写信，就是要求提供提纯用具。暂时只能把没提纯的硝石运回。他们还指出，当地提纯硝石用的都是陶锅，过程很复杂，这种陶锅经常破裂，据他们所知，自从去年至今，当地人已经用坏了超过200个锅，都裂成碎片了。②

（三）硝石运输

硝石运输一直是大问题。比如，从巴特那运出，根据具体情况用吨位不一的船只运输，到达胡格利和巴拉索尔等地。但是河运要考虑到自然环境和气候条件等各种因素，根据具体的情形来决定所选用船只的类型和大小，比如沙滩、旋涡、大风、潮流、河床的水深点及船只搁浅等情况，如果船只不能前行，只能换牛来驮到小船上继续航行。

购自阿格拉的硝石常常是用马车或骆驼运输。1630年12月，荷兰公司的两个代理商雇用了800匹骆驼组成的队伍运送靛蓝和硝石到苏拉特。1633年初，荷兰人运送了40辆马车的货物，其中7辆满载硝石。1630年11月，英国人在布罗达购买的货物雇用了40名步兵护送；1632年2月，英国人把在阿格拉买的硝石运去苏拉特，派了170名士兵护送。1655年，艾哈迈达巴德到苏拉特的一支车队派了25名士兵保护，安全到达苏拉特之后，他们每人可以领到1卢比报酬。③

（四）硝石禁售政策

沙杰罕时期，曾把硝石归为政府专卖品，多次禁售。1629年，阿格拉被禁止自由买卖硝石；1636年，硝石被政府专卖，售卖者要缴13%的税；1647—1648年，西北边境与中亚的战争也导致政府实行硝石专卖。同时，1628年、1646年、1654—1656年，莫卧儿政府禁止没有得到许可的硝石贸易。④但是，硝石的生产者和购买者常常联合推动废除专卖政策，地方官们

---

① William Foster. *The English Factories in India, 1646-1650*, p.186.
② William Foster. *The English Factories in India, 1651-1654*, p.95.
③ Jagadish Narayan Sarkar. *Studies in Economic Life in Mughal India*, pp.92-93.
④ Jagadish Narayan Sarkar. *Studies in Economic Life in Mughal India*, p.178.

也因利益诱惑而加入其中。

硝石禁售，常见的原因是军事因素，先要保证莫卧儿王朝自用。同时，也有非军事因素。1646 年，奥朗则布还是王子，在古吉拉特做总督时，曾下令禁止向英国人出售硝石。[1]不过这只是暂时的，奥朗则布被调离后，这项禁令也就不存在了。1654 年，莫卧儿政府禁止英国人在艾哈迈达巴德购买和运输硝石，直到 1655 年才恢复正常。

五、靛蓝贸易

靛蓝是一种重要的染料，可以染各种棉布，也可以染皮肤和头发。最初靛蓝引入欧洲，是作为蓝色染料在毛织业中使用。靛蓝是西欧染羊毛的重要染料，欧洲人之前用的是产自地中海地区的菘蓝，16 世纪末开始用靛蓝代替，于是欧洲各国陆续从事靛蓝贸易。英国在 17 世纪初学用靛蓝染色，靛蓝迅速成为欧洲各国的抢手商品，英国政府命令英国东印度公司要把靛蓝当作重要商品看待。

（一）靛蓝生产

靛蓝的原料植物一般在每年 6 月种植，8、9 月（晚的可能到 10 月初）成熟之后砍下，砍下时会留下主干桩。有三种收获方式：第一种是第一年砍（6—10 月），颜色呈褐色、质地粗糙，更多用来染羊毛和较重材质；第二种是第二年砍（10 月至次年 8 月），第一年砍后留下来的桩再次发芽，在 8 月初砍下，材质比第一年的要好，被认为是最好的靛蓝；第三种是最后一次砍，第二次砍了之后留下来的桩又一次发芽，10 月砍割，这次质量很糟，没有光泽，是三种里面最差的。总之，三种里面，第一种和第二种虽然有质量差别，但相差不大，都是第三种价格的双倍。[2]

靛蓝的制作有很久的历史，13 世纪时的工序如下：收集靛蓝植物，去掉根，放在一个大容器中，灌入水，等到植物腐烂，然后把这种腐烂的液体放在太阳下暴晒，使其在极高的气温下沸腾凝固。然后分块，便可卖到各地。

17 世纪，靛蓝可以用鲜叶和干叶制作。鲜叶制作程序是：砍下鲜叶放置于有水之处；接下来是浸泡，使水充分吸收染料，浸泡时间长短不一；再将叶子压紧反复敲打，以利于水吸收染料，有时是两三个男子用手敲打，直到水变成蓝色；再接着是沉淀，当水吸收了颜料之后，会放置 16 个小时，染料缓慢沉到底部，然后工匠们会把上层清水除掉，直到只留下底部那层厚

---

[1] Jagadish Narayan Sarkar. *Studies in Economic Life in Mughal India*, p.102.

[2] Jagadish Narayan Sarkar. *Studies in Economic Life in Mughal India*, pp.132-133.

厚的物质；接下来会把这层厚物质置于棉布上，成包状，沥干，再置于密闭的陶土容器中，这样可以避免变得太干。此外，还有用干叶制作的靛蓝。

因为具体制作工序中的手法和时间等都不一样，靛蓝的质量也有很大差别。质量好的靛蓝有两个标准：第一是轻，能漂浮在水面上；第二是用火烧时亮度很纯，散发出紫色的蒸汽，留下一点灰烬，没有沙子。①

（二）靛蓝价格及其竞争

印度靛蓝出口范围极广，包括中亚、东南亚、非洲和欧洲各地。作为商品，靛蓝的价格经常变化。影响靛蓝价格的因素很多，主要有以下几点：

（1）质量差别。不同地区的靛蓝原材料不一样，质量自然有差别；生产和制作工序也会影响质量；还有产品掺假，加沙子和泥土等。

（2）自然因素。一是降雨量影响，降雨过多或过少都不好，水灾会淹没靛蓝，旱灾会影响靛蓝植物生长；二是不同季节的靛蓝植物质量也不一样。

（3）社会因素。一是饥荒，如果碰上靛蓝种植季和收割季，饥荒会导致劳动力不足；二是交通条件，距离长短、货物大小轻重等都会影响运费。托马斯·罗伊就认为必须把英国在印度的所有商业活动都集中到苏拉特，可以在内陆其他地方建立商馆，但是要考虑到商品的特性及运输成本，有些商品很占地方，就必须选择邻近港口的商品来源地。当然，质量好的商品是值得付长距离运输费的。比如，托马斯·罗伊认为不要在阿格拉设商馆，哪怕当地的靛蓝特别好，也仍然应该把钱投在苏拉特，因为印度"运输很便宜"②。

1632年，从阿格拉到苏拉特的一次靛蓝等商品的运输，用了268匹骆驼和109辆马车、170个护运者。③这种庞大的运输规模容易受阻。因为内陆运输经常受到政治局势影响，比如战争、起义、动乱及其他事务。1639年4月，沙杰罕开始建新都德里，历时9年。在建造过程中，很多官员用包括暴力在内的各种方式抢夺马车，导致货物运输不便。

（4）购买方式。比如采用预付款方式，比临时从市场购买要便宜；如果有多方购买，竞争也会促使价格提升。

（5）行政干预。莫卧儿王朝各级官员干涉买卖都会影响商品价格。

靛蓝的购买者，欧洲主要是英国人、荷兰人及葡萄牙人。英国东印度公司的信件中有多处对当时靛蓝贸易的记载，下文截取其中几封信件略作分析：

---

① Jagadish Narayan Sarkar. *Studies in Economic Life in Mughal India*, p.136.
② K. N. Chaudhuri. *The Trading World of Asia and the English East India Company, 1660-1760*, Cambridge: Cambridge University Press, 1978, p.142.
③ Jagadish Narayan Sarkar. *Studies in Economic Life in Mughal India*, pp.156-159.

1634年，萨克赫吉及其邻近地区的靛蓝产量不少于9000莫恩德。①但英国人和荷兰人在购买时竞争激烈。

1640年1月28日在斯沃利写给英国国内的信中说，在阿格拉购买的商品有靛蓝、蔗糖和橡胶树脂等。其中，靛蓝一等质量的有661包，价格是每莫恩德22.25卢比；二等质量的有340包，价格是每莫恩德16.25卢比。二等质量的这种靛蓝之前经常购买，反响不错。还有69包质量粗劣的靛蓝，是1638年8月艾哈迈达巴德总督强迫代理人购买的，其中一包里面掺杂了大量沙子和泥土。②

1647年1月25日写给英国国内的信中说，原本预订了500包靛蓝，却只能得到461包，而且优质货很少。阿格拉靛蓝质量很差，样品已经返给阿格拉商馆问询，也让大家吸取教训。萨克赫吉靛蓝是今年能够得到的最好货品了，只有200包，价格为每莫恩德19—22.5卢比不等。他们还曾经自己尝试做靛蓝，购买靛蓝叶，雇了一名经验丰富的匠人来加工，已经加工了一些，但是费用算下来达到每莫恩德25卢比，所以如果公司没有明确指示，他们不会再加工了。

1647年2月26日商馆写的信中提到，在阿格拉买到了400包极好的靛蓝，有希望买到500包。

1648年1月6日商馆写的信中提到，在阿格拉及其邻近地区买了一些靛蓝，但是只发回200包，其他的会运去波斯出售。艾哈迈达巴德的靛蓝也只发回了200包，剩下的销往其他地区。此外，还发回了50包信德靛蓝。

1650年2月15日的信中写道，用驼队从比亚那运靛蓝到苏拉特，共用了213匹骆驼，每匹骆驼驮两包靛蓝。

1650年3月20日写给公司的信中说道，之前买的阿格拉靛蓝质量太差，在波斯的卖价很低。今年的靛蓝收成很好，价格会有下降。但是，可能会被掺假，因为荷兰人一直在吹嘘他们要买很多靛蓝，他们已经买了600包，很多都是次品。如果荷兰人不再购买靛蓝，靛蓝商人愿意提供好货给英国人，会送样品过来。③

印度靛蓝的购买者很多，除了印度本地商人之外，英国商人、荷兰商人是重要购买者，还有亚美尼亚商人、波斯商人及其他中亚商人。他们购买靛蓝后不仅在亚洲市场销售，还通过巴士拉运往东欧。据记载，亚美尼亚商人"像饥饿者一样四处奔走，他们贪婪的眼神表明他们对已有的食物不满意，

---

① William Foster. *The English Factories in India, 1634-1636*, p.73.
② William Foster. *The English Factories in India, 1637-1641*, pp.232-233.
③ William Foster. *The English Factories in India, 1646-1650*, pp.77-78, p.105, p.189, p.300, p.305.

更想品尝其他人的食物，迫使其他人赶紧守住自己的那一份，但他们还是尝试了每道菜，他们满意的同时，也得到了更多。在靛蓝市场上，他们的表现同样如此，表现得要把整个市场存货都买走，提高了价格，自己只损失了一点，却给其他商人带来了很大伤害"[1]。

波斯商人也是强势竞争者。1628 年，英国人提到，假如亚美尼亚商人和摩尔商人不控制他们的购买量，把靛蓝运到波斯市场，将会导致靛蓝需求更大，这样一来，靛蓝价格更不可能下跌。1630 年，苏拉特的英国人也提到了这一点。当时，很多波斯到印度的商人都是乘坐英国船，因为沙杰罕正在德干进行战争，不利于商人前往德干贸易。这导致靛蓝价格上涨。在竞争激烈的情况下，英国人得到优质靛蓝的希望很小，所以苏拉特的英国人建议在波斯的同行们阻止波斯商人登上英国船，即便只能阻止一部分也好。[2]

综上可知，当时的靛蓝贸易具有以下特点：一是靛蓝根据质量分为多种，有的质量差，有的掺假，不同质量价格相差很大；二是莫卧儿政府官员对欧洲商人有强卖强买行为；三是英国东印度公司在印度的贸易也辐射到了印度洋其他地区，比如波斯；四是靛蓝贸易竞争激烈，购买者众多，会提前订购商品，如果不尽早订，可能就买不到质量好的靛蓝了。靛蓝是在 8、9 月制造，销售旺季一般是 10—11 月，所以 12 月到次年 1 月购买最好，这时靛蓝已经比较干了，提早购买的话，靛蓝还是湿的，重量会有较大损耗。

17 世纪中叶，美洲各地提供了大量靛蓝，运输距离比印度更近，价格也更便宜，导致印度靛蓝在欧洲需求量减少，价格也因此下降了。

（三）靛蓝专卖政策

莫卧儿王朝经济政策的一个特点是对某些商品实行专卖控制，实施者是王朝政府或各省官员，抑或各地方官，比如对靛蓝和硝石的专卖，两者在欧洲市场都很有销路。苏拉特总督米尔·穆萨在 1632 年曾对苏拉特的小麦实施过专卖。1633 年，莫卧儿王朝对靛蓝实行专卖。

1. 专卖实施的原因

之所以对靛蓝实施专卖，主要是因为经济利益。1633 年，沙杰罕的军队征服了艾哈迈德讷格尔，为了弥补征战引起的财政亏空，苏拉特总督米尔·穆萨建议对靛蓝实施专卖。他与一个叫马诺哈尔·达斯·丹达的商人签订协议，后者享有莫卧儿王朝境内唯一的靛蓝专卖权，三年时间里交给政府 110 万卢比。假如商人们拒绝从他那里购买，导致靛蓝没能销售出去，他只

---

[1] Jagadish Narayan Sarkar. *Studies in Economic Life in Mughal India*, pp.169-170.

[2] Jagadish Narayan Sarkar. *Studies in Economic Life in Mughal India*, p.170.

需要赔偿 50 万卢比。①专卖政策自然提高了靛蓝价格。

2. 专卖政策实施的影响

首先，专卖给种植者和生产者都带来了危害。政府专卖靛蓝仅持续了一年就停止了。专卖制度下，农民得不到合理的价格，只好放弃种植靛蓝。政府官员自己为商品定价，种植者根本无利可图，许多人干脆连根拔出自己种植的靛蓝。②种植业的衰落，导致靛蓝货少而价贵。

其次，英国人和荷兰人联合行动，拒绝购买靛蓝。靛蓝专卖政策出台后，荷兰人和英国人在 1633 年 11 月 19 日签署了合约，联合抵制莫卧儿王朝的靛蓝专卖政策，承诺双方都不购买靛蓝，直到价格降到他们能接受的程度。1634 年 1 月，苏拉特商馆总经理威廉·梅斯沃尔德召开会议，在会议中提到，荷兰商馆告知他们在阿格拉的代理人因为不知道英国人和荷兰人之间的协议，已经购买了 1500 包巴亚那靛蓝，约 6000 莫恩德，每莫恩德 61 卢比。③这次行动让英国人意识到，靛蓝价格在当年不可能再回到他们觉得合理的程度了。虽然为了履行合约，荷兰人提出，给英国人一半靛蓝。但是英国人考虑到价格偏高，他们本来缺钱，而且已经有一批靛蓝发回国内了，所以拒绝了荷兰人的提议。当然，在这一过程中，英国人多次利用行贿手段来缓解靛蓝专卖产生的不利影响，甚至曾想自己直接攫取专卖权。

苏拉特总督意识到了这种后果对他境内税收的影响，只能请求沙杰罕允许恢复靛蓝自由买卖。1635 年，靛蓝专卖政策被废除。印度学者贾格迪什·纳拉扬·萨卡尔指出，莫卧儿政府的这种经济政策被证明是完全不经济的。④

靛蓝专卖政策被取消，也是因为英国人与荷兰人的操作。他们向阿萨夫·汗递交了书信说明情况。阿萨夫·汗是努尔·贾汉的哥哥，库拉姆王子的岳父。他和米尔·穆萨是死对头。米尔·穆萨是这次靛蓝专卖的实际操作者。英国人和荷兰人递交给阿萨夫·汗的书信中说，在贾汉吉尔和沙杰罕统治之下，他们已经享受自由贸易将近 30 年。他们被允许在所有地方与所有商人自由交易所有商品，所以他们应该可以自由买卖靛蓝，但是现在实行靛蓝专卖，他们只能回国，去寻找更有利益的商品。⑤他们之所以会向阿萨夫·汗递交书信，是因为知道他和米尔·穆萨是死对头，他一定会对这件事

---

① Jagadish Narayan Sarkar. *Studies in Economic Life in Mughal India*, pp.188-189.
② Jagadish Narayan Sarkar. *Studies in Economic Life in Mughal India*, p.189.
③ William Foster. *The English Factories in India, 1634-1636*, p.1.
④ Jagadish Narayan Sarkar. *Studies in Economic Life in Mughal India*, p.181.
⑤ Jagadish Narayan Sarkar. *Studies in Economic Life in Mughal India*, pp.199-201.

感兴趣。阿萨夫·汗干预此事之后,沙杰罕立刻发布敕令,宣布恢复靛蓝自由贸易。经过此事后,荷兰人解散了一些商馆,只留下部分人,把资金和商品转向了波斯市场。

六、中亚和西亚贸易

莫卧儿王朝与中亚和西亚一直有着密切的外交关系。1611 年,贾汉吉尔派使节到布哈拉汗国拜访伊玛目·库利·汗。1628 年,沙杰罕派使节拜访伊玛目·库利·汗。1643 年和 1645 年,沙杰罕派使节拜访纳兹尔·穆罕默德。

除了外交关系,莫卧儿王朝与中亚、西亚还有频繁的贸易往来。17 世纪 30 年代,印度出口到波斯的商品总价值达白银 32 吨,折合成卢比是 283 万。[1]印度出口到波斯的主要商品是纺织品、靛蓝、蔗糖和香料。那么,印度商人为什么能在中亚、西亚等地开展长久的贸易活动呢?印度商人在中亚地区的贸易是多种因素的结合:不断活跃的欧亚商品市场、印度经济影响日益加强、印度与中亚地区文化和商业联系的不断加强。[2]具体原因如下:

第一,萨法维王朝和莫卧儿王朝的君主都重视经济发展,制定了推动内外贸易发展的各项政策。当时两王朝政局稳定,国力强盛,为商业发展提供了良好的社会环境,并能进一步促进贸易发展。

第二,很多印度商人都懂波斯语,这是在整个中亚地区广泛使用的语言,极大地便利了他们的迁移和贸易。

第三,莫卧儿王朝的统治者们还没有放弃重新征服中亚的想法。贾汉吉尔在自己的回忆录中提到,他想要回到中亚,把印度留给儿子。[3]贾汉吉尔喜欢绿宝石,这是土耳其东部地区的特产,通过河中地区的贸易路线运达印度。

第四,统治者的推动。莫卧儿王朝统治者除了历来对中亚的故土情怀,还对中亚出产的商品有一种固有的眷恋。贾汉吉尔时期,每年都有专门的骑手运送撒马尔罕苹果到莫卧儿王朝。[4]贾汉吉尔还在宫廷里种植了很多中亚水果。宫廷花园里种出来的水果,对于贾汉吉尔而言,是他"帝国的强大政

---

[1] Najaf Haider. Global Networks of Exchange, the India Trade and the Mercantile Economy of Safavid Iran, In Irfan Habib. *A Shared Heritage: The Growth of Civilizations in India and Iran*, New Delhi: Tulka Print Comm Services Pvt. Ltd., 2002, p.193.

[2] Scott C. Levi. *The Indian Diaspora in Central Asia and its Trade, 1550-1900*, Leiden: Brill, 2002, p.95.

[3] Richard C. Foltz. *Mughal India and Central Asia*, pp.131-132.

[4] Richard C. Foltz. *Mughal India and Central Asia*, p.62.

治实力和疆域宽广的一种标志",也是对"疆域获取和故土眷恋的标志"①。他对葡萄、甜瓜、樱桃和杧果等水果的热爱可以看作是祖父的遗传。贾汉吉尔还在阿格拉果园里成功种植了菠萝,在拉合尔花园里种植了樱桃。贾汉吉尔喜爱甜樱桃,据说是因为"甜樱桃和葡萄酒很配"②。他会定期记载来自各地的水果,包括巴达赫尚和喀布尔的甜瓜、巴达赫尚的梨、撒马尔罕和喀布尔的葡萄、亚兹德的甜石榴、法拉赫的杏子,以及撒马尔罕、克什米尔、喀布尔和贾拉拉巴德的苹果。

沙杰罕同样对中亚水果情有独钟。1641—1642年,沙杰罕从坎大哈总督那里得知,波斯政府禁止一种很受莫卧儿人喜爱的甜瓜出口,坎大哈总督觉得波斯这种行为很不友好。沙杰罕知道后,下令从波斯来的商队不许进入莫卧儿王朝境内。当然,后来得知是因为甜瓜收成很糟糕,供不应求,沙杰罕才恢复了波斯商队通行。③

莫卧儿王朝与中亚地区贸易关系主要表现为:

第一,中亚等地商人到印度从事贸易。根据英国人亨利·伯恩孚德1639年3月的旅行记载,交通枢纽拉合尔的贸易繁荣,邻近地区的商品都会运过来。来自中亚等地的商人买下这些商品后,出口到马斯喀特和刚果等地。商品种类丰富,仅蔗糖就有多种,价格也不一样,还有多种材质、长短不一、花色各异的布料。④

第二,印度是波斯最重要的商业伙伴,波斯有很多印度商人做生意,绝大多数来自木尔坦,有印度教徒,也有穆斯林。印度去波斯的陆路贸易路线是从阿格拉到拉合尔,到坎大哈,再到伊斯法罕。17世纪早期,每年这条路线上从拉合尔到伊斯法罕都有2万—2.5万匹骆驼运送印度北部平原出产的高价商品。⑤

值得注意的是,17世纪30年代,莫卧儿王朝与波斯的贸易经常受阻。波斯和土耳其之间的战争阻碍了莫卧儿王朝与波斯的商品运输。沙杰罕时期的坎大哈之争也给贸易带来了很大障碍。坎大哈是莫卧儿王朝和波斯之间的重要城市,极富战略价值与商业价值。胡马雍曾得到了坎大哈,后被波斯夺

---

① Lisa Balabanlilar. *The Emperor Jahangir: Power and Kingship in Mughal India*, p.136.
② Lisa Balabanlilar. *The Emperor Jahangir: Power and Kingship in Mughal India*, p.137. 贾汉吉尔酷爱葡萄酒,他"对于数自己喝了多少杯葡萄酒,和听到最重要的国家事务一样满足"。他从15岁或17岁开始喝葡萄酒,一度酗酒9年,有时一次能喝20杯双蒸酒。后来他减少了饮酒量。参见 Som Prakash Verma. *The Lesser-Known World of Mughal Emperor Jahangir*, p.15, p.28.
③ Stephen Frederic Dale. *Indian Merchants and Eurasian Trade, 1600-1750*, p.22.
④ William Foster. *The English Factories in India, 1637-1641*, p.135.
⑤ Om Prakash. *The New Cambridge History of India: European Commercial Enterprise in Pre-Colonial India*, p.155.

走，1595年被阿克巴抢回，1623年又被波斯萨法维王朝的阿巴斯一世夺走。1638年，沙杰罕夺回了坎大哈。萨法维王朝誓不罢休，1649年再次夺回坎大哈。在战争期间，莫卧儿王朝与波斯的陆路贸易被阻断。

第三，印度商人以中亚为跳板，把贸易延伸到俄国境内。在中亚各地做生意的印度商人及家族很多。他们还以中亚各城市为跳板，进而到俄国做生意。一位名为苏图尔的印度商人，17世纪20年代去了阿斯特拉罕，但是他也从事从伊斯法罕到莫斯科的长距离贸易，主要是布匹买卖，还有金融活动。俄国政府对印度商人实施保护政策，因为他们能创收，为俄国政府带来了很大一笔税收。因为在俄国待遇不错，苏图尔写信给自己的兄弟，鼓励他也到阿斯特拉罕做生意。1646年，他的兄弟和其他25名印度商人带着很多商品到了阿斯特拉罕。[1]几年之后，他还有两个兄弟在波斯北部做生意。

这种现象在当时很典型，阿斯特拉罕的很多印度商人都有亲戚在波斯做生意。他们还向俄国政府提出了申请，允许他们建立自己的宾馆，类似住宅集市。1649年完工时，新房子里住了26名长期住户。[2]1638年，喀山政府向莫斯科报告有一个去莫斯科的波斯商业代表团已经到了喀山，主要是波斯商人，同时还包含两名印度商人。他们可能是为在波斯经商的印度人做代理，但更是真正意义上的"小贩"。他们携带了两捆包括28种类别、不同尺寸的棉和丝织品。[3]1647年，一位在阿斯特拉罕的印度商人定期到伊斯法罕和莫斯科做生意，会说流利的波斯语，他估计当时在波斯有1万名印度人长住。这至少说明这些印度人不是流动商贩，而是定居者。[4]

七、商品运输及货物保险

莫卧儿王朝地域宽广，地理环境多样，商品运输方式也有多种选择。最便宜的运输方式是河运，孟加拉、信德和克什米尔地区的商品大多用船运，亚穆纳河和恒河河运繁忙。各地运输价格不一致，17世纪早期，从阿格拉到苏拉特，每匹骆驼的驮运费不少于1595—1596年同样重量小麦价格的四倍，但仅有同样重量蔗糖价格的1/2。1639年，从木尔坦到塔达的船运费用，以重量相同计，是1595—1596年小麦价格的两倍，但是仅有蔗糖价格的1/6。[5]

---

[1] Stephen Frederic Dale. *Indian Merchants and Eurasian Trade, 1600-1750*, p.69.
[2] Stephen Frederic Dale. *Indian Merchants and Eurasian Trade, 1600-1750*, p.88.
[3] Stephen Frederic Dale. *Indian Merchants and Eurasian Trade, 1600-1750*, p.109.
[4] Stephen Frederic Dale. *Indian Merchants and Eurasian Trade, 1600-1750*, p.67.
[5] Irfan Habib. *The Agrarian System of Mughal India: 1556-1707*, pp.71-72.

（一）陆路运输

当时，大宗货物的陆路长距离运输有独特的方式——游牧商人群体班贾拉（banjara）。类似班贾拉的运输方式在印度最早的记载出现在德里苏丹国卡尔吉王朝时期。"banjara"一词最早使用是在16世纪，后被印度各地采纳。①

班贾拉是赶着成群的牛驮运货物的游牧群体，驮运货物的同时，依靠沿途的牧草喂食牛群，这是运输粮食、蔗糖、黄油和盐等大宗货物常用的方式。班贾拉在运输途中，与各自家族一起住在帐篷中，一个大的帐篷能够容纳600头牛，最多的可容纳20 000头牛，能运输成百上千吨货物。运输费用比较低廉，因为这种方式可以节约一些花费，比如有时仅由一家人就可以看管50—100头牛，而且一路上可以顺带放牧牛群，省去了饲料费用。当然，所需运输时间也长，速度很慢，尤其是夏天或干旱季节更易受影响。②印度当时的内陆交通状况决定了这种运输方式存在的必要性，既可运输大宗货物，又可在运输途中顺便放牧，降低成本，同时群体活动能保证安全。

贾汉吉尔在他的回忆录中提到了班贾拉："班贾拉是一个固定群体，拥有一千头左右的牛。他们把粮食从山村运到城镇，还有军队护送。如果有军队护送（比如要运到坎大哈的粮食），至少有十万头牛，甚至更多。"③

在印度的欧洲旅行者也关注到了班贾拉，把他们称为"坦达"。欧洲人说他们移动时会带着自己的一家老小和所有家当，一个班贾拉有许多家庭，可能有六七百人。他们有一个头领。他们的牛是自己的，有时也有商人租他们的牛，但是大部分情况下，他们自己就是商人。他们把粮食从便宜的地方运到贵的地方，在那里把粮食出售之后，再带回盐、蔗糖等能在别处获利的商品。班贾拉的规模根据具体情况而不同。1615年，托马斯·罗伊在从苏拉特到肯迪斯途中遇到了一队班贾拉，大约有10 000头牛。1632年，皮特·曼迪遇到了一队班贾拉，约有14 000头牛，都驮着粮食。没多久，他又碰上了一队，这队大约有20 000头牛（数字都是班贾拉自己说的），都驮着蔗糖。④

法国人让-巴蒂斯特·塔韦尼耶在17世纪40年代后多次游历印度，对

---

① Irfan Habib. Merchant Communities in Precolonial India, In James D. Tracy. *The Rise of Merchant Empires: Long-Distance Trade in the Early Modern World, 1350-1750*, Cambridge: Cambridge University Press, 1990, pp.373-374.
② Irfan Habib. *The Agrarian System of Mughal India: 1556-1707*, pp.69-70.
③ Irfan Habib. Merchant Communities in Precolonial India, In James D. Tracy. *The Rise of Merchant Empires:Long-Distance Trade in the Early Modern World, 1350-1750*, p.374.
④ Irfan Habib. Merchant Communities in Precolonial India, In James D. Tracy. *The Rise of Merchant Empires:Long-Distance Trade in the Early Modern World, 1350-1750*, pp.375-376.

班贾拉（他称之为"马纳里斯"）有详细描述。他提到，每头牛的负重量为300—350磅。看到一队有10 000—12 000头牛的队伍，是非常令人震惊的景象。如果在狭窄的路上碰到了这样规模的队伍，只能等待两三天，让队伍先过去了才能通行。如果是牛车车队，队伍中的牛车一般是100多辆，最多200辆。每辆车由10—12头牛拉着。商品主人雇士兵护送，每辆车4个士兵。①

到19世纪末期，随着新的交通运输方式出现和发展，班贾拉群体逐渐放弃了传统的赖以营生的运输模式，转行到耕种和其他领域。

当时，行人的交通方式有车和轿子。塔韦尼耶在1640年到了达卡，这年冬天到1641年间住在阿格拉，然后又到了布尔汉布尔，之后返回苏拉特。一路过来，他对印度的交通有很多实地了解。雇一辆车的价格是一天1卢比。从苏拉特到阿格拉需要35—40天，整趟行程下来要花40—45卢比。还可以雇轿子，想要速度快点，可以雇12人，这样他们能轮流抬轿，费用是每月每个人4卢比，这个价格是全包，如果路程很长，超过60天，可能就要花费5卢比。无论牛车还是轿子，都可以雇人护送，一般20—30人，配备弓箭和鸟铳（火绳枪），费用和轿夫一样。②

（二）海路运输

17世纪上半叶，莫卧儿王朝的海上运输，除了要应对来自海洋本身的威胁之外，还要面临海盗的不断抢劫。为此，印度商人会购买通行证。葡萄牙凭借自己的海上实力，很早就颁发海上通行证。后来，英国和荷兰也发放通行证。③通行证的有效期一般是一次行程内或一年内。发证机关会要求自己治下的军官和商人等，在通行证有效期内，不仅要克制对通行证持有者、船只及其商品的打劫欲，还要对他们以礼相待。不过，到了公海也难保万无一失。还有一点值得注意的是，英国人和荷兰人并没有把葡萄牙的通行证放在眼里，印度商人不得不购买多个欧洲国家的通行证。另外，即便是发证国，也并不能保证完全不袭击持有自己通行证的船只。荷兰就多次下令，可以抢劫那些和自己的敌人勾结在一起的商人，哪怕持有自己颁发的通行证。所以最有效的方法是和颁证国的船只结伴航行。④总之，通行证并不能保证

---

① Jean Baptiste Tavernier. *Travels in India*, Vol.1, Cambridge: Cambridge University Press, 2012, pp.39-43.
② Jean Baptiste Tavernier. *Travels in India*, Vol.1, pp.45-46.
③ 早在1617年，在印度商人的要求下，苏拉特的英国人给印度商人发放了在红海航行的通行证。英印关系进入一种"炮艇外交"时期。参见 Dr. Pramod Sangar. *The Social-Economic History of Mughal India*, p.50; I. Bruce Watson. The Establishment of English Commerce in North-Western India in the Early Seventeenth Century, *The Indian Economic and Social History Review*, Vol. 13, No.3, 1976, p.382.
④ Nazer Aziz Anjum. Indian Shipping and Security on the Seas in the Days of the Mughal Empire, *Studies in People's History*, Vol.2, No.2, 2015, p.161.

航海安全，葡萄牙人、英国人和荷兰人都曾打劫过印度商船。

1610 年，因为葡萄牙人的影响，贾汉吉尔没有给予英国东印度公司想要的贸易特权，招来英国人的报复。英国东印度公司为了向印度人证明他们的海上实力，开始实施海盗行径，打劫印度商船。1612 年，英国人在红海抢劫了多艘印度商船。1613 年，当得知贾汉吉尔给予了英国人一些优惠条件后，葡萄牙人在港口附近抢劫了一艘苏拉特商船，使贾汉吉尔非常气愤。1617 年，英国人在红海袭击了一艘满载木材的苏拉特船只，船只被扣留了三个月，船上一半财物都被花费了。没多久，又一艘苏拉特商船被打劫。船上的苏拉特商人游泳回岸，向苏拉特总督报告此事。总督向英国东印度公司总经理表达了不满，总经理承诺赔偿。当然，莫卧儿王朝对海盗现象也表明了态度，那就是"海上你做主，陆上我为王"①。英国东印度公司的两名经纪人被苏拉特当局用铁链锁住囚禁。1619 年，一艘从信德开往波斯的苏拉特商船被打劫。阿格拉的英国东印度公司职员被莫卧儿政府抓起囚禁。几番回合之后，英国人意识到，只要打劫印度商船，英国东印度公司总经理就会被要求赔偿损失，职员还会被收监，商馆其他成员也将面临惩罚。

不仅欧洲海盗带来了很大威胁，印度本地的海盗也经常袭击商人。一是马拉巴尔海盗。马拉巴尔地区与红海港口很早就有贸易往来。葡萄牙人到来之后，对马拉巴尔地区的贸易进行了很多限制，强迫当地人购买通行证。马拉巴尔人为了弥补葡萄牙人带来的损失而进行抢劫。据说 13 世纪的马可·波罗就已经注意到马拉巴尔海盗了。②莫卧儿王朝时期，马拉巴尔海盗活动频繁。二是索拉什特拉地区西北角的桑格尼尔人。他们海盗行为的特点是凭借所拥有的最大达 500 吨级的船只，进行群体攻击。③三是东部海岸地区的阿拉干海盗。海盗的抢劫有两种形式：一种是公开的明抢；另一种相对隐蔽，对船上商品强买强卖。海盗给当时没有海上实力的莫卧儿王朝开展商业活动带来了很大打击。

为了保证安全，很多印度船只都配备武器弹药。1613 年，一艘 300 吨级的印度商船从穆哈回苏拉特，船的两边各配置了 12 门大炮。1680 年，有些船上配备了 30—40 门大炮。1695 年，一艘从穆哈回苏拉特的朝觐船，除了其他配置外，还有 80 门大炮和 400 支火绳枪。但是，印度船只哪怕武装得再好，抵抗力也差。1612 年，英国东印度公司在红海至少抢劫了 11 艘印

---

① Dr. Pramod Sangar. *The Social-Economic History of Mughal India*, pp.48-49.

② Nazer Aziz Anjum. Indian Shipping and Security on the Seas in the Days of the Mughal Empire, *Studies in People's History*, Vol.2, No.2, 2015, p.156.

③ Nazer Aziz Anjum. Indian Shipping and Security on the Seas in the Days of the Mughal Empire, *Studies in People's History*, Vol.2, No.2, 2015, p.158.

度船；1623年，英国人抢劫了两艘印度船，这两艘船都有武器，但都没有抵抗。尤其是1695年的一艘印度船，虽然配置好，但是在英国海盗抢劫时几乎没进行任何抵抗。[①]至于原因，有人说是印度船只太拥挤，甲板上人太多，没地方摆枪射击。

（三）货物保险

商品运输过程中存在的诸多不安全因素催发了保险业务。陆路运输的承保人很多是货币商。其实，他们自己也参与货物的运输，并不仅仅承担保险。当时的安全保险主要是防范抢劫，商品主人要为此另外交一笔保险费用。1653—1654年，奥朗则布还是王子，有一批珍珠共109颗要从艾哈迈达巴德运到他的驻地，运输时就买了保险。一般而言，承保人就是运输者。他们会千方百计减少运输途中被抢劫的风险，常见措施就是得到潜在强盗们的保护，要预先打点好可能来抢劫的强盗们。所以当时，决定保费高低的因素是运输所经过地区的安全程度，而不是运输时间和距离。比如，从苏拉特去往布罗奇和巴罗达的保费分别是0.25%和0.62%，其实布罗奇在苏拉特和巴罗达的中途，但去巴罗达的保费贵了很多，就是因为路途危险。而且商人们必须同意绕路走拉杰皮普拉，因为拉杰皮普拉的王公在收取过境费之后，常常会保证通行安全。[②]

海上运输的情况比陆路要复杂很多，费用更高。1622年，一艘从坎贝驶往斯沃利的船为船上商品买保险，保费是投保商品价值总额的2%—2.5%；1643年，一艘船从穆哈驶往苏拉特，给商品买保险的保费是3%；1644年，从苏拉特到穆哈，商品保费是5%；1649年，从苏拉特到冈布龙，商品保费是2.75%；1665年，从苏拉特到卡利库特，商品保费是4.5%。[③]

总之，17世纪上半叶，莫卧儿王朝的贸易发展繁荣，商品多样，带动了与商业有关的诸多行业发展。

第四节 结　语

贾汉吉尔和沙杰罕时期，莫卧儿王朝实力强大，国内外贸易继续拓展。

[①] Nazer Aziz Anjum. Indian Shipping and Security on the Seas in the days of the Mughal Empire, *Studies in People's History*, Vol.2, No.2, 2015, p.166.

[②] Najaf Haider. The Moneychangers (Sarrafs) in Mughal India, *Studies in People's History*, Vol.6, No.2, 2019, pp.157-159.

[③] Nazer Aziz Anjum. Indian Shipping and Security on the Seas in the Days of the Mughal Empire, *Studies in People's History*, Vol.2, No.2, 2015, p.165.

这既归因于稳定的政治环境，政策实施带来了货币与度量衡标准化，便利了市场流通，也得益于印度传统的手工业技能，产品有着很强的竞争力。

欧洲各贸易公司的人相继来到印度，为谋求贸易特权，与莫卧儿王朝有了多种形式的联系。这一阶段，在印度与欧洲的贸易中，印度商人能在很大程度上拥有话语权和市场主导权。

同时，也存在着不少影响贸易进行的因素。

首先，各级政府官员存在敲诈现象。在印度的欧洲人极为重视贸易所在地的官员更替，会打听新任官员的爱好和习惯。

其次，王室大事会影响市场行情，尤其是王位更替。早在17世纪之初，商人巴纳拉希描述了1605年阿克巴去世时那段时间，是王位继承的关键时期，阿格拉整个城市都弥漫着紧张气氛：人们都在恐慌中紧闭家门，店主们紧关店铺，富人们急急忙忙地把自己的珠宝和贵重服饰藏到地下，很多人把自己的财宝和资金胡乱堆在马车上就向安全和隐蔽的地方跑。每家都在家里准备了武器。富人走在大街上，都是穿着平时穷人穿的那种厚厚的、粗糙的衣服，以掩饰自己真实的身份，妇女也穿得破烂不堪，光看衣着，没有人能分辨出到底谁有钱谁没钱。到处都是人心惶惶的景象，但是又说不清是为什么，因为确实没有盗贼和强盗。[①]巴纳拉希还提到，后来听说是贾汉吉尔继位了，而且他的位子坐得很稳。整个城市的人都松了一口气，在心底欢呼。商业贸易的进行与所在环境的局势是息息相关的。

[①] Munis D. Faruqui. *The Princes of the Mughal Empire, 1504-1719*, Cambridge: Cambridge University Press, 2012, p.272.

第三章 强大与隐患并存(1658—1707年)

1658年7月,奥朗则布登基,开始了他在位半个世纪的统治历程。奥朗则布为人冷静果断,长于算计,深受王朝逊尼派贵族的支持和拥护。奥朗则布继位之初,莫卧儿王朝国势鼎盛,商业贸易繁荣,但他统治的中后期,国势日下,鼎盛之中蕴含着隐患。

第一节 商业政策与发展表现

奥朗则布统治期间,实施了一系列有助于贸易发展的政策。其中有些是沿袭父辈和祖辈的措施,有些则是奥朗则布时期新制定和颁布的。

一、主要政策

奥朗则布时期有助于贸易发展的政策主要表现在以下三个方面。

(一)禁止市场勒索和垄断

奥朗则布时期,继续规定以现金纳税,征税以土地为依据。因此,对当时的村庄土地都进行了测量。表3-1是当时重新测量过后的村庄数据。当时对土地的测量并不仅仅包括可以耕种的土地,还有些不适合耕种的土地如峡谷、河边、山坡和丛林也被计算在内。当然,数目不多,应该没超过总数的1/10。

表 3-1 奥朗则布时期的村庄数据 (单位:个)

范围	村庄总数	未测量的村庄	已测量的村庄
全国(比贾普尔和海德拉巴除外)	455 698	203 023	279 443
孟加拉	112 788	111 250	1538
奥里萨			26 768
比哈尔	55 376	24 036	31 340
阿拉哈巴德	47 607	2262	45 345
奥德	52 691	18 849	33 842
阿格拉	30 180	2877	27 303
德里	45 088	1576	43 512
拉合尔	27 761	3192	24 569
木尔坦	9256	4559	4697

续表

范围	村庄总数	未测量的村庄	已测量的村庄
塔达	1324	1324	
喀布尔	1316	1316	
克什米尔	5352	5352	
阿季米尔	7905	2873	5032
古吉拉特	10 370	6446	3924
马尔瓦尔	18 678	11 742	6936
坎迪斯	6339	3507	2832
贝拉尔	10 878	137	10 741
奥兰加巴德	8263	718	7545
比达尔	4526	1007	3519

注：原文没有标注数据的具体年代，不同时期的村庄数据是变化的
资料来源：Irfan Habib. *The Agrarian System of Mughal India: 1556-1707*, p.4.

因为以现金收税，所以莫卧儿各地可以见到缴税的队伍。1665年底，塔韦尼耶在从阿格拉去孟加拉地区的路上，碰到了孟加拉地区一支去德里缴税的车队。该车队由110辆牛车组成，每6头牛拉着1辆车，每辆车上有50 000卢比。①队伍庞大，总数额很惊人。

为了完成缴税任务，很多农民收获农产品之后立刻去市场出售，换取现金。以往农产品市场会出现各种勒索和欺骗行为。早在阿克巴时期，艾哈迈达巴德的农民进入市场，每车粮食就要交2卢比车费。奥朗则布时期，农产品市场的勒索行为主要表现在：喂牛费，无论牛是拉车还是驮运，只要进城就要交费；拉草料或稻秆要交费，拉木柴也要交费；如果是牵牛到市场买卖，进城要交费，假如牛没卖掉要牵回去，还要交离开费；在巴特那，牛拉一车香蕉或甘蔗，要交4—5卢比。针对这些现象，1665年，奥朗则布颁布敕令加以禁止。

奥朗则布有一项备受指责的政策，那就是从1665年开始，对印度教商人征收5%的内地关税（除了1667—1682年废除之外一直征收），穆斯林商人只缴2.5%，后来，穆斯林完全不需缴税。这项政策出台对印度教商人的打击很大，虽然是一项经济政策，但是其影响不仅仅在经济领域，还包括政治和社会等多个领域。这项政策和其他针对印度教徒法令的实施，对社会产生了深刻冲击和长远影响。

学者伊尔凡·哈比卜认为，商人群体在莫卧儿王朝没有受到穆斯林官员突出的干扰。②唯一的突出之处是奥朗则布对穆斯林商人的区别对待政策。

---

① Jean Baptiste Tavernier. *Travels in India*, Vol.1, pp.113-114.
② Irfan Habib. Merchant Communities in Precolonial India, In James D. Tracy. *The Rise of Merchant Empires: Long-Distance Trade in the Early Modern World, 1350-1750*, p.397.

但是这种区别对待政策也被印度教商人想办法应付了。

除此之外，奥朗则布还禁止了市场中的短斤缺两和垄断行为。农民卖出农产品时会被短斤缺两，比如称重说是 40 西尔，实际上，农民付出了 47 西尔甚至更多。农民们也警惕这种欺骗行为。在农产品买卖的过程中，一般会由第三方称重，负责称重的第三方，不是买卖两方的人，他们的收入来自从双方收取临时津贴。①另外，当时也有垄断市场的行为出现。有些地方的官员、商人或首领规定，不允许别人收购新收获的粮食，只能由他们自己全部购买。之后，无论粮食腐烂与否，都强制性以完好产品的价格全价卖出。在艾哈迈达巴德和其他一些地方，就有人这样垄断稻谷市场，导致古吉拉特的谷价涨到很高。②1665 年，针对类似的市场垄断行为，奥朗则布发布敕令加以禁止。

（二）货币和度量衡

奥朗则布时期的货币政策基本沿袭前朝，但是，在他统治之后的头十年内，达姆铜币没有沿用以往的，而是新制了铜币，比以前的轻了 1/3。最终，1 西尔约等于 44 达姆。货币的价值与铸造它们的金属重量是相对应的，在使用的过程中，如果货币磨损导致重量减轻，价值也就相应降低了。

值得注意的是，在莫卧儿王朝境内不同地区，卢比与达姆之间的兑换比例是不一致的。也可以看出，17 世纪莫卧儿王朝的银价处于不断波动状态。究其原因，既有莫卧儿王朝自身铜产量不足的影响，也与银价市场因素有关。

奥朗则布时期，没有像他的父辈和祖辈那样制定莫恩德标准。所以在实际的市场买卖中，重量制计算表现不同。比如，阿克巴重量制很长时期一直都在沿用。直到 17 世纪 70 年代，阿格拉区域的靛蓝贸易还是采用阿克巴重量制。同样，在丝织业、水银、朱砂及麝香等商品买卖中，都是继续采用阿克巴重量制。贾汉吉尔重量制主要在胭脂虫红贸易中沿用，后来换成了沙杰罕重量制。沙杰罕重量制主要在粮食作物和其他农产品（靛蓝除外）贸易中沿用。

在具体的买卖过程中，不同时期、不同地区、不同商品用到的重量标准可能都不一样，会出现对卖家或对买家更有利的情况。1620 年，巴特那的丝织业就没有用阿克巴重量制，称重采用的标准是 1 西尔等于 34.5 或 33.5

---

① Irfan Habib. *The Agrarian System of Mughal India: 1556-1707*, p.86.
② Irfan Habib. *The Agrarian System of Mughal India: 1556-1707*, p.87.

达姆；1632 年的巴特那，所有的商品采用的标准是 1 西尔等于 37 达姆。[①]
到 1661 年，有些地方还在使用贾汉吉尔重量制，有些地方使用沙杰罕重量制。

（三）发展商业

奥朗则布时期，注重商业发展，采取了一系列措施，突出之处有以下几点：

一是保护商人。奥朗则布对大商人的厚待，从他对桑提达斯·贾哈瑞的态度可见一斑。桑提达斯·贾哈瑞是 17 世纪早期和中期艾哈迈达巴德非常有名的商人。在之前的继位战争中，桑提达斯·贾哈瑞曾帮过奥朗则布的弟弟穆拉德·巴赫什，和其他商人一起借了 55 万卢比给他。奥朗则布继位后，并没有和桑提达斯·贾哈瑞计较，还宣称会还这笔钱以示安抚。但是，学者沙林·杰恩认为，奥朗则布更想要传递一个信息，那就是，从此之后，莫卧儿王朝的所有事务包括借款都必须由新政府来处理。[②]当然，很明显的一点是，奥朗则布很想和这种实力雄厚的大商人保持良好的关系。

政府对商人的保护也可以从要求对商船护航体现出来。17 世纪 90 年代，欧洲私掠船在红海打劫。苏拉特政府要求在苏拉特贸易的欧洲国家必须为去穆哈和吉达的苏拉特商船提供军舰全程护航，而且要承担所有费用。[③]莫卧儿政府认为，欧洲国家在莫卧儿王朝境内享受了贸易特权，也必须为当地的商业发展出力。

二是商队客栈制度。在商路沿线重要据点设置客栈，以方便商队休息、住宿和餐饮。这项制度不是奥朗则布首创的，自阿克巴之后的君主们都在实施。中亚各地商路也都建有客栈。客栈是商业社会经济发展的基础设施。有些客栈所在地甚至发展成了商业中心，还有的发展成了有市集的农业重镇。这种制度对农业、手工业及商业的发展都有推动作用。

---

① Irfan Habib. *The Agrarian System of Mughal India: 1556-1707*, pp.424-425. 对于丝绸和靛蓝，欧洲人常用的计算单位还有"捆""束""包"等，一般是当时牛或骆驼驮运量的全部或一半。靛蓝以"捆"或"束"计，重量在 4 阿克巴莫恩德左右，各地具体计算不同，有时稍重，有时稍轻。1 包蔗糖，在孟加拉地区的胡格利，1661 年按照沙杰罕的重量制计算，是 2 莫恩德 13 西尔（1 西尔等于 18 达姆）；在卡西姆巴扎尔，1683 年，按照英国商馆的重量制计算，是 2 莫恩德 6.5 西尔；1684 年，在孟加拉地区是 2 莫恩德 5 西尔。孟加拉地区 1 包丝绸约等于 2 个沙杰罕莫恩德；古吉拉特艾哈迈达巴德，1 包靛蓝是 4 个苏拉特莫恩德。荷兰人按每西尔 20 达姆计算，1 包古吉拉特蔗糖等于 8 莫恩德。参见 Irfan Habib. *The Agrarian System of Mughal India: 1556-1707*, pp.430-431.

② Shalin Jain. Piety, Laity and Royalty: Jains Under the Mughals in the First Half of the Seventeenth Century, *Indian Historical Review*, Vol.40, No.1, 2013, p.87.

③ K. N. Chaudhuri. *The Trading World of Asia and the English East India Company, 1660-1760*, pp.122-123.

三是为欧洲贸易提供优待。因为欧洲人的不断要求，莫卧儿君主和各级政府不断授予他们贸易特权。1662年，苏拉特荷兰商馆的经理迪尔克·范德里其姆被选为使节觐见奥朗则布，从奥朗则布那里获得了一道贸易优惠的敕令，在孟加拉、比哈尔和奥里萨三地享有很多贸易特权：被免除了这三地的过境税；按照以往规定缴关税，比布利和巴拉索尔的税率是3%，胡格利的税率是4%。敕令还规定这些地方的官员要按照敕令行事，不能以任何理由骚扰荷兰人，也不能因贪婪而妨碍他们做生意。[1]

1678年，奥朗则布的第三子穆罕默德·阿兹姆被任命为孟加拉总督。6月30日，阿兹姆抵达达卡。他派人请了达卡的英国商馆和荷兰商馆代理人，要求他们派一些懂大炮的人帮他，在被拒绝后也没有强求。不过，英国人送了他21 000卢比，他则回报了英国人一道自由贸易无须缴税的指令。[2]

总之，如美国学者约翰·F. 理查兹所说，莫卧儿王朝的经济发展趋势是"富有活力"的，国家也提供了许多服务和措施来发展国内各层次贸易。[3]政府提供给欧洲公司的贸易优待政策有利于印度产品进一步迈进欧洲市场，推动莫卧儿王朝的国际贸易发展。

二、发展表现

奥朗则布在位的半个世纪，莫卧儿王朝国势强盛，与世界各地都有贸易往来，陆路车队繁忙，海路商船不断。印度棉织品等商品销往西亚、非洲和欧洲，又从欧洲销往加勒比海和美洲。粮食作物向西通过波斯湾和红海出口，向东则出口到马六甲和东南亚其他地方。由此，印度获得了大量白银和少量黄金。穆哈因其白银流通量大，被称为"莫卧儿的钱库"[4]。东方商路也被用来同中国进行贸易活动，用印度棉织品换中国丝绸、瓷器和陶器等。印度与中国有悠久的贸易往来，双方通过陆路，经印度北部地区的尼泊尔等地交易纺织品、蔗糖和香料等各种商品。

以硝石贸易为例。根据统计，1688年，仅比哈尔28个帕尔加纳的硝石总产量就达226 200莫恩德，经提纯后还有127 238莫恩德。其中，只有11 200莫恩德供本地消费，其他的全部供出口。这个水平一直保持到18世

---

[1] Nadara Ashafaque. The Dutch in Bengal, c.1650-1707 and Their Relations with Local Mughal Administration, *Indian Historical Review*, Vol.49, No.1, 2022, p.111.

[2] Nadara Ashafaque. The Dutch in Bengal, c.1650-1707 and Their Relations with Local Mughal Administration, *Indian Historical Review*, Vol.49, No.1, 2022, p.116.

[3] 〔美〕约翰·F. 理查兹：《莫卧儿帝国》，王立新译，昆明：云南人民出版社，2014年，第198页。

[4] 〔德〕贡德·弗兰克：《白银资本：重视经济全球化中的东方》，刘北成译，北京：中央编译出版社，2000年，第132页。

纪上半叶。①而硝石仅仅是印度众多出口商品中的一种。

欧洲贸易公司在印度多个贸易中心设立商馆，搜罗各地特产。1676年，荷兰人在孟加拉地区设了6个商馆：胡格利（钦苏拉）商馆、卡西姆巴扎尔商馆、巴拉索尔商馆、巴特那商馆、达卡商馆和马尔达商馆。同一时期，法国人和丹麦人也到了孟加拉地区。据统计，1679—1685年，每年金银（折合为银）涌入印度的数量为130.8吨。②1695年有人曾提到，世界范围内流通的所有金银最终都流入了莫卧儿王朝。③这虽然有点夸张，但无疑是对印度吸收了外界大量金银的典型描述，也是印度出口了大量商品的表现。

印度商品能进入世界各地市场，与印度商品生产工序精细、质地优良密切相关。这一点可从当时手工业的行业分工看出来：第一，棉、丝、毛织业有梳毛工、纺纱工、线处理工、刺绣工、染工、漂白工、金银线织工等；第二，金属业，主要有金银匠、铁匠、黄铜匠、烟火工等；第三，石头切削工、砖瓦工、石灰工、紫胶工，从事象牙、珊瑚、琥珀业的工人；第四，木工；第五，理发师、裁缝、男洗衣工和糖果制造者等；第六，蔗糖、蓝靛、可可、酒类加工业工人；第七，蔬菜、花园和渔业管理者。④即便是棉、丝和毛织业，也有原材料的多样化，收获季节不同导致不同质地及伴随而来的不同的制作工艺，使来到印度的欧洲人经常会因印度各类产品工艺的精巧而震惊。

（一）丝绸贸易

17世纪莫卧儿王朝的丝绸贸易⑤开始有了发展。有学者认为，印度的丝绸文化是从于阗传入的。后来，蚕桑技术丢失，主要是用野生或其他品种的织物。印度丝绸业的确切发展时间是中亚民族进入印度之后。⑥因为丝绸之路贸易发展对中亚沿线的影响，中亚人受到丝绸文化的影响并把丝绸技术带到了印度。

---

① Sushil Chaudhury. *From Prosperity to Decline: Eighteenth Century Bengal*, New Delhi: Manohar, 1995, p.261.
② Irfan Habib. *The Agrarian System of Mughal India: 1556-1707*, p.447.
③ K. N. Chaudhuri. *The Trading World of Asia and the English East India Company, 1660-1760*, p.155.
④ M. P. Singh. *Town, Market, Mint and Port in the Mughal Empire: 1556-1707*, New Delhi: Adam Publishers & Distributors, 2007, p.36.
⑤ 根据传说，丝绸织造最早起源于公元前3000年的中国，然后向东、南和西南等地传播。一般认为，丝绸织造技术6世纪传播到欧洲。
⑥ Karolina Hutkova. *The English East India Company's Silk Enterprise in Bengal, 1750-1850: Economy, Empire and Business*, Woodbridge: The Boydell Press, 2019, p.26.

1. 丝绸贸易概况

14—15世纪，桑树种植传入印度，主要是在克什米尔地区，后在孟加拉地区兴起。从17世纪中期起，从喀布尔到拉合尔的地区都有孟加拉地区提供的丝绸。同时，野生丝绸品种也继续生产，主要有柞蚕丝织品[①]等。印度生产多种丝绸织品，主要有地毯、缎子和塔夫绸等。丝绸易于运输，价值又高，需求量大，推动了丝绸业的发展。

值得注意的是，19世纪之前，蚕茧都没法在不变质的情况下储存或运输。所以当时对蚕茧最基本的处理方法就是把它们卷成生丝。因此，丝绸贸易又分为生丝贸易和丝绸产品贸易。

荷兰东印度公司和英国东印度公司到印度之后，丝绸立刻成为它们的主要商品之一。英国东印度公司早在1616年就已经关注到孟加拉丝绸了。当时，孟加拉丝绸是2.25先令1磅，到英国可以卖到20先令1磅，利润率几乎达800%。[②]鉴于当时英国东印度公司和葡萄牙有冲突，孟加拉总督没有给予英国东印度公司贸易特权。1650年之后情况发生变化，英国国内丝织业发展起来，但是没有相应的养蚕业，所以需要进口大量生丝。最早进口生丝到欧洲的是荷兰人。1653—1654年，荷兰东印度公司从孟加拉地区进口的生丝实现了利润率200%。后来，英国人迎头赶上并把荷兰人赶出了印度丝绸市场。

英国在印度的生丝贸易真正发展起来是1675年之后，当时英国东印度公司专门派了职员到孟加拉地区了解各种生丝的情况，包括购买生丝最好的季节和途径、生丝的重量和价格。1695—1696年，英国东印度公司有一船生丝的利润率超过了250%。[③]1698—1702年，英国东印度公司从孟加拉地区购买生丝年均达42 419磅，丝绸织物64 838件；1703—1707年，英国东印度公司从孟加拉地区购买生丝年均达161 976磅，丝绸织物27 928件。[④]这还只是英国东印度公司的贸易量。欧洲其他国家、中亚国家，以及南亚次大陆的古吉拉特、木尔坦、拉合尔、阿格拉、贝拿勒斯和海德拉巴等地的商人也都在孟加拉地区购买丝绸。

[①] 柞蚕丝不太适合出口，柞蚕丝的颜色是浅金色到棕色，这类颜色在欧洲并不流行，欧洲人对柞蚕丝没有需求。虽然柞蚕丝可以染色，但染色方法直到19世纪才出现。

[②] Indrajit Ray. The Silk Industry in Bengal During Colonial Rule: The "De-Industrialisation" Thesis Revisited, *The Indian Economic and Social History Review*, Vol.42, No.3, 2005, p.342.

[③] Sushil Chaudhury. *From Prosperity to Decline: Eighteenth Century Bengal*, p.220.

[④] Indrajit Ray. The Silk Industry in Bengal During Colonial Rule: The "De-Industrialisation" Thesis Revisited, *The Indian Economic and Social History Review*, Vol.42, No.3, 2005, p.344.

2. 孟加拉丝绸贸易发展原因

孟加拉丝绸贸易之所以发展起来，主要有以下两个原因：

首先，孟加拉地区的自然环境适合蚕桑业发展。一般认为，丝绸业分为三个主要部分：第一部分是养蚕业，包括种桑树、采桑叶、养蚕和收蚕茧。第二部分是生丝制造业，生丝不是原材料，而是一种半成品。有缫丝和抛丝工序。缫丝包括解开蚕茧、高温水软化丝胶、拉细丝、烘干并黏合丝线。抛丝就是拧丝成股。第三部分是丝绸织造业，包括织造、染色、印刷和整理等。一般情况下，生丝制造业都邻近养蚕业地区，因为蚕茧形成后必须在5天内抽取生丝。[①]所以没有种植桑树的地方都无法发展生丝织造业。

17世纪，亚洲和欧洲很多地区都发展起了丝绸织造业。一些国家和地区因为自然条件原因，不适合桑树生长。养蚕也需要合适的气候环境，英国的气候条件就不太适合养蚕。随着丝绸织造业的发展，对生丝的需求也日益突出。

其次，孟加拉生丝价格相对便宜。与波斯和中国的生丝价格相比，孟加拉生丝便宜一些，虽然有时候也会和波斯生丝价格差不多。[②]价格便宜是孟加拉生丝的最大优势。孟加拉生丝产区主要在卡西姆巴扎尔和穆尔希达巴德周边地区，到处种满了桑树。当地有一句名言："桑树带来的财富和快乐比儿子带来的更多。"[③]不过，孟加拉生丝因为收获时间不一样，分为三个等级：11月、3月和7月的丝。11月的丝质量最好，因为蚕在较冷的天气长得好，桑叶质地软，能为蚕提供丰足的食物。进入3月之后，叶子变硬，丝的质地也相应变差。接下来因为雨水、炎热和风暴，7月的丝质量最差。

孟加拉地区的便宜生丝适应英国当时的手工业发展趋势。英国的生丝来源有多处，土耳其、葡萄牙、西班牙和意大利等地都可以进口生丝，还可以从中国进口丝绸产品。孟加拉生丝被认为是质量最次的。之所以会选用中低等质量的生丝，是因为英国的丝绸工业主要生产中等质量产品，还有服装配饰，比如丝带和纽扣等，也有较小的服饰用品比如袜子和手套等。这些产品的购买者扩展到了各阶层民众，消费群体非常广泛。所以孟加拉地区当时向英国提供生丝，质量只要能够满足英国国内的生产需求就行。

---

① Indrajit Ray. The Silk Industry in Bengal During Colonial Rule: The "De-Industrialisation" Thesis Revisited, *The Indian Economic and Social History Review*, Vol.42, No.3, 2005, p.340.

② 17世纪之前，中国的缫丝方法是世界上最先进的，早在北宋年间发明的缫丝机使中国能够生产出比世界上任何地方都更细更好的丝线。参见 Karolina Hutkova. *The English East India Company's Silk Enterprise in Bengal, 1750-1850: Economy, Empire and Business*, p.28.

③ Sushil Chaudhury. *From Prosperity to Decline: Eighteenth Century Bengal*, pp.221-222.

（二）与中亚和西亚的贸易

奥朗则布时期，莫卧儿王朝与中亚和西亚的贸易一如既往地发展着。当然，频繁的贸易往来是以双方良好的外交关系为前提的。

1. 使节往来

1661—1662 年，布哈拉汗国的君主派使节来到莫卧儿王朝，带来了天青石盒装的麝香等珍贵药物、80 匹双峰骆驼、80 匹土耳其马及水果。莫卧儿王朝则回赠钱财、纺织物及钻石和黄金等各种物品，还有大象。① 1671 年，奥朗则布向布哈拉汗国派使节，后者在 1687 年又向莫卧儿王朝派使节。

整个 17 世纪，布哈拉汗国的使节们送给莫卧儿王朝的礼物，从双峰骆驼到各种猎鹰和鸽子等都有，还包括各种水果，如苹果、梨、葡萄、甜瓜、李子和杏子等。

1661 年 5 月，波斯萨法维王朝的阿巴斯二世派大使到德里，奥朗则布热情接待，"士兵排列在大使将通过的街道两旁，有三英里长。主要街道装饰一新……鼓声、管乐声和喇叭声震耳欲聋。他进入城堡或皇宫时，所有大炮齐鸣向他致敬……大使身后跟着 500 名骑士……骑着品种优良、设备精良的马匹"。波斯带过来的礼物是：66 匹伊拉克快马，一颗重达 37 克拉、价值 6 万卢比的圆珍珠——总价值 42 万 2 千卢比。大使在莫卧儿宫廷待了两个月。奥朗则布回给他的礼物价值 53.5 万卢比。② 这种回礼既是一种礼尚往来，同时也是在体现莫卧儿王朝的财富和强大。

除此之外，还有很多别的地区来的使节。莫卧儿王朝的对外关系长期都处于一种和谐发展的状态。

莫卧儿王朝与中亚和西亚友好的外交关系为双方的贸易往来提供了良好的政策制度、交通条件和贸易环境的基础，推动了双方贸易进一步发展。

2. 贸易往来

莫卧儿王朝与中亚和西亚有悠久的贸易往来。英国人估计，1661 年有价值百万卢比的棉织物从苏拉特运往波斯。17 世纪，莫卧儿王朝的棉织物出口超过一半是输往波斯、图兰和土耳其的传统市场。③ 与波斯和图兰的贸易在莫卧儿王朝对外贸易体系中起到了重要作用。

学者斯蒂芬·弗雷德里克·戴尔指出，根据现存的 1568—1703 年的莫

---

① Richard C. Foltz. *Mughal India and Central Asia*, pp.62-63.
② 〔印〕斯迪芬·麦勒迪斯·爱德华兹、赫伯特·利奥纳德·奥富雷·加勒特：《莫卧儿帝国》，尚劝余译，第 98 页。
③ Stephen Frederic Dale. *Indian Merchants and Eurasian Trade, 1600-1750*, p.44.

卧儿王朝货币量，王朝西北部的克什米尔、喀布尔、拉合尔、木尔坦及塔达的铸币厂发行了王朝总铸币量的 36.7%。从波斯和图兰来的商人们可能为喀布尔、拉合尔和木尔坦的铸币厂提供了大部分的铸币或金银块。①这个数据对长期以来认为莫卧儿王朝的白银大部分是欧洲人输入的观点会造成冲击。

从事中亚、西亚贸易的著名商人群体有木尔坦商人。法国的泰弗诺在他的游记中指出，他到过印度很多地方，发现木尔坦商人是最富裕的。木尔坦有大量商人，他们非常精明，不会错过任何一个赚钱机会。人们有时候会利用他们帮自己赚钱。泰弗诺说，木尔坦商人帮他买的东西比他自己买的要便宜。他们不拒绝任何服务，不管是尊贵的还是低劣的，他们时刻准备让雇用他们的人满意。②木尔坦商贸繁荣，出产棉花、蔗糖、鸦片、硫黄和五倍子等，还储备有大量的骆驼，随时能把商品运往波斯。作为旁遮普地区有名的商人群体，木尔坦商人在与中亚和西亚的贸易中有着突出的地位。

在莫卧儿王朝与中亚的贸易中，有一种特别重要的商品，那就是中亚的马。因为是骑在马上打天下，骑兵战在莫卧儿王朝的地位日益重要。16 世纪中期，莫卧儿骑兵只有 12 000 人，17 世纪晚期已经增长到 10 万人。③阿克巴统治时期，骑兵大多是由中亚来的移民组成，印度本土人不多。后来，印度王公在战争中的作用越来越突出，他们也逐渐接受了骑兵战术。但得到战马的途径有限，有些士兵常常是"骑着还没有驴大的矮种马"④上战场。当然，这种状况日益改变，战马在印度的地位不断上升，马匹贸易的重要性也就越来越突出了。

莫卧儿王朝的马分为七等，每一等都有相应的食物标准，分别是：第一等，阿拉伯马，或类似的马；第二等，波斯马或在体形和耐力上类似的马；第三等，穆加纳斯，拥有阿拉伯血统或波斯血统的马；第四等，土耳其马；第五等，亚布斯，拥有突厥血统的马，但是品种较次；第六等，塔兹斯，印度本土出产的最好的马；第七等，江拉哈，印度本土出产的质量较差的马。王室用的马都是阿拉伯马、波斯马和土耳其马中品种最好的、价格最贵的。⑤古吉拉特的喀奇也产马。

据估计，巴布尔时期带到喀布尔准备销往印度的马匹有七八千到 1 万

---

① Stephen Frederic Dale. *Indian Merchants and Eurasian Trade, 1600-1750*, p.43.
② Jean de Thevenot. *The Travels of Monsieur de Thevenot into the Levant*, London: Henry Clark for H. Faithorne, 1687, p.55.
③ Andre Wink. *The Making of the Indo-Islamic World, c.700-1800 CE*, p.166.
④ Andre Wink. *The Making of the Indo-Islamic World, c.700-1800 CE*, p.166.
⑤ Pratyay Nath. *Climate of Conquest: War, Environment, and Empire in Mughal North India*, New Delhi: Oxford University Press, 2019, pp.132-133.

匹，17世纪下半叶，中亚商人每年带到喀布尔的马匹达到6万匹，还有学者估计达到了10万—15万匹。法国旅行者提到有6万匹。①可以说，印度与中亚、西亚贸易繁荣的原因之一就是印度对中亚、西亚马匹的需求。

中亚和西亚的马匹到了印度后，比如阿拉伯和波斯等地的马，阿拉伯马最被看重，但是因为没有燕麦和大麦，最初这些马在印度很难养活。后来，印度人这样养马：每匹马都有一个马夫，每天会为马梳洗，早上七点为马喂食，会给它们喂一种由各种食物混合的球状食物，包括三磅重的鲜花及黄油等食物，强制性地塞进马的喉咙。慢慢地，它们就会适应这种喂食，几个月之后就会喜欢上了。之后每隔一段时间，还会给马喂食草料。到下午四点会喂食三磅重的打碎的干豌豆，加上水，有时还有蜂蜜等。②马在莫卧儿王朝的地位凸显。17世纪后半叶，中亚和西亚还有其他动物也被运到了莫卧儿王朝，人们在德里可以看到各种动物：鹰、骆驼、骡子、驴、大象、麋鹿、狮子、猎豹，还有连狮子都不怕的壮实水牛。

从莫卧儿王朝出发去往中亚和西亚的交通路线有多种选择，可以选择陆路，也可以选择海路，还可以选择河运加海运。从苏拉特出发去阿巴斯港的船只如果赶在晚秋或早冬时节，最好是12月到3月初，能伴随着东北季风，航程仅需两三个星期。到了波斯湾之后，商品能在一个月之内转运到伊斯法罕，在两个半星期内能转运到东南部的基尔曼。从波斯湾回苏拉特的船只如果能在3月底4月初出发，同样也会很快。也有商人会选择从陆路回印度。

还可以选河运加海运。比如从拉合尔或木尔坦运棉布或靛蓝去波斯，可以沿印度河③坐船而下，再转海运，这样，经过印度河和阿拉伯海，从拉合尔到伊斯法罕需要四个半月到五个月。也可以选择陆路。经过印度西北部山口，早在16世纪早期，每年至少达3000匹骆驼的载货量，也就是每年可运输约750吨的商品。陆路贸易对波斯市场冲击很大，据记载，1665年，1000匹骆驼载着布匹和靛蓝到达伊斯法罕，造成当地商品价格下降了15%。④当然，如果莫卧儿王朝和波斯处于交战状态，那么商品立刻会转为海运。

莫卧儿王朝境内一直都有来自中亚和西亚的商人，他们有的在这里常住，有的在这里短暂贸易，然后返回故土。比如亚美尼亚商人，他们在印度购买靛蓝。1670年，英国东印度公司苏拉特商馆总经理让阿格拉代理人早

---

① Jean de Thevenot. *The Travels of Monsieur de Thevenot into the Levant*, p.57.
② Jean de Thevenot. *The Travels of Monsieur de Thevenot into the Levant*, p.44.
③ 印度河和拉维河的上游河段只能在每年3—10月通航。
④ Stephen Frederic Dale. *Indian Merchants and Eurasian Trade, 1600-1750*, p.48.

点购买靛蓝，以免被亚美尼亚商人和其他商人独占。那样的话，英国人就只能从他们手里买价格上涨的货物。①18世纪初期，因为波斯的靛蓝需求特别大，英国东印度公司也直接把靛蓝从苏拉特运去波斯销售，因为这样比运回英国更省事，也更赚钱。

3. 中亚和西亚境内的印度商人

在中亚和西亚境内，长期以来都有印度商人在做生意。根据记载，木尔坦商人最早在布哈拉设置商业据点是在1559—1561年。另据估计，1684—1685年，仅在伊斯法罕的木尔坦商人就有1万人。17世纪之后，印度商人还从波斯向北进入高加索和俄国。②根据法国旅行者的观点，17世纪60年代，约有15 000名印度人居住在波斯，也有说法是大约1万人，还有说法认为整体上应该超过了2万人。③

在波斯境内做生意的印度商人也很有名。17世纪在波斯境内从事贸易的印度商人主要是旁遮普的恰提人、阿富汗普什图人及马尔瓦尔人。印度商人在波斯和图兰做生意可以选择海路、河运及陆路。海路最常用的路线是经苏拉特港，如果从旁遮普或信德出发，可以经印度河去拉合尔，同样也可以经陆路从旁遮普或信德去喀布尔，然后跨越兴都库什山脉，到巴尔赫、布哈拉或撒马尔罕。不过，海路与河运相对安全、便宜，速度更快。

印度商人每年也定期去也门做生意。17世纪末，印度的商人群体巴尼亚在也门境内享有"被保护的少数群体"④的法律地位。17世纪末18世纪初，当地对于从印度来的第一艘船都很关注，不仅因为其代表着新年贸易季的开始，也因为印度船是当地国际贸易的重要组成部分。印度船来自坎贝、第乌、博尔本德尔和胡格利等多个地方，但是穆哈贸易最依赖的是苏拉特到穆哈这一条线，货源最稳定。顺着季风，每年1月就有印度船陆续到来，持续整个春季，返程是在8月，一般到10月穆哈港口就空了。

印度运到穆哈的主要商品有三类：第一，纺织品。包括多个价位，能适应各种用途。印度纺织业最大优势之一表现在"服务不同的长距离贸易网络时的专业化、适应性和产品差异化的能力"⑤。有古吉拉特、科罗曼德尔海

---

① K. N. Chaudhuri. *The Trading World of Asia and the English East India Company, 1660-1760*, p.142.
② Scott C. Levi. *The Indian Diaspora in Central Asia and its Trade, 1550-1900*, p.99.
③ Sushil Chaudhry. Indo-Iranian Trade and Indian Merchants in Iran in the Seventeenth Century, *Studies in People's History*, Vol.5, No.2, 2018, p.201.
④ Nancy Um. *The Merchant Houses of Mocha: Trade and Architecture in an Indian Ocean Port*, Seattle: University of Washington Press, 2009, p.165.
⑤ Pedro Machado. *Ocean of Trade: South Asian Merchants, Africa and the Indian Ocean, c. 1750-1850*, p.122.

岸及孟加拉等地生产的纺织品，品种丰富，质量很好；更高端的印花布和蚕丝，通常是做礼物用的；还有一种布会通过穆哈，最终到达西印度群岛，做成衣服给加勒比种植园里的奴隶穿。第二，从印度和东南亚来的香料，包括丁香、胡椒、小豆蔻、姜黄、肉桂、干姜和肉豆蔻等。第三，粮食、油和奶酪等。

返回印度的船只装载的商品包括从地中海各地而来的金银和铸币，运到莫卧儿王朝境内重铸；还有从非洲海岸来的象牙，也有药用的芦荟、当地的芳香剂和染料等。

（三）欧洲贸易

莫卧儿王朝与欧洲多个国家有贸易往来。

1. 与俄国贸易

印度商人很早就经中亚到俄国境内从事贸易，俄国给了他们相对优惠的待遇，但是，俄国良好的贸易环境在1647年发生了变化。主要表现在：

其一，1646年，俄国商人派出了外交贸易使团到莫卧儿王朝，开始了直接联系。17世纪上半叶，俄国内部经济政策发生变化。俄国分别在1646年、1651年、1676年和1695年派出使团去印度，不过只有第四次使团成功抵达了莫卧儿宫廷。第一次和第二次使团同时也要出访波斯，但第一次就直接被波斯拒绝了，理由是边境动荡，不安全。第二次也没有达到波斯，因为使团携带的想要在印度出售的商品不是被敲诈就是被抢劫了。第三次，俄国人找了布哈拉商人带路，但是因为阿富汗和莫卧儿战争，边境地区贸易和旅游都中断了。到第四次的时候，当时俄国君主是彼得一世，随着俄国开采白银矿藏及圣彼得堡的修建，印度贸易对他而言，意义已经没那么重要了。使团通过波斯，从阿巴斯港到达苏拉特。当时，奥朗则布正率军在布尔汉布尔扎营，允许他们自由贸易。俄国使团后来在印度北部买了很多靛蓝、棉织品及其他有名的印度出口商品。整个出使历时五年。

俄国使团出访前，对印度市场进行了一定的调查，第二次出发前，使团被告知至少要带上铜和貂皮。第三次出发前，莫斯科的印度商人告诉他们，在印度最受欢迎的商品包括高价貂皮、红绒面呢、绿绒面呢、红皮革、海象牙、珊瑚、大中小号的镜子、金线和银线天鹅绒及土耳其天鹅绒等，如果要送礼物给印度统治者，就送这些，如果条件允许，也可以送矛隼和鹰，印度君主还喜欢猎狗。[①]当然，这些商品的市场也仅限于权贵阶层。

早在第三次出访前的1675年，俄国沙皇就让使团带上对莫卧儿君主的

---

① Stephen Frederic Dale. *Indian Merchants and Eurasian Trade, 1600-1750*, p.91.

两个请求，第一是每年送给俄国 2000—3000 普特（俄国重量单位，相当于 72 000—108 000 磅）白银。作为交换，印度人可以得到貂皮、绒面呢及其他俄国丰足的商品。当然，这反映了"俄国贵金属的缺乏及对印度市场的极端不了解"①。沙皇的第二个请求是让印度派遣技艺精湛的石匠到俄国。

其二，俄国政府开始限制外国商人在俄国市场上的竞争。1667 年，俄国通过《新贸易法规》，重申了之前对外国商人的零星限制，防止他们去边境城市，限制他们从事批发贸易等。条例颁布之后，印度商人更多依赖非印度人合伙做生意。主要原因是，他们享有印度人不享有的免税等贸易特权，请他们当代理人，可以减少成本。

不过，俄国海关却给了俄国政府压力，要求印度商人免于被限制，因为"他们能让国库富有"，但是却引来了俄国商人们的反复抗议。1684 年，俄国商人递交抗议书，超过 160 人签名，抗议这种不限制印度商人的现象。抗议书中提到："抗议各国人尤其是印度人对国内贸易的破坏，印度人居住在莫斯科和阿斯特拉罕很多年了，从来没有离开过，他们甚至认为自己是阿斯特拉罕居民，哪怕他们的妻儿还在印度。他们买卖各种商品，还以很高的利息放贷……这些住在阿斯特拉罕的印度人不缴税，他们自己富裕了，却从来不为我们国家服务。"②当然，印度人进行了反驳，表示俄国当局从他们的贸易中得到了很大利润，而他们掏了两倍关税。1683 年，他们为自己价值 8 万卢布的商品交了 2.4 万卢布的关税。

印度商人还沿伏尔加河到了莫斯科。1684 年，有 21 个印度人居住在莫斯科。③有些人是自己主动来的，还有些是作为在阿斯特拉罕亲戚的代理人而来的。在彼得一世建新都圣彼得堡之后，有些印度人也把生意从莫斯科延伸到了圣彼得堡。

2. 英国东印度公司贸易

英国东印度公司在莫卧儿王朝的贸易是长时期、多领域的，贸易数量和贸易金额也不断增加。表 3-2 是 17 世纪下半叶英国东印度公司从印度进口商品量的统计数据，从中可以看出，1664—1693 年的 30 年时间里，英国东印度公司在印度孟买、马德拉斯和孟加拉的商品进口量占了它在亚洲总进口量的绝大部分。

---

① Stephen Frederic Dale. *Indian Merchants and Eurasian Trade, 1600-1750*, p.92.
② Stephen Frederic Dale. *Indian Merchants and Eurasian Trade, 1600-1750*, pp.97-98.
③ Stephen Frederic Dale. *Indian Merchants and Eurasian Trade, 1600-1750*, p.102.

表 3-2　1664—1693 年英国东印度公司从印度进口商品数量

时间	亚洲总进口量 价值（英镑）	孟买进口量 价值（英镑）	占比（%）	马德拉斯进口量 价值（英镑）	占比（%）	孟加拉进口量 价值（英镑）	占比（%）
1664 年	138 278	49 181	35.6	48 496	35.1	24 882	18.0
1665 年	158 755	63 130	39.8	53 100	33.4	23 867	15.0
1666 年	5877	909	15.5			4875	83.0
1667 年	48 539	43 286	89.2	3766	7.8	114	0.2
1668 年	4575	4556	99.6				
1669 年	138 808	51 239	36.9	30 056	21.7	19 069	13.7
1670 年	216 927	74 181	34.2	70 182	32.4	25 358	11.7
1671 年	201 825	96 816	48.0	41 152	20.4	35 563	17.6
1672 年	326 924	70 698	21.6	108 810	33.3	55 200	16.9
1673 年	257 836	94 750	36.7	85 204	33.0	74 129	28.8
1674 年	178 411	92 090	51.6	70 432	39.5	9040	5.1
1675 年	169 172	35 471	21.0	58 568	34.6	29 732	17.6
1676 年	334 424	145 324	43.5	87 510	26.2	59 622	17.8
1677 年	320 823	96 402	30.0	80 376	25.1	51 440	16.0
1678 年	325 593	102 725	31.6	109 685	33.7	56 411	17.3
1679 年	355 906	89 366	25.1	145 481	40.9	80 709	22.7
1680 年	356 465	97 416	27.3	131 532	36.9	77 951	21.9
1681 年	393 921	108 342	27.5	125 816	31.9	98 373	25.0
1682 年	421 917	142 457	33.8	151 860	36.0	103 749	24.6
1683 年	523 039	189 434	36.2	209 658	40.1	109 979	21.0
1684 年	802 527	311 261	38.8	318 527	39.7	157 093	19.6
1685 年	584 019	183 469	31.4	171 240	29.3	211 900	36.3
1686 年	322 632	42 764	13.3	128 687	39.9	136 008	42.2
1687 年	340 380	86 212	25.3	174 629	51.3	73 474	21.6
1688 年	158 713	78 559	49.5	57 006	35.9	5562	3.5
1689 年	133 560	13 693	10.3	88 055	65.9	4996	3.7
1690 年	120 971	65 034	53.8	9376	7.8	3970	3.3
1691 年	83 512	19 280	23.1	4556	5.5	37 800	45.3
1692 年	26 386	18 868	71.5	1888	7.2	2773	10.5
1693 年	60 074	29 128	48.5	5991	10.0	18 620	31.0

资料来源：K. N. Chaudhuri. *The Trading World of Asia and the English East India Company, 1660-1760*, p.508

1683 年，英国东印度公司要求苏拉特商馆多订购印花棉布，因为印花棉布在欧洲市场销路很好。在荷兰，用印度印花棉布做的衣服被认为是有教养女子穿的服装。没几年之后，英国贵族也争相选择印度印花棉布，愿意花高价钱购买这些以前在欧洲见不到的布。

根据威尼斯旅行者尼克劳·马努奇的描述，奥朗则布几乎不佩戴珠宝，只在头巾的中间装饰一小片羽毛，还配有一块大宝石。他的宝石都有专门的名字，好像是来自另一个星球，比如太阳、月亮及某颗星或类似的名称。① 奥朗则布对珠宝的兴趣不如对金银的兴趣大。

塔韦尼耶1665年到莫卧儿宫廷，送出了23 187利弗尔的礼物，包括：装饰有绿宝石和红宝石的土耳其马鞍；一块由金质盒子装着的手表，盒子上缀满小绿宝石；一根权杖，装饰有红宝石和绿宝石。1666年塔韦尼耶去见孟加拉总督时，送的礼物包括：一件织锦披风，周边镶有金质蕾丝；一件金银线织的披巾；一件镶有美丽绿宝石的珠宝。他得到了美食和住宿的回赠。他送了更多的礼物，包括一块好表、两把嵌有银丝的手枪，东西总价达5000利弗尔。不过，送出礼物却没有得到相应的回赠。这些花费可以看作是想要在南亚从事珠宝贸易的启动资金。②

1649年查理一世被处死，克伦威尔执政，不属于英国东印度公司的商人得到了贸易许可证，1657年，英国东印度公司得到克伦威尔颁发的特许状，变为永久性股份有限公司。1660年斯图亚特王朝复辟后，英国东印度公司送给查理二世3000余英镑的礼物，并承诺在6年内给予查理二世17万英镑的赠款。1661年，英国东印度公司从国王那里得到了继续独占东方贸易的特权。③1688年光荣革命之后，英国东印度公司面临着工业资本家与商业资本家之间的矛盾。1694年，英国议会宣布：任何英国公民都有与东印度群岛进行贸易的同等权利。议会权力高于王室。英国东印度公司不得不在1698年认购年息4%的70万英镑公债，换取议会批准它继续独占东方贸易。但一批非英国东印度公司商人以年息8%认购了200万英镑公债。之后，成立了一个名为英国对东印度贸易公司的新公司，获得了对东方贸易的特许状。④新、旧公司并立，相互竞争和打击，最终，议会于1702年3月20日通过法案合并了两个公司，合并后的公司以年息5%贷款320万英镑给政府，换取了对东方贸易的独占权。⑤

---

① Kris Lane. *Colour of Paradise: The Emerald in the Age of Gunpowder Empires*, p.154.
② Kris Lane. *Colour of Paradise: The Emerald in the Age of Gunpowder Empires*, pp.152-155.
③ 汪熙：《约翰公司：英国东印度公司》，第73—74页。
④ 汪熙：《约翰公司：英国东印度公司》，第77—78页。
⑤ 汪熙：《约翰公司：英国东印度公司》，第80页。

第二节 城 市

随着经济不断发展，莫卧儿王朝的城市也日益繁荣，城市作为商业贸易发展的重要场所，与商业贸易相辅相成。[①]

学者们根据城市的功能和地位，对莫卧儿王朝的城市进行了研究。贾格迪什·纳拉扬·萨卡尔认为，莫卧儿王朝的城市可以按以下的标准划分：第一类是首都，如阿格拉、法塔赫布尔西格里、德里；第二类是各省首府，如孟加拉的达卡、比哈尔的巴特那、奥德的勒克瑙、德干的海德拉巴；第三类是英国东印度公司管辖商馆的三个管区城市，即马德拉斯、孟买、加尔各答；第四类是商贸中心和海港，如塔达、坎贝、苏拉特、果阿、胡格利等；第五类是内陆商贸中心，如艾哈迈达巴德、拉合尔等；第六类是宗教中心，如木尔坦等。贾格迪什·纳拉扬·萨卡尔认为合乎条件的城市很多，而且这种划分不是绝对的，会互相交叉，如阿格拉既是首都，又是内陆商贸中心。[②]他对城市的划分标准主要是城市所拥有的地位。

而按照 M. P. 辛格的观点，莫卧儿王朝的城市可以分为以下几类：第一类是王朝的首都或邦省的首府；第二类是商业和工业中心；第三类是制造业城市；第四类是特殊农产品区；第五类是处于通航河流或陆路交通要道上的城市；第六类是宗教圣地或拥有圣堂之地；第七类是军事战略重镇。[③]可见，M. P. 辛格主要从城市具备的功能来进行划分。

不管基于什么标准来划分，莫卧儿王朝城市数目众多、特色突出是显而易见的。

一、城市的繁荣

莫卧儿王朝的城市极为繁荣，无论是城市的数目、规模还是经济活力，在当时的世界都属名列前茅。

17 世纪，莫卧儿王朝最大的城市应属阿格拉，人口在 50 万—66 万。1630—1631 年，达卡和巴特那的人口各有 20 万左右。拉合尔的人口估计不会少于 25 万。1635 年，达卡有 5 万栋房子，人口可能超过了 20 万。17 世

[①] 有关莫卧儿城市的介绍，参见许静：《印度莫卧儿帝国前期城市发展探析》，《鲁东大学学报（哲学社会科学版）》2011 年第 5 期，第 4—7 页。

[②] Jagdish Narayan Sarkar. *Studies in Economic Life in Mughal India*, New Delhi: Oriental Publishers & Distributors, 1975, p.205.

[③] M. P. Singh. *Town, Market, Mint and Port in the Mughal Empire: 1556-1707*, pp.2-13.

纪60年代，德里的人口是35万左右。1663年，苏拉特人口有10万，1700年是20万。1672年，马苏利帕塔姆有人口20万。①

17世纪，很多欧洲人都来到印度，留下了对莫卧儿城市的翔实记载，其中，泰弗诺先生的游记对莫卧儿城市的描述很有意思。②泰弗诺于1666年1月到达苏拉特。他提到苏拉特和坎贝是整个莫卧儿王朝最好的港口，艾哈迈达巴德是古吉拉特首府，所以他首先到了那里，2月16日再返回坎贝。

从他的游记中可以看出，艾哈迈达巴德商业繁荣，商品多样，主要有绸缎、丝绒、镶有金银线的织锦、棉布等，还有从拉合尔和德里购买的大量靛蓝、干姜、蔗糖、小茴香、虫胶、酸角、鸦片、硝石和蜂蜜等各种各样的商品。城市里设有英国商馆，在市中心，商馆货栈里装满了来自拉合尔和德里的布料。

坎贝和苏拉特一样大，市内每隔一段距离就有塔楼，街道非常宽阔。道路的尽头有大门，晚上会关闭。坎贝的房子是砖头构建的，很高大。城里有多家店铺，店铺满是香水、香料、丝绸和其他商品。坎贝当地还制作大量的象牙手镯、玛瑙杯、念珠及戒指。坎贝市郊有很多美丽的公共花园。市郊产靛蓝。坎贝靠海，但是大船不方便靠岸，因为这里的海潮极为迅猛，人骑马全速奔跑也不能跑过第一波浪潮。港湾风浪很大，伴随着厚厚的乌云，很难保证安全。

17世纪的莫卧儿王朝城市很多，作为商业中心，苏拉特的地位尤其突出。

苏拉特是印度西部港口城市。莫卧儿时期尤其是17世纪，苏拉特在印度商业贸易发展中具有重要的地位。即便是孟买成为管区之后，苏拉特的地位仍然很重要。1689年，作为英国商馆牧师的约翰·奥文顿参观苏拉特，看到从阿格拉、德里、布罗奇及艾哈迈达巴德等地运来的商品都在苏拉特出售，吸引了来自阿拉伯、土耳其、波斯和亚美尼亚等地的商人。他写道，苏拉特是印度最有名的商业中心，哪怕之前从没见过的商品，也可以在这里买到。③也难怪直到18世纪上半叶，英国东印度公司商馆职员仍然认为苏拉特是整个印度的宝库。④苏拉特能持续保持重要地位，与其所具有的各方面价值密切相关。

对于17世纪早期来到印度的英国人和荷兰人来说，苏拉特的地位都很重要，主要原因如下：

---

① Irfan Habib. *The Agrarian System of Mughal India: 1556-1707*, p.84.
② Jean de Thevenot. *The Travels of Monsieur de Thevenot into the Levant*, pp.9-13.
③ K. N. Chaudhuri. *The Trading World of Asia and the English East India Company, 1660-1760*, p.49.
④ K. N. Chaudhuri. *The Trading World of Asia and the English East India Company, 1660-1760*, p.49.

第一，地理位置。苏拉特拥有优越的地理位置：从海路来说，能够辐射印度洋甚至更远的所有重要港口。从陆路来说，从北、东和南部而来的所有商队都在这里汇集，所以苏拉特也成为人口密集的贸易中心。苏拉特居住着来自世界各地的人，如亚美尼亚人、犹太人、波斯人、阿拉伯人、土耳其人、荷兰人、英国人、法国人及其他欧洲人等。之所以能出现这种各地商人汇聚的场面，除了商业上的原因之外，另一个重要的因素是莫卧儿王朝的政策，"在莫卧儿王朝经商是开放和自由的，不受任何束缚。对外国商人没有任何基于民族的或信仰的限制"[1]。苏拉特的居民有一个特点，就是人口并不固定。作为港口城市，当每年的1—4月特别适合船只驶往印度的季节，城里到处都是坐船前来的各地人，找住处很难。

第二，经济价值。无论是对荷兰还是对英国，苏拉特的经济地位和价值都无可替代。对荷兰而言，苏拉特出口包括椰壳（椰子纤维）、珊瑚、铁和铅等在内的大量商品，其中最重要的是棉花。荷兰人对古吉拉特的棉花需求很大，苏拉特作为棉产区，其棉花价格相对便宜，成为荷兰人收购棉花的重要地点。而且棉花可以换购东南亚的香料，如果没有棉花，就要用金银购买香料。

同时，苏拉特是英国在莫卧儿王朝境内第一个商馆的所在地，英国人认为，"在整个印度，没有任何一个城市能比这个城市对我们国家更有利，它是为我们打开最赚钱、最好的市场的唯一钥匙"[2]。印度主要的商业中心都有组织良好的资本市场，借贷利率也与需求挂钩，基本能反映当时的供求关系。比如，1682年，苏拉特资本充足，年借贷利率就从之前的9%降到了6%。[3]在孟买[4]成为管区城市之前，苏拉特一直掌管印度西部所有的英国商馆，所以也是英国不断扩大贸易的关键大本营。

第三，战略意义。苏拉特城市赖以修建的河流对岸的海边，英国人和荷兰人有他们自己的街区，一旦莫卧儿军队有进攻他们的企图，他们就能随时撤退。[5]对莫卧儿军队如此，对葡萄牙军队也是如此，苏拉特所在的位置能让英国人和荷兰人绕过葡萄牙人在印度西海岸包括果阿等地在内的阵地。同时，他们也能把苏拉特当作挑战葡萄牙人在阿拉伯海域霸权的重

---

[1] Ruquia Hussain. The Turkish Merchants at Surat in Mughal Times, *Studies in History*, Vol.30, No.1, 2014, p.54.

[2] Jagdish Narayan Sarkar. *Studies in Economic Life in Mughal India*, p.221.

[3] K. N. Chaudhuri. *The Trading World of Asia and the English East India Company, 1660-1760*, p.159.

[4] 葡萄牙16世纪上半叶就已侵占孟买。1661年，葡萄牙把孟买作为凯瑟琳公主嫁给英国国王查理二世的嫁妆。后来，英国国王把孟买租给了英国东印度公司。

[5] Michael H. Fisher. *Visions of Mughal India: An Anthology of European Travel Writing*, p.119.

要据点。

第四，政治内涵。自1572年被莫卧儿王朝征服，成为莫卧儿王朝的港口后，苏拉特就保持中立地位。这种地位使该地在一定程度上能免于被攻击，相对安全。①

当然，无论苏拉特具有怎样的地位和价值，还有一个重要的原因，那就是莫卧儿政府鼓励欧洲人在当地开展贸易，毕竟苏拉特最主要的税收都是来源于关税。到1625年，随着靛蓝和棉织品对外贸易体系的日益成熟，苏拉特已经成为欧洲在印度进出口商品的主要中心。

苏拉特是17世纪象牙贸易的中心。象牙来源有多个渠道，欧洲各贸易公司会带来大量象牙，印度商人也会在非洲等地购买象牙。欧洲人中推动苏拉特象牙贸易的是葡萄牙人，他们是象牙贸易的主力。因为非洲有葡萄牙的殖民地，从16世纪起，葡萄牙在殖民地实力强大时，象牙贸易便随之繁荣起来。葡萄牙人进行"象牙贸易的记录超过了奴隶贸易的记录"，"就出口价值而言，东非的象牙贸易超过了人口贸易"②。当然，英国人也不断拓展象牙贸易，期望打破葡萄牙的优势。

苏拉特成为象牙贸易中心有以下原因：

首先，印度对东非的象牙需求有悠久的历史。考古学证据显示象牙在古代印度就有多方面用途，在各种雕像、梳子、手柄等物品中都能看到象牙，寺庙和王室遗址中也发现了象牙镶嵌的门。印度西部的每一个主要城市，以及南亚的其他地方，都形成了象牙工人聚居区。印度西部象牙加工的主要中心在卡纳拉、普纳、卡拉奇、苏拉特和马尔瓦尔等地。象牙在水中浸泡两到三天后就可以按要求切割成片，加工成各种产品。象牙梳子，女性使用的是长方形的，男性使用的是新月形的。根据做工、形状和厚度等标准，梳子的价格从6安那到1.5卢比不等，小片象牙可以制成骰子。卡拉奇以加工象牙护臂著称。马尔瓦尔人主要销售未经加工的象牙。工匠们常常赊账购买未经加工的象牙，每月付利息1%。工匠们都要自己销售产品。苏拉特女子几乎都戴象牙手镯。③

---

① Martha Chaiklin. Surat and Bombay: Ivory and Commercial Networks in Western India, In Adam Clulow, Tristan Mostert. *The Dutch and English East India Companies: Diplomacy, Trade and Violence in Early Modern Asia*, p.106.

② Martha Chaiklin. Surat and Bombay: Ivory and Commercial Networks in Western India, In Adam Clulow, Tristan Mostert. *The Dutch and English East India Companies: Diplomacy, Trade and Violence in Early Modern Asia*, p.109.

③ Chhaya Goswami. *Globalization Before its Time: The Gujarati Merchants from Kachchh*, Gurgaon: Penguin Random House India, 2016, pp.143-144.

在印度北部统治者家族中，经常可以见到为家族服务的象牙雕刻师。他们作为流动工人在不同城市之间往来，会受到所在地的慷慨接待，说明他们因拥有象牙雕刻这一技能而"极受尊重"，得到了"高度评价"①。苏拉特的象牙雕刻业自16世纪起就存在了。各阶层都消费象牙制品，如果农作物丰收，底层民众也有能力购买象牙饰品。②由此也可以看出，象牙消费在苏拉特具有普遍性。

其次，葡萄牙的推动作用。葡萄牙人把苏拉特当作重要的商品进出口市场，一来是因为苏拉特市场繁荣，具备消费他们进口的象牙的能力，所以他们常在苏拉特卸载一部分从非洲运来的象牙；二来是因为古吉拉特的棉花对于葡萄牙意义很大，可以供应非洲，后来还运输到了巴西，也对象牙贸易有促进作用。

最后，与印度的文化和习俗有关。印度早在7、8世纪已经成为东非象牙的重要市场，10世纪成为东非象牙出口的主要目的地。印度本土有大象，为什么偏爱非洲象牙呢？原因如下：其一，就用途而言，印度本土大象是负载工具，价值昂贵，作用重大，如果大规模屠杀来取象牙，很不划算。其二，就象牙尺寸而言，如要用来进行象牙雕刻之类的工作，必须用雄性大象的象牙，非洲的雄性大象体型大于亚洲雄象，且非洲大象无论雄性还是雌性都足够大，可以满足这一需求。其三，从象牙质地来看，亚洲象牙容易褪色，质地较脆，而非洲象牙无论密度还是强度都适合雕刻。其四，印度习俗。印度已婚女子（也有未婚女子）佩戴的常见饰品是象牙手镯，这是"财富和社会地位"的象征，之前是富有的已婚女子佩戴，后来不断向社会下层传播，"村子里所有种姓成员习惯上都至少要送给新婚妻子一对象牙手镯"③。低种姓女子也会佩戴厚重的未经装饰的象牙手镯，这是婚姻祝福的象征。如果丈夫先去世，妻子不会把手镯传给女儿，而是打碎以示悲伤，如果妻子在丈夫之前去世，这些饰品会和她一起火化。这些因素确保了印度象牙市场的巨大潜力。

象牙很受苏拉特人欢迎，是因为当地人相信，"象牙手镯能使新娘保持健康，并确保顺利分娩"，所以"把象牙变成了一种文化表征的重要物

---

① Pedro Machado. *Ocean of Trade: South Asian Merchants, Africa and the Indian Ocean, c. 1750-1850*, p.170.

② Pedro Machado. *Ocean of Trade: South Asian Merchants, Africa and the Indian Ocean, c. 1750-1850*, p.178.

③ Pedro Machado. *Ocean of Trade: South Asian Merchants, Africa and the Indian Ocean, c. 1750-1850*, p.171.

质"①，尤其是象牙手镯。在古吉拉特和拉贾斯坦及其周边地区，象牙手镯和婚礼是联系在一起的，不过，手镯的数量、大小和装饰也因地区、种姓、民族、收入和周围习俗的不同而有差异。而且，苏拉特传统中还有一点，就是结婚手镯一般都使用新的，不用二手的。这样一来，对象牙手镯的需求可以说是源源不断，给象牙手镯提供了广泛的市场，这也是苏拉特象牙贸易发展的推动力。除了手镯之外，还有象牙梳子、棋子及雕刻制品等。

莫卧儿王朝城市的繁荣是基于多种因素的综合作用。

1. 各个城市自身具备的优势

各城市自身优势有以下体现：

第一，地理位置上的优势。地理位置上的优势主要体现在城市主要的功能方面。

（1）从政治角度来看，一些城市被定为首都或各邦首府，是国家或省区的行政中心，这类城市的作用最初是政治性的，但随着行政机构的设置及朝廷和王公的驻扎而兴起，因为安全、有稳固的防御工事而吸引各类人群前来居住。阿格拉、巴特那、拉合尔、德里等都是这类城市。

（2）从军事战略角度来看，有些城市因其位置具有战略价值而成为军事重镇。喀布尔和坎大哈就是这样的典型，有军队长期驻扎，国家高度重视，很自然地，商业和手工业就发展起来了。

（3）从宗教角度来看，作为笃信宗教的国度，拥有圣人陵墓的地方会不断吸引人们去朝拜，进而发展为城市，如阿季米尔，阿克巴就经常前去朝拜。为了能有继承人，他不断去拜访圣人圣堂。长子和次子出生后，为表示感激，阿克巴建了城市法塔赫布尔西格里，并在 1569—1584 年把它当作首都。②

（4）从交通条件来看，新航路开辟后，欧洲人越来越频繁地来到印度从事商业贸易，在国际贸易发展力量的推动下，一些沿海的港口城市迅速繁荣，"形成了一批外贸港口，包括孟加拉的吉大港、琐纳儿港，东海岸的尼加帕塔姆、马苏利帕塔姆。古吉拉特的苏拉特、布罗奇、坎贝，马拉巴尔海岸的古里、柯钦等"③。

---

① Martha Chaiklin. Surat and Bombay: Ivory and Commercial Networks in Western India, In Adam Clulow, Tristan Mostert. *The Dutch and English East India Companies: Diplomacy, Trade and Violence in Early Modern Asia*, p.111.

② 〔印〕斯迪芬·麦勒迪斯·爱德华兹、赫伯特·利奥纳德·奥富雷·加勒特：《莫卧儿帝国》，尚劝余译，第 36 页。

③ 林承节：《印度近现代史》，北京：北京大学出版社，1995 年，第 13 页。

第二，专门化农业生产的优势。很多地区都有自己的农业特产，莫卧儿王朝重视发展农业，农作物种植面积大大增加。从 17 世纪开始，农业生产专门化趋势日益明显，"除了因自然条件不同而形成的以水稻为主和以小麦为主的产区外，还形成了德干、孟加拉、古吉拉特、木尔坦为中心的植棉区，以朱木拿河流域和中印度为主的蓝靛种植区，以孟加拉、古吉拉特和南印度某些地区为中心的蚕桑区，以及拉合尔甘蔗种植区、马拉巴尔胡椒产区等"①。这些经济作物专门化种植区的形成是因为有着不断扩大的国内外市场需求，随着市场需求的增长，农民被卷入了市场，商品经济意识增强，商品货币关系发展。

第三，特色手工业的优势。很多地区都有传统的手工业行业，由于商品生产的发展和国内外贸易的需求，这些地区日益发达起来，如孟加拉、古吉拉特等地有缫丝业、印度北部和孟加拉有制糖业、旁遮普和克什米尔有披肩制造业、迈索尔有冶铁业、西海岸的苏拉特和东海岸的吉大港有造船业等。有些城市还有多种手工业，如巴特那不仅是棉花产地，还是重要的丝织业中心。英国东印度公司的职员们发现了这一点，他们认为，对于英国东印度公司来说，因为拥有厚棉布和生丝这两大支柱，所以必须支持在巴特那办厂。②英国人在巴特那的贸易活动，推动了当地手工业生产的活跃，也促进了巴特那城市的发展。

2. 社会环境

城市之所以能繁荣，除了自身的各种优势构成其兴盛的重要基础外，还与莫卧儿王朝这一时期的发展形势息息相关。这一时期，莫卧儿王朝国内局势稳定，社会安宁，生产力增长迅速，国内外贸易欣欣向荣。王朝前期的连续几任统治者都励精图治，从巴布尔建立王朝，到胡马雍时期继续发扬，再到阿克巴时期实行了一系列改革。阿克巴的改革内容除了王权至上的政治体制及中央集权制、军事上的曼萨布达尔制、土地上的柴明达尔制、宗教上的平等制外，还非常重视经济发展，取消了手工业和商业方面的一系列苛捐杂税，重视修筑道路，制定货币标准化的措施，发行了一套不同面额的金、银、铜质货币，"这套货币的发行使全国朝着货币规范化的方向迈出了一大步"③。货币的规范化促进了商品更大规模和更便利地流通，有利于城市的发展。阿克巴去世后，后继的贾汉吉尔和沙杰罕都基本上继承了他的政策。因此，阿克巴的改革措施并没有因他的去世而被废除，而是不断流传并扩大

---

① 林承节：《印度近现代史》，第 3 页。

② Jagdish Narayan Sarkar. *Studies in Economic Life in Mughal India*, p.20.

③ 林承节：《印度史》，第 176 页。

影响。

3. 国力强大

18世纪中期之前，莫卧儿王朝实力强大，英国商人和其他国家的商人在印度的商业活动多数情况下都只能保持正常贸易状态。虽然他们早已开始谋求贸易特权，但这一时期的莫卧儿王朝国力雄厚，而且几任君主如贾汉吉尔、奥朗则布等的对外手段都非常强硬，所以英国商人及其他国家的商人一直没有成功。因而，从利益的角度出发，他们只能寄希望于扩大贸易。

4. 外界刺激

欧洲人的不断到访、经商和殖民，也刺激和促进了某些城市的发展和扩大。17世纪，英国、荷兰、法国相继成立东印度公司，印度成为欧洲人眼中重要的扩张目标，新兴的公司在印度经商、设立商馆、建立殖民据点，如马德拉斯、孟买和加尔各答三个商馆管区就获得了迅速发展。1639年，英国人租了印度沿海的一块地，后来发展成马德拉斯。1668年，公司从英国国王手中得到了孟买。而1698年得到的土地则发展成了加尔各答。这些地方吸引了越来越多的印度商人和手工业者前来，城市也在这个过程中不断发展。

二、城市的特点

繁华的莫卧儿城市折射出自身的以下特点：

首先，城市的布局和修建都是有规划的。学者M. P. 辛格认为印度城市有一些共同的特征：有一个固定的市场；居民大多是非农业人口；是商业和手工业的中心；易于从河流或人工水库得到水源；城区规模较大，有防御工事，有用泥或砖砌成的外墙，被深深的壕沟包围；是当地行政机构所在地。[①]首都的皇宫、其他城市的贵族居住地、商人的住房、手工业者的房屋、花园、水井、火葬地等都有固定位置，所以M. P. 辛格认为莫卧儿王朝时期的城市修建体现出对规划设计的重视。[②]

其次，莫卧儿城市一般都临河而建，一来为了生活用水方便，二来为了方便炎热季节时降温，三来可以作为天然的防御工事使用。阿格拉就是因为临河修建，所以形成了长6科斯（印度长度单位），而宽只有0.5科斯的独特城市形状。[③]1656年，威尼斯人尼克劳·马努奇到访苏拉特，他说苏拉特位于一条大河边，第一次到那儿，他"非常高兴见到这样一条流着甜甜的河

[①] M. P. Singh. *Town, Market, Mint and Port in the Mughal Empire: 1556-1707*, p.2.

[②] M. P. Singh. *Town, Market, Mint and Port in the Mughal Empire: 1556-1707*, p.14.

[③] M. P. Singh. *Town, Market, Mint and Port in the Mughal Empire: 1556-1707*, p.17.

水并且满是船只的大河",他认为"搬张凳子坐在河堤上,看着许许多多的船只像箭一样来回穿梭,真是一种莫大的享受"①。

最后,因为不断发展和扩大,所以很多城市都形成了自己的郊区,有的城市郊区数目很多。艾哈迈达巴德有 380 个郊区,每一个郊区都有繁荣的市镇,布尔汉布尔也有 72 个郊区。②1663 年,尼克劳·马努奇到了巴特那,他认为巴特那是一个"带有市场的很大的城市,住着很多商人"③。塔韦尼耶也认为,巴特那应该是"孟加拉地区最大的城镇,它的贸易最有名,它是印度最大的城市之一"④。因为巴特那有来自不同国家的商人,为了给他们提供便利,当地建有很好的客栈,当其他城镇的客栈都只供旅客过夜时,巴特那的客栈已经可以让客人们整月租住。

第三节 "小贩"与"大贾"

莫卧儿王朝涌现出了诸多有名的商人和商人群体,学者们也有所关注。欧洲有学者认为,近代早期的印度商人和亚洲其他商人都类似"过时的""历史文物",犹如"小贩",是奇特又无效的商业"他者"⑤,没有过人之处。这个观点遭到了一些学者的反对。斯蒂芬·弗雷德里克·戴尔指出,把印度商人的商业活动比作"小贩模式"的对照标准自然是同一时期的英国和荷兰东印度公司。莫卧儿王朝既有流动小贩,也有商界大贾。小贩其实是被大商人所雇用的人。商人们是"商业资本家"⑥,他们"不仅履行了一种充满活力的经济职能,而且当他们从一地迁往另一地时,还带来新的思想、技术和风尚"⑦。有学者还认为,把印度商人分作经商的群体或是借贷的群体都不合适,因为在印度商人的经营活动中,贸易和借贷紧密相连,不可分割。

学者 K. N. 乔杜里认为,17 世纪下半叶到 18 世纪初,印度商人分类有两个维度:第一个是功能性特点;第二个是社会从属关系。⑧功能性特点主要是指生意所在的领域;社会从属关系则是大商人家族背后所牵涉的社会关

---

① Michael H. Fisher. *Visions of Mughal India: An Anthology of European Travel Writing*, p.118.
② M. P. Singh. *Town, Market, Mint and Port in the Mughal Empire: 1556-1707*, p.22.
③ Jagdish Narayan Sarkar. *Studies in Economic Life in Mughal India*, p.234.
④ Jagdish Narayan Sarkar. *Studies in Economic Life in Mughal India*, p.234.
⑤ Stephen Frederic Dale. *Indian Merchants and Eurasian Trade, 1600-1750*, p.6.
⑥ Stephen Frederic Dale. *Indian Merchants and Eurasian Trade, 1600-1750*, p.127.
⑦ 〔澳〕肯尼斯·麦克弗森:《印度洋史》,耿引曾、施诚、李隆国译,第 31 页。
⑧ K. N. Chaudhuri. *The Trading World of Asia and the English East India Company, 1660-1760*, p.146.

系，尤其是与莫卧儿王朝各级政府官员之间有千丝万缕的联系，因为很多官员都投资了大商人们的生意。

根据贸易规模的不同，印度商人有多种多样，比如常见的乡村小贩。他们挑着小担、推着小车在各地巡回售货，所卖商品有包括盐在内的生活必需品，也有古尔糖①等，还有价格便宜的进口商品，如丁香，在阿格拉一度卖得很便宜，有时山村的女子和小孩会一人买一串挂在脖子上。②还有零售商，他们没有固定摊位，有的是在不同市场之间流动，有的每天会去一个固定的市场。但时间久了，某个零售商站着兜售货物之处也会被认为是属于他的地盘了。与此同时，莫卧儿王朝各地存在很多大商人家族，苏拉特、阿格拉、拉合尔、德里、贝拿勒斯、科罗曼德尔及孟加拉等地都有。

值得注意的是，莫卧儿王朝17世纪就已出现了有特色的商人群体和商界大贾，如巴尼亚、威尔吉·沃拉、桑提达斯·贾哈瑞及卡西·维拉纳。

一、巴尼亚

因为悠久的贸易历史，印度形成了特点突出的商人群体。有学者提到，印度商人数量只占印度人口的少数，不到印度总人口的6%，成功者就更少了。③由于有各自不同的自然环境、文化习俗及信仰传统等，印度商人形成了不同的群体。因地域而形成的商人群体包括信德和旁遮普商人、古吉拉特和拉贾斯坦商人、科罗曼德尔海岸商人、奥里萨商人和孟加拉商人等。根据信仰来区分的商人群体主要有印度教商人、穆斯林商人、帕西商人等。但是，值得注意的是，因为同一个地方有不同信仰的商人，而同一信仰的商人又在不同地方从事贸易活动。所以，单纯依靠地域或信仰，并不能很清晰地界定某个商人群体，不同地区、不同信仰的商人都表现出各自的独特之处。

在印度西部，商人一般被称为"巴尼亚"，来自梵语词"banik"或"vanik"，意即商人。巴尼亚也被称为"马哈贾"，他们传统的居住地区是当今印度的古吉拉特和拉贾斯坦。该词是对商人、放债者、店主、金融家等的通称，也是对一些与贸易有关联的亚种姓的称呼，比如斯里玛、奥斯瓦、帕里瓦、波瓦尔、坎德瓦、阿咖瓦等。④但是，也有学者提到，马哈贾含有"伟大人物"的意思，而"巴尼亚"带有贬低之意，因为"巴尼亚"还有一

---

① 古尔糖经过了多道提纯程序，价格偏贵。参见 Irfan Habib. *The Agrarian System of Mughal India: 1556-1707*, p.64.

② Irfan Habib. *The Agrarian System of Mughal India: 1556-1707*, p.89.

③ Thomas A. Timberg. *The Marwaris: From Jagat Seth to the Birlas*, p.6.

④ James Laidlaw. *Riches and Renunciation: Religion, Economy, and Society Among the Jains*, Oxford: Clarendon Press; New York: Oxford University Press, 1995, p.88.

层含义,被用以称呼"小偷"、"骗子"及"守财奴"等,也指"黑市商人"或"走私犯"①。当然,含义也因地区而不同。对商界大人物有一个更好的尊称是"塞特"(梵语词"首领"之意)②,所有的塞特都是巴尼亚。

巴尼亚的分布和活动区域主要是印度北部和德干大部分地区,他们没有深入印度南部,而在旁遮普以恰提商人更有名。严格意义上的"巴尼亚"来自古吉拉特和拉贾斯坦,没有明确区分。有人认为古吉拉特巴尼亚是拉贾斯坦移民的后裔。

拉贾斯坦被阿拉瓦利山脉分成两部分,一部分在山脉的西北边,以塔尔沙漠著称,多沙少水,不适宜发展种植业,名为马尔瓦尔地区或焦特布尔地区;另一部分在山脉的东南边,海拔更高,土壤肥沃,地形多样,有丘陵地带的梅瓦尔地区,还有高原台地和平原。

古吉拉特商人种姓界限明晰,形成了各种通婚集团。每一亚种姓集团(迦提),都禁止其成员同本集团以外的人结婚,哪怕属于同一个瓦尔纳(种姓)。"内婚制的真正单位是亚种姓集团而不是瓦尔纳"③,"每一个种姓或亚种姓集团,同时是一个共食单位"④,同一个集团的人才能一起吃饭。约翰·E. 科特也提到,古吉拉特人的迦提指代多种不同的社会层级,不同的层级有是否共餐或通婚的具体规定。⑤一般来说,这些主要的商人在同种姓或同一亚种姓集团内,可以通婚。

巴尼亚的生意起源于乡村,以谷物商人著称,尤其是在 16、17 世纪拉贾斯坦的东部地区很常见。他们也是当地的货币商,提供贷款给农民,贷款利率一般是每月 1.5%—2%。⑥城镇的巴尼亚会兜售布匹和盐等商品,欧洲旅行者在苏拉特的街头见到巴尼亚贩卖商品,他们把丝织品和其他商品拿在手上或挂在脖子上,招呼路过者购买。更常见的是开店,卖大米和酥油,经常有顾客赊账。在德里等城市都有很多这样的店。

从 17 世纪早期开始,巴尼亚和欧洲公司的联系非常紧密,被认为是连接印度和西方世界的关键纽带。直到 18 世纪,英国人仍然这样描述巴尼

---

① Christine M. Cottam Ellis. The Jain Merchant Castes of Rajasthan: Some Aspects of the Management of Social Identity in a Market Town, In Michael Carrithers, Caroline Humphery. *The Assembly of Listeners: Jains in Society*, Cambridge: Cambridge University Press, 1991, pp.75-76.
② James Laidlaw. *Riches and Renunciation: Religion, Economy, and Society Among the Jains*, pp.88-89.
③ 尚会鹏:《种姓与印度教社会》,北京:北京大学出版社,2001 年,第 34 页。
④ 尚会鹏:《种姓与印度教社会》,第 47 页。
⑤ John E. Cort. Jains, Caste and Hierarchy in North Gujarat, *Contributions to Indian Sociology*, Vol.38, No.1-2, 2004, pp.78-79.
⑥ Irfan Habib. Merchant Communities in Precolonial India, In James D. Tracy. *The Rise of Merchant Empires: Long-Distance Trade in the Early Modern World, 1350-1750*, p.385.

亚：一般来说，英国绅士都是通过他们来处理所有的事务，他们是翻译、总记账者、总秘书、总经纪人、钱财的提供者和保管者、保密者，他们安排和负责所有的下级职员，包括搬运工、看门人、提灯者、轿夫等所有的工作人员。①巴尼亚承担了很多职责，后来日益专业化，形成了两个很有特色的商业群体：经纪人和货币商（银行家）。

巴尼亚在商业领域的成功不是偶然的，其一是归因于他们的团结；其二是巴尼亚家庭的人从很小就开始培养算术、会计及其他商业技能。近代早期来到印度的欧洲人这样评价他们："在账目和写作方面特别擅长，超过了所有印度人和周围其他国家的人。他们的商业技能非常全面，时刻准备欺骗别人。"②法国珠宝商塔韦尼耶也说过，因为自己没有按莫卧儿珠宝商的要求半价卖珠宝，结果他们给他的珠宝定价只有真实价值的一半。所以他认为"做生意的巴尼亚很狡猾"③。

二、威尔吉·沃拉

威尔吉·沃拉是17世纪的苏拉特大商人，财力雄厚。欧洲人认为他是当时"世界上最富裕的商人"④。17世纪法国旅行家泰弗诺曾在印度旅行，他游记的第三部分提到了苏拉特住着很多外国人，当地部分人特别富裕，比如他的商人朋友威尔吉·沃拉。⑤17世纪早期，英国人刚到印度时，就得益于威尔吉·沃拉的帮助。据说，如果没有他的财力支持，当时的英国人不可能在印度西部开展贸易。⑥

威尔吉·沃拉的贸易网络庞大，国内遍及印度南北，国外延伸到了伊拉克、波斯及爪哇等地。他的贸易伙伴包括从欧洲来到印度的各个国家的商人和各个公司，买卖各种商品——棉花、鸦片、香料、象牙制品、珊瑚、铅、银和金等，实际上就是苏拉特市场上的所有商品。他也和其他大商人一起购买整船货物，有时他甚至是唯一能够满足欧洲公司商品需求的人。大手笔的买卖能保证他对某种商品的暂时垄断，比如香料，他会以50%的利润卖出。⑦从1619年起，英国东印度公司的商馆档案开始提到威尔吉·沃拉。1619年

---

① Shubhra Chakrabarti. Collaboration and Resistance: Bengal Merchants and the English East India Company, 1757-1833, *Studies in History*, Vol.10, No.1, 1994, p.107.
② Irfan Habib. Merchant Communities in Precolonial India, In James D. Tracy. *The Rise of Merchant Empires: Long-Distance Trade in the Early Modern World, 1350-1750*, pp.383-384.
③ Jean Baptiste Tavernier. *Travels in India*, Vol.1, p.136.
④ Owen C. Kail. *The Dutch in India*, Delhi: Macmillan India Ltd., 1981, p.73.
⑤ Jean de Thevenot. *The Travels of Monsieur de Thevenot into the Levant*, p.15.
⑥ Paul Dundas. *The Jains*, London and New York: Routledge, 1992, p.168.
⑦ Owen C. Kail. *The Dutch in India*, p.73.

3月22日的商馆档案记载,通过苏拉特经纪人发了通行证给苏拉特船只,得到通行证的是威尔吉·沃拉的仆人。① 一直到17世纪60年代末期,在足足半个世纪的时间里,威尔吉·沃拉都是英国东印度公司商馆档案中常见的名字。

下文主要根据解读英国东印度公司商馆的档案材料,从商品买卖、金融借贷和政界关系这三个方面来梳理和分析威尔吉·沃拉与欧洲贸易公司的关系。

(一)商品买卖

威尔吉·沃拉与欧洲人有半个世纪的往来,他们的商品买卖主要表出如下特点:

1. 随意定价,掌握话语权

威尔吉·沃拉与英国东印度公司保持了长时期多种商品的贸易关系。双方买卖的商品主要有:英国东印度公司向威尔吉·沃拉购买以胡椒为主的香料和其他印度商品,卖出从英国国内运过来的珊瑚、各类普通金属和贵金属等。根据记载,威尔吉·沃拉在与英国人做生意的过程中,经常根据自己的意愿定价和安排,甚至控制双方的商品买卖。

1625年7月10日的商馆档案记载,英国东印度公司发现在苏拉特购买的胡椒比其他地方的都好,便大量订购,与威尔吉·沃拉做起了胡椒生意。当时,1莫恩德②胡椒,英国出价16马赫穆迪③,但威尔吉·沃拉要价16.25马赫穆迪。他还要求英国人以大大低于预期利润的价格卖给他25大箱最好的珊瑚。鉴于威尔吉·沃拉开价过高,英国人想自己从市场上购买胡椒。当有新一批胡椒运达苏拉特时,英国人马上联系购买,但威尔吉·沃拉抢走了整批胡椒,因为他出价比英国人高。1625年9月24日的苏拉特商馆档案记载,英国人想要摆脱威尔吉·沃拉在苏拉特的胡椒垄断,就派人去德干购买。但威尔吉·沃拉的人在德干开价比英国人更高,加上担心荷兰人插手竞争,英国人不得不接受威尔吉·沃拉的条件,回来和他做生意。④

1642年1月27日商馆给公司的信件中提到,因为某些原因,威尔

---

① William Foster. *The English Factories in India, 1618-1621*, Oxford: Clarendon Press, 1906, p.86.
② 莫恩德的具体重量因地而异,在苏拉特,1莫恩德等于12.712千克。参见庄万友:《略论英国东印度公司同印度早期(1607—1757年)贸易的商品结构及其成因》,《南亚研究》1988年第2期,第45页。
③ 1卢比约等于2.5马赫穆迪。参见〔印〕斯迪芬·麦勒迪斯·爱德华兹、赫伯特·利奥纳德·奥富雷·加勒特:《莫卧儿帝国》,尚劝余译,第228页。
④ William Foster. *The English Factories in India, 1624-1629*, p.94.

吉·沃拉不能履行合同，在苏拉特向英国人提供德干胡椒。1641 年 10 月，他让英国人去卡利卡特取货，英国船"伦敦号"于 10 月 25 日出发，11 月 11 日到达卡利卡特，结果威尔吉·沃拉的侍从告知英国人胡椒在波纳尼，"伦敦号"只好前去。结果，在那里只得到了少量胡椒，而且质量很糟，根本不适合送往伦敦。英国人非常气愤，可是在还清欠威尔吉·沃拉的钱之前，对他无可奈何。①同一封信中还提到，威尔吉·沃拉和苏拉特统治者关系很好，当地商人都敬畏他。他控制了英国的珊瑚贸易，但他做生意经常拖延，英国人只好把一部分珊瑚运到果阿换取肉桂，另一部分运到艾哈迈达巴德。②

1634 年 4 月 8 日的商馆档案记载，威尔吉·沃拉成了所有欧洲商品的唯一垄断者。当地商人即便愿意出更高价格购买欧洲商品，也只能忍住，不敢表露出自己的意图。③1643 年 7 月 18 日商馆的信件中说道，他们发现卡利库特的胡椒价格不到威尔吉·沃拉在苏拉特开价的一半，自然是直接购买划算。但是，因为威尔吉·沃拉强大的影响力，任何情况下都不能惹恼他。虽然威尔吉·沃拉在苏拉特常常出资帮英国人应急，但英国人还是认为他一直是莫卧儿王朝境内对他们的贸易最有害的人。只要有普通的印度商人进入英国商馆看珊瑚或其他商品，威尔吉·沃拉就会利用自己的影响力和与总督的亲密关系来针对这个可怜的人，最终让他破产。所以没有商人敢走进英国商馆看任何商品，除非是威尔吉·沃拉有意让出来的。他知道英国人必须卖掉商品，所以会极力压低价格，直到他愿意出的价格。所以只要威尔吉·沃拉还是英国商馆的债权人，英国人运到苏拉特的任何商品就都只有微薄的利润，甚至无钱可赚。④

对于从英国运输过来的商品，威尔吉·沃拉也经常按自己的标准开价。英国人卖给威尔吉·沃拉的商品中，最常见的是珊瑚、各类普通金属和贵金属。1650 年的商馆档案记载，虽然遭受了很大的损失，但英国人最终还是把大部分珊瑚珠卖给了威尔吉·沃拉，一部分珊瑚也卖给了他。至于银块，不能以 1649 年的价格出售，也卖给了威尔吉·沃拉。⑤

2. 拖欠结账

威尔吉·沃拉经常以各种理由拖欠结账。英国商馆的信中多次提到要催

---

① William Foster. *The English Factories in India, 1642-1645*, pp.7-8.
② William Foster. *The English Factories in India, 1642-1645*, p.18.
③ William Foster. *The English Factories in India, 1634-1636*, p.24.
④ William Foster. *The English Factories in India, 1642-1645*, p.108.
⑤ William Foster. *The English Factories in India, 1646-1650*, Oxford: Clarendon Press, 1914, p.281.

威尔吉·沃拉结账。英国印度事务部保存有一封威尔吉·沃拉于 1655 年 1 月 25 日写给英国东印度公司的英文信，他写这封信是希望能够从英国人手中购买打折的珊瑚和水银。英国人认为公司已经仔细思考过了，不能有任何折扣。但为了证明对威尔吉·沃拉的感激，以及与他保持友好关系的愿望，英国人愿意给他带礼物。然而，威尔吉·沃拉对这个结果很不满意。[1]1652 年 1 月 10 日的信件提到，威尔吉·沃拉在两年前买了英国人大部分珊瑚，但是到最近才提货。又因为他发现有些箱子中混杂着次品，他要求打折才收货，所以还没有与他结账。[2]从英国东印度公司不同年代的多封信件中，都可以看到，威尔吉·沃拉没有按时结账，但是英国人没有办法，只能不断地以各种方式尝试劝说，让他尽早结账。

3. 其他贸易活动

威尔吉·沃拉还与英国私商做生意。英国东印度公司职员布莱德威尔曾用公司的名义从事私人贸易，损害了公司利益。公司要对他采取诉讼行动，把他当作囚犯押送回国。英国人也告知威尔吉·沃拉，公司极为憎恨他支持布莱德威尔的这种错误行动，要求他偿还布莱德威尔交给他的预付款。威尔吉·沃拉也参与针对英国东印度公司的竞争活动。1663 年 12 月 10 日，苏拉特商馆总经理召开会议，提到了一个阴谋，有人要以极低的价格购买公司的绒面呢，计划是以低价买下所有绒面呢，然后囤积居奇，参与阴谋的居然有英国人。后来，总经理查出威尔吉·沃拉也参与了这个阴谋。

（二）金融借贷

英国人自开始与威尔吉·沃拉打交道，就有向他借钱的记载。英国人长期欠他的钱，成为他与英国人打交道时拥有话语权的底气所在。威尔吉·沃拉与英国人的借贷关系表现出以下特点：

1. 借贷频繁

威尔吉·沃拉经常借钱给英国人，这在英国人的档案中多有记录。1628 年 2 月 1 日的档案记载，阿格拉的英国人要借款 2 万卢比，但是很为难，因为威尔吉·沃拉的代理人没有钱，即便有，也要勒索折扣，比例不是 4%就是 3%，非常高。[3]1628 年 3 月 17 日英国商馆记载，因为有了威尔吉·沃拉的信，英国人成功借到了 5000 卢比。[4]1629 年下半年，英国人欠威尔

---

[1] William Foster. *The English Factories in India, 1655-1660*, pp.16-17.
[2] William Foster. *The English Factories in India, 1651-1654*, p.87.
[3] William Foster. *The English Factories in India, 1624-1629*, p.234.
[4] William Foster. *The English Factories in India, 1624-1629*, p.271.

吉·沃拉的债务超过了 3 万卢比。①1635 年 1 月 9 日的档案记载，威尔吉·沃拉是需要英国人付出最高代价的债权人。②1635 年 9 月 21 日的档案提到，英国人为了重开艾哈迈达巴德和巴罗达的商馆以购买棉布，请威尔吉·沃拉提供了 2 万卢比贷款，月息 1%。③1636 年 10 月 7 日的档案记载，英国人从威尔吉·沃拉那里借了 3 万卢比，月息 1%，借期 3 个月。④

1630 年 9 月 30 日，苏拉特商馆总经理写给阿格拉商馆的信中提到，公司总部要求阿格拉比以往多买靛蓝，并给阿格拉商馆 25 000 卢比的汇票，这是他们的老熟人威尔吉·沃拉的钱，而且他另外提供了 25 000 卢比买其他所需商品。⑤

1642 年 1 月 27 日，商馆写给国内公司的信中说，艾哈迈达巴德的本杰明·罗宾逊私自做主购买了 670 包靛蓝陈货，质量很差，里面有很多虫子。这批货使公司损失了 2426 利弗尔（1 利弗尔约等于 4 里亚尔）。⑥公司调查了事件之后，让他用工资偿还（不够的分期还）。另外，商馆发现了一批质量很好的靛蓝，在英国需求旺盛，供货也充足，但是缺少资金购买，所以返航船能带回的只有便宜商品。英国人认为，没有资金购买商品会损害信誉。但他们当时确实缺钱，而且已经欠债 10 000 英镑，正是急需用钱的关键时刻。好在英国东印度公司的最大债主威尔吉·沃拉在英国人的旧账还没还清的情况下，继续借钱给了他们。他出人意料地提供了 10 万卢比贷款。⑦1647 年 1 月 25 日的信件中提到，从穆哈得到的 25 000 里亚尔（1 里亚尔约等于 2 卢比）要用来偿还欠威尔吉·沃拉和其他人的款。⑧1650 年，威尔吉·沃拉在高康达的经纪人给英国东印度公司提供了借款。

2. 利息高

威尔吉·沃拉向英国人提供的贷款都要求很高的利息。1644 年 1 月 27 日的档案记录，威尔吉·沃拉的利息比以往提高了，英国人只能被迫答应。⑨1645 年 3 月 31 日的档案记载，财政陷入困境，许多债主要求还钱，威尔吉·沃拉开始怀疑英国人，认为自己被英国人骗了很久，再也不相信他

---

① William Foster. *The English Factories in India, 1624-1629*, p.306.
② William Foster. *The English Factories in India, 1634-1636*, p.97.
③ William Foster. *The English Factories in India, 1634-1636*, p.114.
④ William Foster. *The English Factories in India, 1634-1636*, p.147.
⑤ William Foster. *The English Factories in India, 1630-1633*, Oxford: Clarendon Press, 1910, p.56.
⑥ William Foster. *The English Factories in India, 1634-1636*, p.xxiv.
⑦ William Foster. *The English Factories in India, 1642-1645*, pp.4-5.
⑧ William Foster. *The English Factories in India, 1646-1650*, p.89.
⑨ William Foster. *The English Factories in India, 1642-1645*, p.152.

们了。①1646年1月3日的信件中记载，公司急需钱，在高康达以1.5%的月利息从威尔吉·沃拉处借到了钱。②

1650年3月20日的信件中提到，三年前，为了投资，英国人在高康达向威尔吉·沃拉借了1万枚旧金币，每个月要还利息。猜测威尔吉·沃拉可能会要求他们在同一个地方还债，在当地进行货币兑换，100枚旧金币所需利率不少于470卢比，而在苏拉特，100枚旧金币的兑换利率是455卢比。英国人提出把债务转到苏拉特偿还，结果威尔吉·沃拉要求采用和高康达同样的利率。英国人拒绝了。③

1656年12月4日，阿格拉商馆经理写信给苏拉特公司总部，信中提到，因为苏拉特经纪人对他的反对，他的主要债主威尔吉·沃拉要求他偿还2万卢比。这笔钱他只能从别的地方借。④1660年3月27日，英国人的信中提到，威尔吉·沃拉给他们准备好了10万卢比，还有5万卢比稍微晚些才给。他看到英国人急需钱，便把利息提得很高。但他们也只能忍受，因为只有他有钱可借。⑤

1668年11月26日苏拉特商馆总经理写给国内的信中提到，为了购买返航船只的货物，他们欠了一笔巨债，加上利息，达到了60万卢比。其中40万卢比是威尔吉·沃拉家族和苏拉特其他债主的钱。⑥信中还指出，如果有钱了，要先还给威尔吉·沃拉。

3. 逼债或以债务为由提别的要求

威尔吉·沃拉会逼债，也会以债务为由，要求英国人帮他做其他事。

1628年12月8日，苏拉特商馆记载了英国人举行的一次咨询会议，提到已经答应了莫卧儿王朝在波斯的使节和苏拉特以威尔吉·沃拉等为首的大商人们，帮他们把货物和人带到冈布龙（波斯湾港口），他们的货物已经运到港口，但是货物太多，现有的船根本装不下。威尔吉·沃拉等大商人威胁说，如果不把货物全部装走，就要收回他们的债款。因为缺钱无法还债，商馆最终决定只能延迟发回英国的船只，让其帮忙把货物和其他船一起运到波斯。⑦

1642年10月12日的档案记载，英国船从果阿出发去卡利卡特，威尔

---

① William Foster. *The English Factories in India, 1642-1645*, p.249.
② William Foster. *The English Factories in India, 1646-1650*, p.18.
③ William Foster. *The English Factories in India, 1646-1650*, p.308.
④ William Foster. *The English Factories in India, 1655-1660*, p.72.
⑤ William Foster. *The English Factories in India, 1655-1660*, pp.368-369.
⑥ William Foster. *The English Factories in India, 1668-1669*, Oxford: Clarendon Press, 1927, p.193.
⑦ William Foster. *The English Factories in India, 1624-1629*, p.300.

吉·沃拉有两个手下要在那里下船，接着去波纳尼，有他的另外两个手下下船。接着去科钦装肉桂，然后返回，在波纳尼和卡利库特停靠装胡椒，这是威尔吉·沃拉答应为他们准备好的货物。①1645 年 3 月 31 日的档案记载，威尔吉·沃拉和其他几个大债主是不能触怒的。②1646 年 1 月 3 日的信件记载，英国人的债务高，不仅因为利息高，也因为他们对主要债主的依赖地位。英国人欠威尔吉·沃拉的债最多，他总按照自己的喜好打压英国人，尤其是在珊瑚贸易上。③1659 年 1 月 18 日，英国人写给公司的信中提到，被威尔吉·沃拉等债主逼债。④1660 年 1 月 10 日，英国人写给公司的信中提到，他们极度缺钱，威尔吉·沃拉是苏拉特城里唯一的控制者，他很吝啬，如果没有好处，什么都别想从他那里得到。⑤

4. 发行汇票

威尔吉·沃拉的商行总部在苏拉特，但他的贸易网络遍布印度各地，在很多重要的商业中心都有分行和代理人。17 世纪，他的商行在办理汇票业务领域已非常有名。⑥1630 年，英国东印度公司从苏拉特汇了一张金额为 1.5 万卢比的汇票到阿格拉。⑦

（三）政界关系

威尔吉·沃拉在政界声誉也很高，并且能利用这种地位服务于贸易，从以下事例便可以看出：1636 年，苏拉特总督组建了一个委员会，调查苏拉特商人船只被英国海盗抢劫的事。当时，威尔吉·沃拉就是该委员会的成员之一。⑧1644 年 11 月 28 日的档案记载，英国东印度公司经纪人被抓并被囚禁，是威尔吉·沃拉出面担保放人的。⑨

1666 年 2 月 17 日的信中提到，苏拉特的荷兰商馆来了一位荷兰特使，替换了之前的商馆总经理。同时，按照来自巴达维亚荷兰将军的指示，这次荷兰船上的所有商品（除了肉桂）都一起卖给了另外一个商人，而不是他们的常客威尔吉·沃拉。因为这位商人认识巴达维亚的荷兰将军，告诉了他自

---

① William Foster. *The English Factories in India, 1642-1645*, p.60.
② William Foster. *The English Factories in India, 1642-1645*, p.253.
③ William Foster. *The English Factories in India, 1646-1650*, p.5.
④ William Foster. *The English Factories in India, 1655-1660*, pp.158-159.
⑤ William Foster. *The English Factories in India, 1655-1660*, p.215.
⑥ Om Prakash. *The New Cambridge History of India: European Commercial Enterprise in Pre-Colonial India*, p.162.
⑦ Surendra Gopal. *Jains in India: Historical Essays*, London and NewYork: Routledge, 2019, p.51.
⑧ Surendra Gopal. *Jains in India: Historical Essays*, p.51.
⑨ William Foster. *The English Factories in India, 1642-1645*, Oxford: Clarendon Press, 1925, p.204.

己去年的遭遇，当时他出价比威尔吉·沃拉要高，但是却没得到商品，因为当时的苏拉特商馆总经理和威尔吉·沃拉的关系很好。①

三、桑提达斯·贾哈瑞

除了威尔吉·沃拉外，17世纪有名的印度商人还有桑提达斯·贾哈瑞。他是莫卧儿王朝的王室珠宝商，被沙杰罕称为叔叔。在长时期的贸易生涯中，桑提达斯·贾哈瑞积累了巨额财富，很难估计他资产的准确数目。他的资产来源是多渠道的，包括包税、内外贸易、金融借贷和矿业等。

英国商馆档案材料中留下了多处对桑提达斯·贾哈瑞的记载，称他为"伟大的商人，是艾哈迈达巴德的耆那教富商"②，"在宫廷中很有影响力"③等。英国人对桑提达斯·贾哈瑞颇为忌惮，1639年1月4日，商馆写给国内的信中提到，鉴于桑提达斯·贾哈瑞影响过大，要尽量满足他的要求，以免因得罪他而惹来一系列麻烦。④当然，桑提达斯·贾哈瑞之所以能做到这些，除了因为个人实力和声望之外，也因为这一时期的莫卧儿王朝还很强大，英国人暂时无可奈何。

（一）与莫卧儿王朝政府的关系

桑提达斯·贾哈瑞和莫卧儿王朝政府的交往充满了"技巧和矛盾"⑤，这也是莫卧儿商人和政府关系本质的体现。桑提达斯·贾哈瑞对莫卧儿王朝政府从上到下都惯用礼物交往方式。贾汉吉尔颁布了多道敕令，声明桑提达斯·贾哈瑞的各类财产都得到了莫卧儿王朝法令的保护。但是作为商人，桑提达斯·贾哈瑞和其他商人一样，也会受到政治环境变化的影响。

1627年，贾汉吉尔去世，库拉姆王子为了夺位，调动自己的军队，要求大家出钱出力支持他。艾哈迈达巴德的官员们借此机会在当地摊派，要求上交大量钱财，导致当地人无论有钱还是没钱，都迅速逃离。桑提达斯·贾哈瑞害怕被人认出来，便偷偷离开了。沙杰罕登位之后，桑提达斯·贾哈瑞继续享受优待。1635—1636年，沙杰罕颁布敕令，规定桑提达斯·贾哈瑞在艾哈迈达巴德所拥有的店铺、花园和宅院等都必须得到当地政府的保护，除去法律上和其他的正当理由，任何人都不能去骚扰他，也不能非法进入他

---

① William Foster. *The English Factories in India, 1665-1667*, pp.147-148.
② William Foster. *The English Factories In India, 1634-1636*, p.196.
③ William Foster. *The English Factories In India, 1634-1636*, p.259.
④ William Foster. *The English Factories In India, 1637-1641*, p.100.
⑤ Shalin Jain. Piety, Laity and Royalty: Jains Under the Mughals in the First Half of the Seventeenth Century, *Indian Historical Review*, Vol.40, No.1, 2013, p.79.

的花园。他和他后代的财产都不容他人随意染指。官员们都不能忽略和违背这道敕令。除了在古吉拉特之外，桑提达斯·贾哈瑞在德里和阿格拉的财产也都得到了保护。1642年，沙杰罕颁布敕令，规定官员们必须帮助桑提达斯·贾哈瑞的代理人，桑提达斯·贾哈瑞去世后，他的财产和建筑都允许遗传给他的儿子和后人，不能被干涉。除了财产外，桑提达斯·贾哈瑞的商业利益也得到了政府命令的保护。为了便利桑提达斯·贾哈瑞的手下到港口城市购买珠宝和其他商品，所有港口的官员们都不能阻碍他的手下，必须在自己的职责范围内给他们提供安全保障。

1644年，沙杰罕下达敕令给当时的艾哈迈达巴德总督，敕令大意是，因为王室有庆典活动，要求各地呈送珍贵珠宝。同时，要求查询一件售卖宅院的事。这座宅院被桑提达斯·贾哈瑞以6000多卢比的价格买下，但是后来有政府官员透露这座宅院实际上可以卖更高的价钱。敕令中提到，假如有人能比桑提达斯·贾哈瑞出更高的价，宅院将卖给出价高的那个人。但是敕令同时也指出，假如桑提达斯·贾哈瑞给王室提供好的珠宝，有关宅院价格不同的事，王室将站在他那一边。艾哈迈达巴德总督对此事做了解释：他自己专门参观了那座宅院，其价格昂贵，当地没有人准备出和桑提达斯·贾哈瑞一样的价格买这座宅院。于是，宅院仍然是桑提达斯·贾哈瑞的。①

1655年，盖有王子达拉·舒科印章的敕令说，桑提达斯·贾哈瑞享有的所有恩宠和优待举世皆知，他必须提供珍品给王室，才配享有这些待遇。而他已经很久没有给王室提供好的服务了，也没有送来让王室满意的礼物。但是，听说他把好东西送到别处去了。②后来，桑提达斯·贾哈瑞被要求送一颗大钻石以弥补过失。

必须注意的是，桑提达斯·贾哈瑞能享有优厚的待遇，是和他的付出相对应的。如果他不能满足王朝各级官员所提的要求，他的待遇随时都有可能被取消。而且，桑提达斯·贾哈瑞随时都有可能被王室召唤，一旦被要求去德里，他立刻就得从艾哈迈达巴德动身。经济上的雄厚实力也不能改变他在政治地位上的附属性，当时其他中小商人的社会地位自然可见一斑。

（二）向欧洲人贷款

桑提达斯·贾哈瑞也贷款给欧洲人，以赚取高额利息。据记载，桑提达斯·贾哈瑞常常贷款给英国东印度公司，年息超过了12%。1628年1月6

---

① Shalin Jain. Piety, Laity and Royalty: Jains Under the Mughals in the First Half of the Seventeenth Century, *Indian Historical Review*, Vol.40, No.1, 2013, pp.80-81.

② Shalin Jain. Piety, Laity and Royalty: Jains Under the Mughals in the First Half of the Seventeenth Century, *Indian Historical Review*, Vol.40, No.1, 2013, pp.84-85.

日，艾哈迈达巴德商馆经理写信给苏拉特商馆总经理，说从桑提达斯·贾哈瑞那里借了1万卢比，月息1%。①1628年1月16日，艾哈迈达巴德商馆经理写信给苏拉特商馆总经理，说仅仅在一个星期之内，公司就被迫向桑提达斯·贾哈瑞偿还了7000卢比。②这次的紧急贷款一是为了偿还之前欠下的部分债务，二是为了阻止荷兰人投资硝石，当时硝石本就难得。英国人之所以愿意接受这样的贷款条件，是因为桑提达斯·贾哈瑞在印度商界的地位和实力。1640年1月19日的信件记载，当时英国人连100卢比都借不到。桑提达斯·贾哈瑞对当地商人团体影响很大，在商人中威信很高，假如他和其他几个富商不愿意贷款，那么当地所有的商人都不会贷款。③

四、卡西·维拉纳

卡西·维拉纳是17世纪印度东南部的著名大商人，17世纪下半叶活跃在马德拉斯，不仅在当地政、商两界都享有威望，还与英国人有着密切联系，是马德拉斯英国商馆最重要的大商人。卡西·维拉纳于1680年去世，英国人给了他很高的评价，还鸣炮30响以表悼念。④

科罗曼德尔海岸内陆地区分布着大量的纺织业从业者，分散在各个村庄。卡西·维拉纳创建了庞大的组织和管理网络，确保了当地纺织品的供应，他被认为是当地经济的实际控制者。他从1669年开始成为英国东印度公司在马德拉斯的主要大商人。英国东印度公司对卡西·维拉纳最早的记载始于1659年，他和当地另一位巨贾贝里·迪马纳一起创建了征税所。鉴于马德拉斯是1653年新建的城市，卡西·维拉纳实际上也参与了当地的行政管理。征税所的工作有利于他积累资源和财富，为他后来成为商界大贾奠定了基础。1662年，贝里·迪马纳成为英国东印度公司的主要经纪人，卡西·维拉纳成为他的助手，进军商界。接下来几年，他的商界地位不断提高。1669年，贝里·迪马纳去世，卡西·维拉纳接替了他的位置，成为与英国贸易的首席商人。

17世纪中叶，英国东印度公司开始从印度西海岸扩展到东南海岸，17世纪下半叶，科罗曼德尔海岸与英国人的纺织品贸易不断攀升。17世纪70年代，英国东印度公司在当地的纺织品贸易额年均达到10万英镑，约占公

---

① William Foster. *The English Factories in India, 1624-1629*, p.215.
② William Foster. *The English Factories in India, 1624-1629*, p.221.
③ William Foster. *The English Factories In India, 1637-1641*, p.225.
④ Yogesh Sharm. A Life of Many Parts: Kasi Viranna—A Seventeenth Century South Indian Merchant Magnate, *The Medieval History Journal*, Vol.1, No.2, 1998, p.288.

司在亚洲纺织品贸易总量的 1/3。到 80 年代，年均贸易额达到 15 万英镑，占公司在亚洲纺织品贸易总量的 35%—40%。1677—1678 年，英国运到马德拉斯的金银和商品总价值达 158 348 英镑。①

伴随着英国贸易量的加大，卡西·维拉纳的生意不断扩展。为了便于管理，他把卡纳蒂克到科罗曼德尔之间的地区分成若干个区域，每个区域派了代理人掌管当地生意。当地的手工业者都是独立的，竞争很激烈。卡西·维拉纳为了把生意掌握在自己手里，提出了和生产者签合同、预付定金的方法。1672 年，卡西·维拉纳承包了英国东印度公司 1/4 的贸易量，剩余 3/4 的贸易量由 24 名商人分包，但这 24 人都是通过卡西·维拉纳转包的。1765 年，24 人变成了 38 人。商人们的收支账目和货物供应都由卡西·维拉纳处理。②这导致英国东印度公司离开他没法做生意，而当地的其他商人也都依赖他。

卡西·维拉纳在当地商人中威望很高。1678 年，有 3 个商人从英国东印度公司购买了 12 544 金币的珊瑚，但是要拖延 10 个月才付款，是卡西·维拉纳帮他们在英国人那里做了担保。③

卡西·维拉纳之所以能有如此高的威望，一是因为他对商人的影响很大，能满足英国东印度公司在产品质量上的特殊要求；二是因为他有能力买下英国人运过来的包括各种布料、珊瑚和铅等所有商品；三是因为他是货币兑换商，能帮英国人兑换货币，把卢比兑换成南部使用的金币帕戈达；四是他注重维护英国东印度公司职员的个人利益，帮助他们私人赚钱；五是他与当地政界关系和谐。

第四节　商业环境

莫卧儿王朝境内贸易活动的开展和进行，除了因自然原因如雨季洪涝和大旱等不可抗力因素带来的交通阻碍之外，还会受到所处社会环境各方面因素的影响。

一、强盗袭击

强盗袭击商队和商船的事件时有发生，奥朗则布时期也不例外。胡格利

---

① Yogesh Sharm. A Life of Many Parts: Kasi Viranna-A Seventeenth Century South Indian Merchant Magnate, *The Medieval History Journal*, Vol.1, No.2, 1998, p.273.
② Yogesh Sharm. A Life of Many Parts: Kasi Viranna-A Seventeenth Century South Indian Merchant Magnate, *The Medieval History Journal*, Vol.1, No.2, 1998, pp.276-277.
③ Yogesh Sharm. A Life of Many Parts: Kasi Viranna-A Seventeenth Century South Indian Merchant Magnate, *The Medieval History Journal*, Vol.1, No.2, 1998, p.285.

河段经常有强盗袭击，运输货物很不安全。荷兰人派出了全副武装的舰队来护航。英国人也提议要这样做。

阿拉干地区的海盗通过水路到达恒河河口，掠夺孟加拉地区的商人，给贸易带来极大隐患。奥朗则布曾下令当地政府剿除海盗。1664—1665年，孟加拉总督谢斯塔·汗在达卡集结了大量船只和军队。他还要求当地的荷兰和英国商馆相助，当两者都说自己能力不够时，谢斯塔·汗威胁要禁止商馆的硝石运输。谢斯塔·汗对荷兰人所寄希望更高，派人带着信和礼物专门到巴达维亚陈述事情的经过，荷兰人欣然同意帮助他。1665年，荷兰人派了6艘船的兵力帮助孟加拉总督作战。1666年，谢斯塔·汗获胜。英国人知道消息后，感到非常尴尬，同时也觉得，这次帮助对荷兰人的声誉影响很大，更有利于他们以后做生意。[1]

二、地方势力和政府官员干扰

除了强盗之外，还有地方势力和政府官员的干扰。1660年2月13日，英国人给西瓦吉[2]写了一封信，因为他的军队抓了一名英国人和一名英国的经纪人。[3]1664年初，西瓦吉打算进攻苏拉特。他派两个人送了一封信，要求城里最有名的三个商人（其中一个是威尔吉·沃拉）分别去见他，不然将用火和剑威胁整座城市。[4]据估计，那一次威尔吉·沃拉的损失达5万利弗尔。[5]后来，马拉塔人与莫卧儿军队持续进行了长时期的战争。

与英国人和荷兰人相比，法国人是印度生意场上的后来者。1664年，法国东印度公司建立，为了与莫卧儿王朝拓展贸易关系，公司派布莱作为使者到印度。布莱曾在1648年到过印度。也正因此，法国东印度公司以他熟悉印度为由，派他出使。但是，布莱一行这一次遭到了冷漠对待。1666年，他们到达阿格拉，结果因为没送礼物，在长达两个月的时间里，莫卧儿政府没有人搭理他们，他们还被荷兰人诬陷说是来侵占莫卧儿王朝的。布莱还提到，后来好不容易见到奥朗则布，但是奥朗则布身边的人却不断向他索

---

[1] Nadara Ashafaque. The Dutch in Bengal, c.1650-1707 and Their Relations with Local Mughal Administration, *Indian Historical Review*, Vol.49, No.1, 2022, p.112.

[2] 西瓦吉，德干中部马哈拉施特拉地区的马拉塔王国的缔造者，1674年称王。马拉塔人长期对抗莫卧儿王朝，还在1761年迎击了入侵的阿富汗人，后来在18世纪末和19世纪初与英国军队进行了三次战争，最终于1818年被英国军队打败。

[3] William Foster. *The English Factories in India, 1655-1660*, pp.358-359.

[4] William Foster. *The English Factories in India, 1661-1664*, Oxford: Clarendon Press, 1923, pp.298-299.

[5] William Foster. *The English Factories in India, 1661-1664*, p.310.

要钱财。①

为了从莫卧儿王朝得到贸易特权，欧洲人都不断送礼物。法国珠宝商塔韦尼耶 1665 年到德里后，送给孟加拉总督的礼物有：一件镶有金色花边的金锦缎披风、一件镶金银边的围巾、一件由很漂亮的翡翠制成的珠宝。送给总督儿子的礼物有：一块有珐琅彩金盒子的表、一对镶嵌着银饰的手枪及一架望远镜。总督回送了他一些石榴、橘子、两个波斯甜瓜和三个苹果。②送给奥朗则布的礼物包括：一件全镀金的高浮雕青铜盾牌，仅镀金就花费了 300 枚金币，值 1800 利弗尔③，整个盾牌值 4378 利弗尔；一件水晶制成的战锤，每边都镶着红宝石和翡翠，水晶内部镶有黄金，价值 3119 利弗尔；一件饰有红宝石、珍珠和翡翠的土耳其马鞍，价值 2892 利弗尔；一件带有鞍座的马鞍，整体镶嵌金银，价值 1730 利弗尔。送给奥朗则布舅舅的礼物包括：一张桌子，还有 19 块部件，能够组成一个柜子，全部饰以各种颜色的宝石，代表各种鲜花和鸟，这件礼物是在佛罗伦萨完成的，价值 2150 利弗尔；一枚镶嵌完美红宝石的戒指，价值 1300 利弗尔。送给财政大臣的礼物是用饰有小翡翠的黄金盒子装着的表，价值 720 利弗尔。送给奥朗则布近侍的礼物是 200 卢比，价值 300 利弗尔。④

政府官员也会施加影响。1660 年，巴特那的迪万想要垄断硝石贸易，以谋取税收，他不顾商人们与荷兰人的贸易合同，强制要求把硝石都交给他。荷兰人认为这件事是英国经纪人干的，所以向奥朗则布的重臣米尔·朱木拿和英国商馆的总经理抱怨此事。英国人否认参与谋划，表示与迪万没有任何生意往来。后来，米尔·朱木拿下达命令，禁止迪万阻碍荷兰人的自由贸易。荷兰人则在米尔·朱木拿需要帮助时，出兵相助以示报答。1661 年，阿格拉的英国东印度公司职员不顾英国人与荷兰人的协议，私自向巴特那迪万购买硝石，巴特那迪万凑了 1 万莫恩德硝石给他，质量极为糟糕，英国人非常不满。⑤曾担任孟加拉总督的赛思塔·汗也曾想把所有的硝石贸易掌握在自己手里，然后自己定价卖给英国人和荷兰人，因为他知道他们的船回国时不能空着。1704 年，为了从迪万穆什德·库利手里获取一道有利于贸易的指令，荷兰人花了 3 万卢比。⑥

---

① Sanjay Subrahmanyam. Once Bitten, Twice Shy: A French Traveler and Go-Between in Mughal India, 1648-67, *The Indian Economic and Social History Review*, Vol.58, No.2, 2021, pp.197-198.
② Jean Baptiste Tavernier. *Travels in India*, Vol.1, pp.129-130.
③ 1.5 利弗尔等于 1 卢比。参见 Jean Baptiste Tavernier. *Travels in India*, Vol.1, p.140.
④ Jean Baptiste Tavernier. *Travels in India*, Vol.1, pp.139-140.
⑤ William Foster. *The English Factories in India, 1661-1664*, p.71.
⑥ Nadara Ashafaque. The Dutch in Bengal, c.1650-1707 and Their Relations with Local Mughal Administration, *Indian Historical Review*, Vol.49, No.1, 2022, p.119.

巴特那到卡西姆巴扎尔之间也有一些苛刻的地主和王公，他们要求所有的商品都要缴税。英国加尔各答管区"一般都有2000—3000人的军队，但他们并不是为了护卫要塞，而是保护从巴特那运送硝石和其他商品的公司船只"①。英国人以往经常从巴特那购买硝石，有时是1000莫恩德，有时是2000—3000莫恩德。这些硝石用牛驮运到巴拉索尔，回程则换为驮运盐。但是，1659年却没有驮运任何货物。除了战争冲击之外，也因为沿路的王公买走了硝石，他们知道英国人急需硝石，但就是不轻易出售，等最后愿意出售时则大幅度提高价格。②在这样的情况下，如果是普通商人，不安全的概率会更高。

关于莫卧儿王朝政府官员的干扰甚至勒索现象，法国珠宝商塔韦尼耶在奥朗则布宫廷的经历很有代表性。1665年，塔韦尼耶携带珠宝到德里，由两个波斯人和一个巴尼亚负责检查所有要卖给君主的珠宝。波斯人负责呈送珠宝，巴尼亚专职检查宝石质量和成色。所以他们可以比奥朗则布先见到珠宝，然后再由他们将珠宝呈送给奥朗则布。塔韦尼耶认为，虽然这三人事先发过誓，声称他们不会敲诈商人，但事实绝非如此。当他们看到质量好的、能获厚利的宝石，会要求商人半价卖给他们。如果商人拒绝，他们就会在奥朗则布面前恶意地把珠宝的真实价值贬低一半。奥朗则布原本就对宝石不太感兴趣，他更在意黄金、白银。在这种情况下，商人的利益极易受损。

据塔韦尼耶自述，后来他遭遇了损失。珠宝在奥朗则布面前展示过之后，剩下的珠宝可以再带给其他权贵购买。那三个负责检查珠宝的人让塔韦尼耶把珠宝带到自己的住处，同时还邀请其他多位巴尼亚到场。这些巴尼亚都是珠宝专家，分别擅长鉴别钻石、红宝石、翡翠和珍珠等。巴尼亚把这些珠宝的价值写在便条上，但是只有真实价值的一半。而便条会交给要买这些珠宝的权贵。③巴尼亚之所以贬低珠宝的价值，是因为那三个人从一开始就看上了塔韦尼耶的一些珠宝，其中有一件形似花束，由9颗梨形珍珠制成，最大的珍珠有30克拉④，最小的有16克拉，后来奥朗则布要走了这件珠宝。还有一颗单独的梨形珍珠，重达55克拉，被皇家权贵扎法尔·汗看中，他坚持要买，愿意和君主出一样的价钱，他要买下这颗珍珠和其他几件珠宝。但是之后付款时，他要求优惠10 000卢比。原因是负责检查珠宝的

---

① Jagadish Narayan Sarkar. *Studies in Economic Life in Mughal India*, p.90.
② William Foster. *The English Factories in India, 1655-1660*, pp.297-298.
③ Jean Baptiste Tavernier. *Travels in India*, Vol.1, pp.135-136.
④ 塔韦尼耶的克拉所用标准是佛罗伦萨克拉，1克拉等于0.1972克。参见 Jean Baptiste Tavernier. *Travels in India*, Vol.2, p.xii. 与当代宝石质量国际公制的1克拉等于0.2克有区别。

官员告诉他，如果检查珠宝的官员想买那颗珍珠，塔韦尼耶的报价会比给扎法尔·汗的价格少8000或10 000卢比。所以扎法尔·汗认为自己买珍珠的价格过高，在知道"真实价格"后要求降价。①因为有被迫降价的经历，所以塔韦尼耶对莫卧儿王朝的珠宝官员和巴尼亚的印象都很差。

三、战争冲击

一旦莫卧儿王朝境内发生战争，除了对水陆交通的影响很大外，驻军的将领还会强制摊派军费及索要物资。大规模的战争冲击更明显。

自1664年起，马拉塔人时常抢劫苏拉特，此事"对商人们经济利益的影响远远超过贵族对王室忠诚的影响"②。也就是说，马拉塔人抢劫对商人们经济利益的冲击极大。苏拉特作为莫卧儿王朝最为富裕的港口，内外贸易给政府带来了可观的收入，王室近臣和重要官员们都有利益牵涉其中。苏拉特被抢劫后，遭受损失的不仅仅是商人群体，还包括莫卧儿王室和重臣。损失之大，超过了贵族不忠带来的严重后果。很多商人和银行家离开了苏拉特，有些甚至到马拉塔境内定居了。

沙杰罕晚期的王位继承战期间，印度北部甚至中部，从东到西的多处地方都成了激战阵地。据英国商馆信件记载，沙·舒贾为夺取王位，希望孟加拉等地的柴明达尔支持，他许诺柴明达尔们可以得到商人或士兵的所有钱、马匹及货物，只有大象必须交给他。所以，从胡格利到卡西姆巴扎尔沿线，柴明达尔们堵住路，导致没有商人敢带货通行，连信都送不出去。英国商馆职员的信中还提到，沙·舒贾和奥朗则布交战，他们夹在两方中间，哪一方都不能得罪。③双方都向他们要军火，帮助了这一方，另一方会报复，只能想办法讨好双方。荷兰人的货物全部被没收了，人也被关押了，好不容易才逃命。

奥朗则布的王位继承战，持续时间长，波及范围广，因为四个王子都在莫卧儿王朝多地担任过总督，各自拥有军队。他们的兵戈相向让整个社会都处于紧张气氛中，所以，"王位继承战的最终开始，就像是在释放多年以来压抑着的期待和紧张"④。战争给商业发展带来了很大的冲击，无论是资

---

① Jean Baptiste Tavernier. *Travels in India*, Vol.1, pp.137-138.
② Karen Leonard. The "Great Firm" Theory of the Decline of the Mughal Empire, In Muzaffar Alam, Sanjay Subrahmanyam. *The Mughal State, 1526-1750*, Oxford: Oxford University Press, 1998, pp.407-408.
③ Nadara Ashafaque. The Dutch in Bengal, c.1650-1707 and Their Relations with Local Mughal Administration, *Indian Historical Review*, Vol.49, No.1, 2022, p.110.
④ Munis D. Faruqui. *The Princes of the Mughal Empire, 1504-1719*, p.252.

金、货物运转还是交易活动都受到重创。沙杰罕统治末期，阿格拉的英国人时刻都在关注宫廷风声和动向。当时到处都在传沙杰罕的死讯，大家都感觉像是真实的。于是，所有的生意都迅速中断，运送货物的马队也停止了，强盗抢劫频繁。商人们藏好货物，带着家人逃到安全之处。英国人认为，整件事会怎样发展，无法预知。但是假如三个弟弟不愿向长兄称臣，那这场纷争就不是两三年能解决得了的。到时，所有的内外贸易都会被毁。①

沙杰罕统治末期的王位继承战对商业贸易影响极大，不仅谣言纷传，人心浮动，无心贸易；而且兄弟阋墙，兵戈相向，增添了诸多不稳定因素，比如为了准备粮草，军队抢劫武器弹药和各类物资，还强制征税。这些都阻碍了商业贸易的正常进行。

第五节　结　语

奥朗则布在位近半个世纪，对莫卧儿王朝的历史进程有着莫大的影响。学者们曾认为他的统治可以分为前后两个阶段：前半阶段，他的活动重点和关注焦点都在印度北部；后半阶段，因为征战，他转向印度南部，最终都没有再回到北方。他统治的前半阶段，莫卧儿王朝仍然强盛；统治的后半阶段，在很多地方都表现出衰落的迹象了。

奥朗则布的统治政策，讨论最多的可能是他按照不同群体征收租税的措施，他对印度教徒要求高出一倍的税收，是对阿克巴一视同仁政策的改变，也被认为是导致莫卧儿王朝人心离散、国势日下的重要因素之一。

自1681年之后，奥朗则布转战印度南部，耗费了巨大的人力、物力和财力。政府和银行家之间的分歧和冲突日益明显。1702年，奥朗则布试图向德干的银行家申请无息借款以维持军队开支，但是他被拒绝了。②由此导致他长期远离北部政局，北部政局缺乏控制，地方政权突起，内斗严重。鼎盛的莫卧儿王朝呈现出明显的衰落趋势，影响了经济发展，也给商业贸易的进行带来了诸多阻碍。

---

① William Foster. *The English Factories in India, 1655-1660*, p.121.
② Karen Leonard. The "Great Firm" Theory of the Decline of the Mughal Empire, In Muzaffar Alam, Sanjay Subrahmanyam. *The Mughal State, 1526-1750*, p.408.

第四章　贸易逢乱世（1707—1772年）

1707年，奥朗则布去世，莫卧儿王朝开始分崩瓦解。印度中部的德干、北部的奥德、东北部的孟加拉、中西部的马拉塔及南部的海德拉巴、迈索尔和卡纳蒂克等地区，或宣告独立，或只在表面上依附于莫卧儿王朝，实质上却保持独立，各自为政。在不断争夺势力范围的过程中，这些王公的政治实力越来越强。

其中，以马拉塔人最为突出。到18世纪50年代，莫卧儿王朝所占据的领土只有德里和阿格拉及其周围的一小片地方了。

虽然莫卧儿王室继续存在，但是君主权力衰微。莫卧儿君主法鲁克西亚尔因资金紧张，曾计划向巴特那的富商（也包括当地的荷兰商人和英国商人）征税，但是他的计划很快就被比哈尔总督挫败，因为后者与欧洲人有贸易往来。[1]

莫卧儿王朝割据内乱时期，各政权之间冲突和争斗不断，各地经常卷入动荡局势。马拉塔人多次入侵北部地区，扰乱了经济发展和社会秩序。英国人和法国人在印度的殖民权利之争一直都在进行，他们利用印度各土邦政权之间的矛盾，为自己谋取利益。1738年，波斯国王亲率大军东征，第二年直逼德里，杀人抢劫。1747年起，阿富汗军队多次入侵德里，大肆掠夺。遭遇反复洗劫的莫卧儿王朝财力更加空虚，衰弱不堪。

英国东印度公司乘虚而入，1757年，普拉西战役爆发，孟加拉地区被英国控制，开启了英国东印度公司武力征服印度的进程。1764年，布克萨尔战役中，莫卧儿君主沙·阿拉姆二世投降。1765年，英国东印度公司接管孟加拉地区的财政管理权，1772年接管其全部统治权。莫卧儿王朝一步步沦为了英国东印度公司的殖民地。

第一节　商品与贸易

当时，南亚次大陆已经发展起了联系紧密的贸易网络，从东北的孟加拉地区到西北的旁遮普和信德，形成了内陆贸易的繁忙通道，并辐射西北、北

---

[1] Karen Leonard. The "Great Firm" Theory of the Decline of the Mughal Empire, In Muzaffar Alam, Sanjay Subrahmanyam., *The Mughal State, 1526-1750*, p.408.

部、东部和南部各地；西南的马拉巴尔海岸地区是印度与西方世界进行贸易的中心；东南的科罗曼德尔沿海地区成为印度与东方和世界其他地区贸易的重要中转地；南亚次大陆中部地区则是内陆交通贸易的重要据点。各地区之间贸易往来频繁，南亚次大陆的对外贸易额也逐渐增加。

印度有很多区域市场，生产出口纺织品的有古吉拉特、科罗曼德尔海岸、孟加拉、旁遮普和信德等地区。旁遮普和信德的纺织品主要销往阿富汗、波斯东部、马斯喀特和巴士拉。科罗曼德尔海岸和孟加拉地区的纺织品主要销往东南亚，也销往红海和波斯湾。古吉拉特的纺织品既出口东南亚，也销往红海、波斯湾和东非。印度纺织品吸引人的主要之处"在于后期加工的工艺而不在于生产和原材料成本"[1]，在包括图案和染色等方面的加工技术极为精巧。

除了欧洲之外，印度与非洲的纺织品贸易也有新发展。18世纪之后，古吉拉特商人转向了非洲东南部，以便寻找贸易机会。这种转向反映了当时更广泛的贸易发展趋势，其中古吉拉特商人"既是受益者，又是维护者"[2]。

非洲对古吉拉特的纺织品需求很大，输出纺织品、引入象牙，是古吉拉特与非洲贸易的重要特点。古吉拉特纺织品作为交换商品，在非洲内陆需求很大，被视为"港口接受的货币"，印度洋区域的一些地方成为"布料货币区"，在交换象牙、奴隶和其他商品时，纺织品被视为主要的价值衡量标准。[3]这种功能是"经过了长期同化过程而形成的特定的社会、文化、政治和象征意义的结果"[4]。布匹从印度的织布机到非洲人手中，不断经历转变，反映的是当地的时尚和品味。非洲消费者喜爱印度纺织品，因而印度纺织品在当地有很大的市场需求。

古吉拉特商人也会不断变换产品款式，以适应非洲市场。莫桑比克出售的古吉拉特纺织品种类繁多，风格各异，交换价值也不一样。有资料记载了古吉拉特纺织品被归类为400种不同风格，分布在整个非洲内陆，可以用作交换象牙、奴隶和其他商品的货币。[5]东非内地、沿海和海岛都生产本土纺

---

[1] 〔意〕乔吉奥·列略：《棉的全球史》，刘媺译，第78页。

[2] Pedro Machado. *Ocean of Trade: South Asian Merchants, Africa and the Indian Ocean, c.1750-1850*, p.26.

[3] Pedro Machado. *Ocean of Trade: South Asian Merchants, Africa and the Indian Ocean, c.1750-1850*, p.120.

[4] Pedro Machado. *Ocean of Trade: South Asian Merchants, Africa and the Indian Ocean, c.1750-1850*, p.121.

[5] Pedro Machado. *Ocean of Trade: South Asian Merchants, Africa and the Indian Ocean, c.1750-1850*, p.126.

织品，进口印度纺织品在早期是对非洲本土纺织品生产的补充。但是，18世纪之后，古吉拉特纺织品在莫桑比克进口贸易中保持主导地位。

古吉拉特贾姆布萨尔的织工专门为非洲市场生产产品，每年古吉拉特商人都会通过中间商把非洲市场需要的产品规格提供给他们。作为纺织业和制造业中心，贾姆布萨尔的存在以非洲消费者的需求作为支柱。当地的繁荣，还因为受马拉塔人控制，马拉塔人意识到其商业价值所在，为其发展提供了便利。古吉拉特商人从贾姆布萨尔得到销往非洲市场的纺织品，是通过预付款制度。① 商人和经纪人会就非洲所需纺织品的数量、种类、质量及价格等达成口头协议，商人把非洲市场当季需求的款式和图案等信息传达给经纪人。不过，一般情况下，经纪人往往不会直接与织工们打交道，而是与他们的代表联系。织工们领到预付款之后，用来购买完成产品的原材料，比如纱线。当然，如果得到了更高的报价，织工们会退回预付款，为更高报价的客户生产。

18世纪莫桑比克的纺织品贸易量非常大，仅在赞比西河流域，塞纳进口的纺织品数量每年就多达12万—16万件。其他地区进口的纺织品每年估计有8万件。1753年，伴随着王室贸易的开放，从印度输入莫桑比克的纺织品数量达到了50万件，然后不断增加，年均能达到80万—100万件。②

18世纪下半叶，科罗曼德尔海岸的棉纺织业也有独特表现。1772年，织布村庄阿拉尼有246户家庭，其中99户从事织布，68户从事纺纱。在村子里，有大量的中间商，他们会和出口商约定好所生产布料的类型、数量、价格和交货期。偶尔村中的经纪人会替代中间商。经纪人可能是村中的织工，帮商人们代办相关事务。经纪人收取的佣金是产品价格的1%—2%。织工头目也是主要经纪人之一，有时其雇用的织工多达上百人。③

还有学者估计，18世纪的任何时候，南亚次大陆的马匹总数应该在40万—80万匹，马匹贸易的年交易额在2000万卢比左右，超过了英国东印度公司与荷兰东印度公司从孟加拉地区出口到欧洲商品价值总和的三倍。④

除了纺织品贸易外，18世纪印度的鸦片贸易也有发展。鸦片主要是在

---

① Pedro Machado. *Ocean of Trade: South Asian Merchants, Africa and the Indian Ocean, c.1750-1850*, p.143.
② Pedro Machado. *Ocean of Trade: South Asian Merchants, Africa and the Indian Ocean, c.1750-1850*, p.126.
③ 参见〔意〕乔吉奥·列略：《棉的全球史》，刘媺译，第59页。
④ Andre Wink. *The Making of the Indo-Islamic World, c.700-1800 CE*, pp.167-168.

亚洲内部消费。刚开始，商人们把马尔瓦尔的鸦片卖到马拉巴尔，后来鸦片价格不断上涨，他们把目光转向了孟加拉地区的鸦片。17世纪60—70年代，孟加拉地区的鸦片除了被荷兰人贩卖到马拉巴尔外，主要供印度尼西亚群岛消费。荷兰人很早就把鸦片卖到了巴达维亚，并一直在进行这项贸易，18世纪尤其是中期之后，尽管荷兰人在亚洲内部贸易包括在巴达维亚的贸易量不断下降，鸦片贸易量却保持上升（表4-1），说明鸦片获利很大，这也成为后来英国人想要垄断鸦片贸易的原因。

表4-1　1731—1755年荷兰人输入巴达维亚的鸦片量（单位：磅）

时间	总量	年均
1731—1735年	740 015	148 003
1741—1745年	783 870	156 774
1751—1755年	963 911	192 782.2

注：数据统计以每10年的前5年作为一个周期
资料来源：Sushil Chaudhury. *From Prosperity to Decline: Eighteenth Century Bengal*, p.277

　　孟加拉地区的鸦片主要来自比哈尔。1688年，比哈尔的48个帕尔加纳出产了8700莫恩德鸦片，其中有5400莫恩德鸦片质量极好。鸦片产量的10%—12.5%是在孟加拉地区和比哈尔消费，34.5%—46%运到了阿格拉和阿拉哈巴德地区，剩下的41.5%—55.5%被运到国内其他地区及国际市场。18世纪上半叶，鸦片总产量基本持平。1755年，比哈尔鸦片总量约8000莫恩德，其中印度商人购买了2000莫恩德，孟加拉地区和比哈尔本地消费了1000莫恩德，英国人和法国人购买了1600莫恩德，荷兰人购买了3400莫恩德。[①]由于鸦片贸易的巨大利润，普拉西战役后，英国人一直想要垄断鸦片贸易。

　　鸦片贸易存在很大的竞争，无论欧洲各公司还是印度商人都想攫取利润。1741年，因为竞争激烈，荷兰人只买到了1600莫恩德鸦片，数量没有达到预期，仅是他们前一年预订量的2/3，主要原因是马尔瓦尔商人和其他印度商人抬高了价格。接下来一年，马尔瓦尔商人和英国人都没有热衷于鸦片贸易，鸦片价格下降了9%—10%。1743年，荷兰人购买了2600莫恩德鸦片，却只需付前一年2000莫恩德的价钱。[②]为了得到比哈尔鸦片的控制权，印度大商人乌米昌德和赫瓦贾·瓦济德进行了长时期激烈的争夺。最终，在18世纪40年代末期，赫瓦贾·瓦济德控制了比哈尔的鸦片贸易，他主要通过代理人和他的兄弟操作买卖。1750年，荷兰人提到，为了阻止赫瓦

[①] Sushil Chaudhury. *From Prosperity to Decline: Eighteenth Century Bengal*, pp.272-273.
[②] Sushil Chaudhury. *From Prosperity to Decline: Eighteenth Century Bengal*, p.275.

贾·瓦济德兄弟抢走他们前一年 12 月预订的所有鸦片，他们向比哈尔政府行贿 1000 卢比，但最终也仅得到 1479 莫恩德鸦片。①

18 世纪初，莫卧儿王朝各地贸易都有发展。孟加拉因交通便利、物产丰饶而成为印度贸易中的重要地区，吸收了各地进口来的大量白银和黄金。17 世纪中叶后，这种趋势尤其明显。1670 年，孟加拉地区进口商品额占印度进口商品总额的 20%，占英国东印度公司进口商品总额的 15%；1700 年占后两者进口商品总额的 35%；1738—1740 年，占后两者进口商品总额的 66%。②

孟加拉地区贸易的发展与多方面因素息息相关：

第一，内部局势。奥朗则布与德干之间战争不断，直接影响了当地及周边地区商业的正常发展。马拉塔人不断进攻，使印度西部的贸易持续被干扰，严重受损。17 世纪 60 年代和 70 年代，马拉塔人袭击了苏拉特，导致当地贸易受到重创。

第二，外部环境。萨法维王朝与奥斯曼帝国走向衰落，经波斯的陆路贸易日趋衰落，加上阿拉伯海域的海盗袭击，印度商人和欧洲商人都偏向在相对安宁的孟加拉地区从事贸易。

第三，区位优势。孟加拉地区是横贯印度北部的水陆贸易大网络的东部终点，其商业网络也连接着旁遮普、拉贾斯坦和古吉拉特，拥有良好的地理位置和交通条件。商品运到苏拉特港口后，再转运到欧洲、非洲和亚洲其他国家和地区。当地商机吸引了一大批非孟加拉商人，最有名的是来自古吉拉特和拉贾斯坦地区的商人。17 世纪末期，荷兰档案中提到了 18 名卡西姆巴扎尔的大商人，他们没有一个是孟加拉本地人，其中大部分来自古吉拉特。③除了古吉拉特商人之外，大批旁遮普恰提商人也来到孟加拉地区，他们热衷于经商，"经商比成为贵族好很多，因为贵族使人变成了臣属，而商业使人主导生活"④。

第四，资源突出。孟加拉地区本来就有丰富的产品和悠久的贸易历史，早在欧洲人于当地重点发展贸易之前，已经与亚洲其他地区有了频繁的贸易往来。1670 年，仅马尔达一地就有价值 80 万—100 万卢比的纺织品出口到勃固和波斯等地。1676 年，阿格拉、古吉拉特和贝拿勒斯等地的代理人从

---

① Sushil Chaudhury. *From Prosperity to Decline: Eighteenth Century Bengal*, p.274.
② 〔德〕贡德·弗兰克：《白银资本：重视经济全球化中的东方》，刘北成译，第 137 页。
③ Claude Markovits. *Merchants, Traders, Entrepreneurs: Indian Business in the Colonial Era*, New York: Palgrave Macmillan, 2008, p.193.
④ Stephen Frederic Dale. *Indian Merchants and Eurasian Trade, 1600-1750*, p.31.

马尔达发出了 15—25 船的货物，包括各种纺织品，每船货物总价值达 10 万卢比。而通过陆路运走的货物价值只有河运货物价值的一半。所有的纺织品加起来，总价值在 190 万—300 万卢比。①17 世纪下半叶，欧洲人重点开拓了当地的棉布、丝绸、靛蓝、蔗糖、鸦片及硝石市场之后，孟加拉地区更趋繁荣。

第五，管理得当。穆什德·库利 1700 年来到孟加拉地区担任迪万，除了 1708—1709 年不在任之外，1717 年成为总督，直到 1727 年去世，他都在孟加拉手握重权。他加强了对孟加拉地区的管理。为了防范道路抢劫，他实施安全保护措施，在各地设立护卫道路安全的部门，专门针对道路抢劫和偷盗现象，强盗和小偷都被严厉处罚。他还限制粮价，防止出现饥荒。他的措施奠定了 18 世纪上半叶孟加拉地区的社会稳定。

除了以上管理方面的政策之外，穆什德·库利还制定了以下措施：②

其一，把曼萨布达尔的受封土地从孟加拉的肥沃地带转移到相对贫瘠的奥里萨，确保莫卧儿王室能得到之前的肥沃土地。

其二，派遣聪慧能干的官员到各地准确评估税收金额，确定土地肥力和耕种者能力，获得对所有土地税收的完整信息。

其三，为了增加税收，他加强了对柴明达尔和小地主们的税收监管，之前由他们掌握的利润全部收归政府。他坚持柴明达尔全额缴税，如果不缴，无论什么原因，都会被收监，甚至遭到身体迫害。

穆什德·库利的政策推动了柴明达尔大土地所有制的形成，到他 1727 年去世时，孟加拉地区一半的税收掌握在 15 个大柴明达尔手中。柴明达尔们为了及时缴税，不得不借钱，从而促进了高利贷者的形成。孟加拉地区政府通过柴明达尔向农民征收田赋。③如果他们还不上钱，就用柴明达尔的辖地抵债，这些都加速了孟加拉地区的高利贷和银行业发展。

穆什德·库利意识到了莫卧儿王朝已开始衰落，精明的他明修栈道，暗度陈仓，一方面按期向德里缴税，另一方面不断培植自己的个人势力，排斥异己，为支持者获利提供各种助力，得到了一批官员、柴明达尔和银行家的拥护。

---

① Sushil Chaudhury. *From Prosperity to Decline: Eighteenth Century Bengal*, pp.204-206.
② Sushil Chaudhury. *From Prosperity to Decline: Eighteenth Century Bengal*, pp.16-17.
③ 到 1757 年，孟加拉地区共有 15 个大柴明达尔领地，包括 615 个乡区，所缴田赋占孟加拉地区的 60%。其余 1045 个乡区，有小柴明达尔 4590 个。大柴明达尔拥有 50—60 个乡区，多的超过 100 个，小的可能只有一两个乡区甚至只有一个乡区的一部分。各柴明达尔在居住村有所有地，居住村以外只有田赋征收权。18 世纪初，孟加拉地区的柴明达尔领地从最高级到村一级的田赋收取官共有 8 级。小柴明达尔一般是所在村的头人，占有和使用土地，又收取田赋。参见黄思骏：《印度土地制度研究》，北京：中国社会科学出版社，1998 年，第 191 页。

接替穆什德·库利的是舒贾丁·汗，舒贾丁·汗定期向莫卧儿王室上缴1300万卢比税收。他上任没多久，就组建了一个顾问委员会，由哈吉·艾哈迈德、阿拉姆昌德和贾加特·塞特组成，这个顾问委员会实际上负责了孟加拉地区的行政管理。总体来看，舒贾丁·汗在任时期，孟加拉地区基本上延续了以往的和平与富足。

接替舒贾丁·汗的是萨法加。但是没多久，阿利瓦迪汗就击败了他，成为新任孟加拉总督。1742—1751年，马拉塔人不断侵袭孟加拉地区，阿富汗人也造成了很大威胁，阿利瓦迪汗忙于迎战。1751年，他与马拉塔人签订协议，同意一年交付120万卢比，换来了和平。接下来，他发展生产，力求重建繁荣与稳定的孟加拉。

17世纪上半叶，孟加拉地区贸易日益繁荣，17世纪下半叶到18世纪上半叶，贸易量越来越大。除印度本地商人外，亚洲其他地区的商人在孟加拉地区开展贸易很常见。1747年，达卡的纺织品出口量大约有285万卢比，其中的2/3是亚美尼亚商人的生意。[①]与孟加拉地区开展贸易的欧洲国家主要是荷兰、英国和法国，三国在孟加拉地区的贸易日趋活跃。18世纪，孟加拉棉织品市场非常活跃，欧洲多个港口城市都参与贸易，最有名的有伦敦、汉堡、里斯本、哥本哈根和奥斯坦德；1776年以后美洲贸易和非洲贸易也日益突出。当然，亚洲其他地区的贸易也继续进行，东南亚的苏门答腊、槟城、勃固和菲律宾，西亚的吉达、巴士拉、穆哈、马斯喀特等，都是与孟加拉地区贸易频繁之地。

17世纪中期到18世纪早期，在将印度商品出口到欧洲方面，荷兰一直领先于英国。18世纪早期之后，英国开始赶上荷兰。1698—1700年，荷兰从亚洲出口到欧洲的产品金额为1500万弗洛林，1738—1740年增长到1924万弗洛林。其中，孟加拉商品所占比例从17世纪末的约41%上升到约47%。[②]表4-2所示是荷兰在1665—1736年出口到欧洲的孟加拉商品情况。从表4-2中可以看出，出口到欧洲的孟加拉商品所占比例在不断变化。孟加拉地区出口到欧洲的商品主要是生丝、纺织品和硝石，但是17世纪60—70年代，除了硝石外，生丝和纺织品在欧洲市场需求极为有限，到1675—1676年，所占比例仅有7.7%。例外的是，1665年，荷兰出口到欧洲的商品中，孟加拉商品所占比例将近一半。但这个比例并不能代表当时孟加拉商品在荷兰贸易中的重要程度，这是因为1665年，英荷之间爆发了第二次战

---

① Sushil Chaudhury. *From Prosperity to Decline: Eighteenth Century Bengal*, pp.204-206.
② Om Prakash. *The New Cambridge History of India: European Commercial Enterprise in Pre-Colonial India*, p.346.

争。英国议会1651年制定了针对荷兰的《航海条例》后，英荷之间就爆发了第一次战争。后来英国又颁布了让荷兰无法忍受的航海法，所以1665年，荷兰向英国宣战，第二次英荷战争爆发，战争持续到1667年。战争期间，荷兰贸易额受到影响，又加上英国商人的竞争，1665年，荷兰从印度出口到欧洲的商品数量总额很少，故而孟加拉地区很少的出口商品显得比例极为突出。进入17世纪90年代后，孟加拉商品所占比例较高，一个重要的原因是17世纪80年代后，欧洲兴起了印度纺织品热潮，主要是棉织品，因为其价格低廉，很受欧洲市场欢迎。所以之后孟加拉商品出口金额所占比重一直较高，即使1713—1726年略有下降，但也不是很低，都在1/3以上。

表4-2 1665—1736年荷兰出口到欧洲的孟加拉商品情况

时间	总出口金额（弗洛林）	孟加拉商品出口金额（弗洛林）	孟加拉商品出口金额所占比重（%）
1665年	1 124 180	555 597	49.42
1666—1667年	3 119 053	324 319	10.40
1674—1675年	3 644 173	255 490	7.01
1675—1676年	4 131 266	318 039	7.70
1693—1694年	2 794 745	2 041 061	73.03
1698—1703年	5 951 011	2 402 694	40.37
1708—1713年	5 464 354	2 300 706	42.10
1713—1718年	6 735 503	2 677 033	39.75
1720—1721年	10 235 475	3 508 911	34.28
1725—1726年	10 136 882	3 565 066	35.17
1735—1736年	6 500 672	3 072 662	47.27

注：因资料所限，表中有些时间不连续，余同
资料来源：Om Prakash. *The New Cambridge History of India: European Commercial Enterprise in Pre-Colonial India*, p.203

对于英国而言，孟加拉商品的地位也日益突出。1698—1700年，英国东印度公司的产品贸易额是1379万弗洛林，1738—1740年上升到2300万弗洛林，其中孟加拉商品的比例从42%上升到66%。①印度对于英国贸易的重要性从17世纪的最后25年才开始显现，从此之后越来越突出。如表4-3所示，18世纪上半叶，英国从孟加拉进口商品总量，30—40年代大幅上升；50年代有所下降，主要原因是从1747年开始，阿富汗人多次入侵印度北部，严重影响了贸易稳定和商路安全，孟加拉地区也受到牵连。到18世纪中期，英国攫取了孟加拉地区之后，印度对于英国而言，角色和地位都发生了变化。

---

① Om Prakash. *The New Cambridge History of India: European Commercial Enterprise in Pre-Colonial India*, p.346.

表 4-3　1731—1755 年英国从孟加拉出口商品价值　（单位：英镑）

时间	总量	年平均值
1731—1735 年	2 117 689	423 537.8
1741—1745 年	2 401 785	480 357
1751—1755 年	2 033 244	406 648.8

资料来源：Sushil Chaudhury. *From Prosperity to Decline: Eighteenth Century Bengal*, p.42

法国在印度开展贸易比荷兰和英国都要晚，但是也有了很大发展，如表 4-4 所示。

表 4-4　1726—1755 年法国东印度公司从亚洲和印度进口和销售的商品价值与利润率

时间	进口价值 亚洲商品年均值（利弗尔·图洛伊斯）	进口价值 印度商品年均值（利弗尔·图洛伊斯）	印度商品占比（%）	销售价值 亚洲商品年均值（利弗尔·图洛伊斯）	销售价值 印度商品年均值（利弗尔·图洛伊斯）	印度商品占比（%）	亚洲商品利润率	印度商品利润率
1726—1735 年	5 224 506	4 348 212	83.23	10 635 214	8 800 702	82.75	103.56	102.40
1736—1745 年	8 873 867	6 647 642	74.91	16 560 826	12 307 759	74.32	86.62	85.14
1746—1755 年	6 365 383	4 354 272	68.41	12 782 027	8 518 574	66.64	100.81	95.64

注：1 利弗尔·图洛伊斯等于 0.5 法郎

资料来源：Om Prakash. *The New Cambridge History of India: European Commercial Enterprise in Pre-Colonial India*, p.254

虽然法国在印度的贸易起步比其他欧洲国家晚，但是法国进口印度商品所占份额在其进口亚洲商品总额中却占了很大比例。

18 世纪上半叶，英国和荷兰出口到欧洲的商品中，占比最大的是纺织品。英国与荷兰从亚洲主要是印度进口的商品总值，1751—1760 年上升到了 1701—1710 年的两倍。法国在印度的贸易比荷兰和英国起步晚，但也有着不低的份额，1741—1750 年法国从印度进口的商品额占英国与荷兰从印度进口商品总额的 16.89%。同时，欧洲国家从印度进口商品的种类也发生了很大变化，比如，1638—1640 年，香料和纸张占荷兰从亚洲进口商品中的 68.19%，但到 1738—1740 年，却降到了 14.2%。英国的情况也类似，1664—1670 年，从印度进口的香料和纸张占 20.01%，1731—1740 年，只占 4.3%。比重上涨的商品是棉织物和丝绸，荷兰从 1648—1650 年的 14.16% 上升到 1738—1740 年的 41.1%，英国从 63.07% 上升到 76.41%，其中，丝绸从 0.49% 提高到 11.06%。棉织物有一部分运到了非洲，是当地奴隶消费量最大的商品。整个 18 世纪，英国运到非洲的印度商品，纺织品占 27%。[①]由此可以看出，欧洲国家从印度进口商品的种类

[①] Irfan Habib. The Eighteenth Century in Indian Economic History, In P. J. Marshall. *The Eighteenth Century in Indian History: Evolution or Revolution?* New Delhi: Oxford University Press, 2003, p.110.

和比例都发生了很大变化，17世纪以香料为主，18世纪则以纺织品为主。表4-5—表4-8是18世纪前期荷兰和英国出口到欧洲的印度商品中纺织品的情况。

表4-5 1710—1717年荷兰和英国出口孟加拉纺织品量 （单位：件）

时间	荷兰		英国	
	总计	年均	总计	年均
1710—1713年	745 995	186 498.75	1 056 587	264 146.75
1714—1717年	925 254	231 313.50	915 918	228 979.50

资料来源：Sushil Chaudhury. *From Prosperity to Decline: Eighteenth Century Bengal*, p.180

表4-6 1731—1755年荷兰和英国出口的印度纺织品总量 （单位：件）

时间	荷兰		英国	
	总量	年均	总量	年均
1731—1735年	835 357	167 071.4	3 026 154	605 230.8
1741—1745年	1 021 899	204 379.8	3 026 405	605 281
1751—1755年	1 342 789	268 557.8	1 951 952	390 390.4

资料来源：Sushil Chaudhury. *From Prosperity to Decline: Eighteenth Century Bengal*, p.188

表4-7 1753年和1754年荷兰和英国出口印度纺织品的总量与价值

时间	荷兰		英国	
	总量（件）	价值（卢比）	总量（件）	价值（卢比）
1753年	279 800	1 670 336	345 267	2 287 128
1754年	226 432	1 328 188	381 543	2 660 520
总计	506 232	2 998 524	726 810	4 947 648
年均量	253 116	1 499 262	363 405	2 473 824

资料来源：Sushil Chaudhury. *From Prosperity to Decline: Eighteenth Century Bengal*, p.194

表4-8 18世纪上半叶荷兰和英国出口印度商品总价值中纺织品的比重 （单位：%）

时间	荷兰	英国
1701年	54.19	71.00
1702年	54.19	71.00
1748年		88.98
1749年		91.91
1750年		87.42
1751年		80.07
1752年		79.55
1753年	78.42	88.11
1754年	74.07	80.82

资料来源：Sushil Chaudhury. *From Prosperity to Decline: Eighteenth Century Bengal*, p.182

由表 4-5—表 4-8 可以看出，欧洲对印度纺织品尤其是孟加拉纺织品需求量很大，纺织品在欧洲从印度出口商品中所占比重不断增加。到 18 世纪中叶，无论荷兰还是英国，纺织品比重已经占到了商品中的绝大部分，因为纺织品需求量大，所以订单都要提前两年下。

荷兰还从孟加拉出口纺织品到亚洲其他地区，17 世纪下半叶到 18 世纪初期很突出，18 世纪 30 年代达到了顶峰，后来贸易量有所回落。表 4-9 是 1731—1755 年荷兰出口孟加拉纺织品到亚洲其他地区的情况。

表 4-9　1731—1755 年荷兰出口孟加拉纺织品到亚洲其他地区的情况

地区	1731—1735 年 总量（件）	年均量（件）	占比（%）	1741—1745 年 总量（件）	年均量（件）	占比（%）	1751—1755 年 总量（件）	年均量（件）	占比（%）
巴达维亚	584 022	116 804	54.23	432 007	86 401	67.19	371 884	74 377	86.78
日本	230 648	46 130	21.42	36 086	7217	5.61	20 344	4069	4.75
波斯湾	65 382	13 076	6.07	68 650	13 730	10.68	14 175	2835	3.31
科罗曼德尔海岸	55 463	11 093	5.15	9460	1892	1.47	400	80	0.09
马拉巴尔	55 214	11 043	5.13	13 930	2786	2.17			
锡兰	28 084	5617	2.61	80 081	16 016	12.46	16 835	3367	3.93
暹罗	23 980	4796	2.23				1200	240	0.28
科钦	21 280	4256	1.98	1818	364	0.28	120	24	0.03
马六甲	8100	1620	0.75				2360	472	0.55
穆哈（也门）	3220	644	0.30						
望加锡（印尼）	1600	320	0.13				1200	240	0.28

注："占比"指的是孟加拉纺织品出口量在亚洲各地区中所占比例

资料来源：Sushil Chaudhury. *From Prosperity to Decline: Eighteenth Century Bengal*, p.197

英国在孟加拉的纺织品贸易量不断增加，后来有织工专门为之生产。仅 1740 年一年，英国购买的孟加拉纺织品价值就达 50 万英镑。[①]随着贸易量的加大和影响的不断深入，孟加拉对于英国而言，地位日益重要，而英国对于孟加拉而言，社会冲击也不断增加。

1751—1760 年，孟加拉纺织品出口量与马德拉斯、孟买纺织品出口量之比是 6∶2∶1，孟加拉纺织品出口量占亚洲同期纺织品总出口量的 65%。1756—1760 年，英国东印度公司年均购买纺织品 377 302 件，价值 252 987

---

① Dietmar Rothermund. *An Economic History of India: From Pre-Colonial Times to 1991*, p.15.

英镑。其中，1757年猛降到82 656件，价值60 998英镑，主要原因是普拉西战役的影响。之后，购买量继续增长。1766—1770年，年均购买值达454 700英镑。1771—1775年，年均购买量是625 278件，价值1 079 893英镑。1784—1790年，年均购买量是717 094件，价值1 236 606英镑。[①]纺织品一直都是孟加拉的出口大宗：1766年出口量占英国东印度公司总出口商品量的75.3%，1772—1773年上升到80.4%，1801—1802年占英国东印度公司及私人贸易总量的50%。[②]无论在伦敦还是阿姆斯特丹，孟加拉纺织品都是亚洲商品销售量仅次于茶叶的大宗商品。

随着私商活动的日益频繁，孟加拉纺织品也成为他们青睐的商品之一。表4-10是1795—1806年欧洲私商出口孟加拉纺织品的贸易情况。

表4-10 1795—1806年欧洲私商出口孟加拉纺织品的贸易情况

时间	总价值（卢比）	出口到伦敦的占比（%）	出口到汉堡的占比（%）	出口到哥本哈根的占比（%）	出口到里斯本的占比（%）	出口到美洲的占比（%）
1795—1796年	9 483 284	17.40	14.30	7.30	22.90	18.40
1796—1797年	7 426 752	14.40	5.80	18.40	9.50	27.90
1797—1798年	5 748 617	20.60	1.70	4.50	21.60	25.00
1798—1799年	5 774 057	15.30	5.70	9.45	7.40	14.00
1799—1800年	12 001 199	12.60	1.60	5.90	27.30	23.70
1800—1801年	14 167 106	21.80		3.30	14.10	36.90
1801—1802年	16 591 309	40.90		0.01	9.80	25.00
1802—1803年	18 594 476	34.70		1.30	13.00	21.60
1803—1804年	16 169 478	30.10		3.10	15.10	33.70
1804—1805年	11 085 509	11.00		4.50	22.10	22.40
1805—1806年	11 849 670	2.70		2.80	10.20	40.10

资料来源：Hameeda Hossain. *The Company Weavers of Bengal: The East India Company and the Organization of Textile Production in Bengal, 1750-1813*, p.66

纺织品之所以成为热销产品，有多种原因。17世纪初，欧洲公司到亚洲的目的是在东南亚购买香料，但是它们在东南亚发现购买香料最受欢迎的货币并不是白银，而是当地各岛的急需品，也就是印度棉布，主要是便宜的粗布。所以欧洲公司把注意力转向了印度，以便获取棉织品。最初是在科

[①] Hameeda Hossain. *The Company Weavers of Bengal: The East India Company and the Organization of Textile Production in Bengal, 1750-1813*, Delhi and New York: Oxford University Press, 1988, p.67.

[②] Hameeda Hossain. *The Company Weavers of Bengal: The East India Company and the Organization of Textile Production in Bengal, 1750-1813*, p.65.

罗曼德尔海岸，根据荷兰东印度公司 17 世纪 80 年代的数据，科罗曼德尔海岸北部有纺织品生产，手工业村分散在海岸地区。东戈达瓦里河三角洲地区的达卡萨拉玛，地处荷兰商馆附近区域，有 18 个生产中心，这里的山村织工有 900 人，织布机有 418 台。[①]

1700 年，英国议会通过《禁止进口棉织物法》，又因为英国国内纺织工人抗议，最终导致棉纺织品禁运。18 世纪，只有白色棉坯布被允许进口，因为其可以在英国国内加工。而这种棉坯布在印度的主要产地是孟加拉。因为这种棉坯布在英国需求量大，孟加拉的纺织品贸易在 18 世纪早期迅速发展。1725 年之前，带来的年利润是 20 万英镑，仅仅五年之后就翻倍了。与此同时，英国与印度其他地区的纺织品贸易，原本之前都超过了与孟加拉的纺织品贸易量，这时萎缩到只有孟加拉纺织品贸易量的 1/3 了。[②]这就意味着与英国贸易所带来的白银大量流入孟加拉，加强了孟加拉总督的地位，孟加拉逐渐开始摆脱莫卧儿王朝的控制，废除莫卧儿政府的领地范围，孟加拉总督的实力不断强大。

孟加拉出口纺织品不仅比重大，而且品种极为丰富。表 4-11 以 1720 年、1733 年、1740 年和 1750 年为例，提供了荷兰和英国出口到欧洲的孟加拉纺织品数据。

表 4-11　1720 年、1733 年、1740 年和 1750 年荷兰和英国出口到欧洲的孟加拉纺织品数据　（单位：件）

纺织品种类	1720 年 荷兰	1720 年 英国	1733 年 荷兰	1733 年 英国	1740 年 荷兰	1740 年 英国	1750 年 荷兰	1750 年 英国
普通印花棉布	127 600	157 000	138 400	339 400	241 500	317 000	87 000	400 000
精致印花棉布	39 400	59 000	43 200	139 500	45 300	138 700	85 200	93 600
平纹细布	121 500	153 000	36 660	98 200	57 360	209 900	89 400	262 300
丝织品	51 000	38 000	33 160	28 000	37 500	36 800	56 400	41 000
交织绸	28 000	94 000	19 700	45 000	8300	48 100	19 900	31 700
总计	367 500	501 000	271 120	650 100	389 960	750 500	337 900	828 600

资料来源：Sushil Chaudhury. *From Prosperity to Decline: Eighteenth Century Bengal*, p.184

表 4-12 为 1720 年、1733 年、1740 年和 1750 年荷兰和英国的纺织品订单中格拉斯和卡萨的比重。

[①] Om Prakash. *The New Cambridge History of India: European Commercial Enterprise in Pre-Colonial India*, p.164.

[②] Dietmar Rothermund. *An Economic History of India: From Pre-Colonial Times to 1991*，p.14.

表 4-12　1720 年、1733 年、1740 年和 1750 年荷兰和英国的
纺织品订单中格拉斯和卡萨的比重

时间	荷兰订单				英国订单			
	格拉斯（件）	所占比例（%）	卡萨（件）	所占比例（%）	格拉斯（件）	所占比例（%）	卡萨（件）	所占比例（%）
1720 年	60 000	16.33	33 000	8.98	80 000	15.97	58 000	11.58
1733 年	60 000	22.13	16 400	6.05	202 000	31.07	39 700	6.11
1740 年	80 000	20.51	25 000	6.41	144 000	19.19	59 600	7.94
1750 年	100 000	29.59	27 000	7.99	185 000	22.33	146 000	17.62

资料来源：Sushil Chaudhury. *From Prosperity to Decline: Eighteenth Century Bengal*, p.185

1700 年，英国的羊毛商和丝织工人抗议从印度、波斯、中国等地进口精细的丝绸织品和印花织物等。18 世纪早期，欧洲尤其是英国的棉印花工业发展，导致棉花和平纹细布进口量增加。进口格拉斯主要是因为其价格便宜。

从表 4-13 和表 4-14 中可以看出，孟加拉出口的纺织品中，丝织品占了一定比例。

表 4-13　18 世纪 30—50 年代欧洲国家从孟加拉进口的
不同种类纺织品所占比重　　　　（单位：%）

种类	荷兰			英国		
	1731—1735 年	1741—1745 年	1751—1755 年	1731—1735 年	1741—1745 年	1751—1755 年
普通印花棉布	46.40	39.85	55.69	46.02	30.60	30.80
精致印花棉布	14.99	19.89	12.66	20.30	22.49	19.17
平纹细布	20.23	26.22	17.79	24.44	34.08	39.26
丝织品	10.44	10.08	11.19	3.18	4.56	6.36
交织绸	7.94	3.96	2.67	5.98	7.88	3.72
其他				0.08	0.39	0.69
总计	100	100	100	100	100	100

注：18 世纪 30—50 年代的 30 年中，均选取每 10 年的前 5 年为例，后同
资料来源：Sushil Chaudhury. *From Prosperity to Decline: Eighteenth Century Bengal*, p.192

表 4-14　18 世纪 30—50 年代荷兰出口到巴达维亚、日本和波斯的
孟加拉纺织品种类及其所占比重

地区	时间	总量和占比	古尼斯	普通印花棉布	平纹细布	丝	交织绸	其他	总计
巴达维亚	1731—1735 年	总量（件）	263 375	277 284	29 985			13 414	584 058
		占比（%）	45.09	47.48	5.13			2.30	100
	1741—1745 年	总量（件）	258 961	96 641	53 986			22 419	432 007
		占比（%）	59.94	22.37	12.50			5.19	100

续表

地区	时间	总量和占比	古尼斯	普通印花棉布	平纹细布	丝	交织绸	其他	总计
巴达维亚	1751—1755年	总量（件）	228 955	109 668	16 915			16 346	371 884
		占比（%）	61.57	29.49	4.55			4.40	100
日本	1731—1735年	总量（件）		27 299		120 989	72 862	9488	230 638
		占比（%）		11.84		52.46	31.59	4.11	100
	1741—1745年	总量（件）		2980		21 359	10 370	1377	36 086
		占比（%）		8.26		59.19	28.74	3.81	100
	1751—1755年	总量（件）		7086		9381	2200	1677	20 344
		占比（%）		34.83		46.11	10.81	8.24	100
波斯	1731—1735年	总量（件）	14 000	22 972	13 760		10 060	4590	65 382
		占比（%）	21.41	35.14	21.05		15.39	7.02	100
	1741—1745年	总量（件）	32 363	3582	23 036		6069	3600	68 650
		占比（%）	47.14	5.22	33.56		8.84	5.24	100
	1751—1755年	总量（件）		3300	8 275			2600	14 175
		占比（%）		23.28	58.38			18.34	100

注：表 4-14 中的比例有的做了四舍五入，所以相加并不等于 100
资料来源：Sushil Chaudhury. *From Prosperity to Decline: Eighteenth Century Bengal*, pp.199-200

英国从 1658 年在卡西姆巴扎尔建立商馆之后，开始关注孟加拉生丝，17 世纪 70 年代形成规模，18 世纪 30 年代达到极盛。17 世纪中叶后，荷兰购买孟加拉生丝，主要销往日本和荷兰市场。到 17 世纪 70 年代，销往欧洲的波斯生丝还占很大比例。17 世纪末之后，孟加拉生丝更吸引欧洲人。表 4-15 和表 4-16 是进入 18 世纪后，荷兰和英国的孟加拉生丝购买量。从表 4-17—表 4-19 可以看出，孟加拉生丝贸易在 18 世纪一直处于发展态势。

表 4-15　1701—1720 年荷兰和英国生丝购买量

时间	荷兰购买量			英国购买量	
	总量（荷兰磅）	年均（荷兰磅）	年均（荷兰磅）	总量（英国磅）	年均（英国磅）
1701—1705 年	754 648	150 930	164 514	476 283	95 257
1711—1715 年	751 054	150 211	163 730	259 292	51 858
1716—1720 年（荷兰仅 1716—1718 年）	625 653	208 551	312 827	635 225	127 045

资料来源：Sushil Chaudhury. *From Prosperity to Decline: Eighteenth Century Bengal*, p.250

表 4-16　1730—1755 年英国的孟加拉生丝购买量

时间	重量（磅）	价值（英镑）
1730 年	113 595	55 014
1731 年	94 450	49 508

续表

时间	重量（磅）	价值（英镑）
1732 年	85 539	52 421
1733 年	171 695	90 442
1734 年	209 166	94 742
1735 年	142 057	69 604
1736 年	118 708	54 500
1737 年	155 932	75 311
1738 年	181 963	86 585
1739 年	127 782	63 004
1740 年	129 619	59 157
1741 年	160 197	71 077
1742 年	104 749	49 550
1743 年	90 044	44 534
1744 年	121 107	67 838
1745 年	119 954	61 388
1746 年	148 045	84 350
1747 年	94 729	64 437
1748 年	800	589
1749 年	22 010	17 498
1750 年	34 417	22 030
1751 年	46 000	31 550
1752 年	82 774	61 833
1753 年	70 634	52 995
1754 年	27 199	20 724
1755 年	60 013	44 294

资料来源：K. N. Chaudhuri. *The Trading World of Asia and The English East India Company, 1660-1760*, p.534

表 4-17　1749—1758 年亚洲商人的孟加拉生丝购买量

时间	总量（莫恩德）	年均（莫恩德）	年均（磅）	总价（卢比）	年均价（卢比）
1749—1753 年	99 016	19 803	1 485 240	27 724 365	5 544 873
1754—1758 年	74 692	14 938	1 120 380	20 913 345	4 182 669

注：表中数据进行了四舍五入。

资料来源：Sushil Chaudhury. *From Prosperity to Decline: Eighteenth Century Bengal*, p.253

表 4-18　1751—1755 年亚洲和荷兰、英国商人出口孟加拉丝织品量　（单位：件）

时间	亚洲商人	荷兰商人	英国商人
1751 年	124 675	12 890	12 760
1752 年	92 475	39 628	20 041
1753 年	89 978	27 777	32 615
1754 年	74 978	29 029	24 663

续表

时间	亚洲商人	荷兰商人	英国商人
1755 年	75 062	40 883	34 160
总计	457 168	150 207	124 239
年均	91 434	30 041	24 848

注：表中数据进行了四舍五入

资料来源：Sushil Chaudhury. *From Prosperity to Decline: Eighteenth Century Bengal*, p.209

表 4-19 1759—1767 年亚洲商人输出的孟加拉生丝数量和价值

时间	数量（莫恩德）	价值（卢比）
1759 年	14 394	4 030 387
1760 年	13 056	3 655 791
1761 年	10 562	2 957 229
1762 年	5953	1 666 845
1763 年	6601	1 848 333
1764 年	8326	2 331 393
1765 年	7191	2 013 525
1766 年	5180	1 450 307
1767 年	6599	1 847 832

资料来源：Sushil Chaudhury. *From Prosperity to Decline: Eighteenth Century Bengal*, p.255

17 世纪末，孟加拉生丝因价格便宜而很快吸引了欧洲人。虽然不时有价格的波动，质量也略微差点，但比意大利生丝便宜很多。英国市场上的生丝类别，根据质量高低，有从最精细的 A 等到最粗糙的 E 等之分。18 世纪末期，英国从孟加拉进口的生丝只有 11%—17%的质量属于最高等级。[1]价格优势能弥补质量方面的缺点，所以孟加拉生丝越来越吸引欧洲公司。英国东印度公司发展丝绸贸易的原因有：第一，运输便利的决定作用，丝绸很轻，运输有优势。第二，英国政府支持。欧洲公司到来之前，包括古吉拉特、拉合尔、阿格拉、海德拉巴及中亚各地的商人就已经活跃在孟加拉生丝市场了。英国政府看到了孟加拉生丝市场的潜力，支持英国东印度公司参与其中。

穆尔希达巴德是生丝的重要产地和加工地，卡西姆巴扎尔及其周边地区很有名，孟加拉北部的朗布尔、纳迪亚附近的库玛哈里等地也出产生丝。生丝价格不一，影响因素很多，包括气候因素，比如长时期的暴雨不适合蚕生长；天气状况好，蚕茧价格就便宜，反之很贵。此外，社会动荡也会影响生丝市场价格。

---

[1] Karolina Hutkova. *The English East India Company's Silk Enterprise in Bengal, 1750-1850: Economy, Empire and Business*, p.43.

孟加拉生丝贸易竞争激烈。1731年，丝收成很好，但是加尔各答市场很早就买不到丝了，拉合尔等地商人早已预订，还有商人大量囤货等待价格上涨。可以看出，孟加拉生丝很受印度各地商人的喜爱，他们常常很早就预订购买。1737年，古吉拉特和拉合尔商人需要大量库玛哈里丝。1741年，朗布尔的丝价格飙升，就是因为古吉拉特和海德拉巴商人买走了很多丝。1742年1月，朗布尔的丝就已被古吉拉特、海德拉巴、贝拿勒斯等地的代理商戈马斯塔大量购买，他们还守在市场上继续收购。1744年，因为贝拿勒斯商人的竞争，朗布尔丝价格上涨了很多。

综上可知，孟加拉纺织业发展体现出明显的特点，具体如下：

第一，以家庭式农业生产为主。每家每户的每个人，无论大小都要从事纺织业，从棉花种植、收获、保存、出售到自己加工，包括纺纱、织布的每一个步骤，全家人都有参与，小孩则可以学着做帮手。

孟加拉的棉花地既有低地，也有高地。低地棉花一年可以收获两次，春季收获的棉花质量最好，种植3—4年之后，土地要休耕。高地种植棉花，一年只能收获一次。当地有专人管理和雇人收获，也有流动商人从事棉花贸易。因为市场对棉花的需求增加，棉花的交易方式也变得多样化。农民有几种提高棉花收成的途径：一是自己加工棉花，收入会增加；二是储存棉籽，一部分用做来年的种子，另一部分清洗干净之后用来做牛饲料。[1]有些棉花在储存一季之后可以卖更高的价钱，比如达卡和拉德纳加尔的棉花必须储存一季，因为新棉花纺的线会膨胀。人们将棉荚放在陶器中，悬挂在屋梁上保存。

当时，印度农村多是茅草屋，并不利于棉花保存，而且农民需要钱，所以他们一般都会很早就把棉花贱卖掉。棉花可以零售给纺织女工，也可以直接卖给来当地收购的商人，还可以自己加工。农村住户的分散性和独立性，更加强了家庭式作业的特点。

当然，因为是家庭手工作业，各地技术和步骤也有差别。18世纪早期，欧洲人发现在印度所购棉布的质量和规格都不统一，有些做得精细，有些做得厚重，长短和粗细都有区别。法国人在报告中说："在做这门生意的25年中，我们发现，根本无法从这个国家得到100件尺寸完全相同的产品。"[2]英国人的情况也大致相同，苏拉特商馆职员抱怨不能满足英国国内的要求，因为家庭手工作业难以达到标准化的要求。

---

[1] Hameeda Hossain. *The Company Weavers of Bengal: The East India Company and the Organization of Textile Production in Bengal, 1750-1813*, p.25.

[2] 〔意〕乔吉奥·列略：《棉的全球史》，刘媺译，第105—106页。

第二，品种丰富。孟加拉棉织物的种类极为丰富。之前提到的纺织品种类，每一种都可以再细分，有记载的出口到欧洲的品种列举如下：①

其一，平纹细布，根据布匹的长短、宽窄、厚薄等标准，可以再细分为木里木里、卡萨、阿达提斯、阿拉巴里斯、迪米提斯等10多种。

其二，精致印花棉布，可以再细分为8种。

其三，普通印花棉布，可以再细分为格拉斯、古尼斯等10多种。

其四，丝织品，可以再细分为20多种。

其五，交织绸，可以再细分为10多种。

18世纪最初10年，英国东印度公司记录的孟加拉棉织物达150种之多，仅达卡一地的棉布就达100种，令人眼花缭乱。仅从18世纪50年代荷兰所采购布料及其不同价格就可见一斑（表4-20）。

表4-20 18世纪50年代荷兰采购布料及价格

布料名称	种类	产地	每件价格（弗洛林）
卡萨·朱格巴里	平纹细布	达卡	72—73
卡萨（普通）	平纹细布	胡格利	13—15
木里木里（普通）	平纹细布	胡格利	11—13
杜里亚斯	平纹细布	达卡	46—51
杜里亚斯	平纹细布	胡格利	25—29
休姆休姆	平纹细布	胡格利	11—12
贝那纳斯	精致印花棉布	胡格利	11—12
秋塔斯	精致印花棉布	胡格利	12—12.5
班那纳斯	丝绸	卡西姆巴扎尔	8—9
阿莫西	丝绸	卡西姆巴扎尔	8.5—9.5
德里斯	丝绸	卡西姆巴扎尔	17—18
巴夫塔斯	粗印花棉布	达卡、胡格利	8.5—9
古丽斯	粗印花棉布	胡格利、卡西姆巴扎尔	13—14

资料来源：Sushil Chaudhury. *From Prosperity to Decline: Eighteenth Century Bengal*, p.143

为英国东印度公司生产的棉织品，虽然用的工具是最基本的，但是纱线的使用、纺纱和编织的方法都发生了变化。木里木里，在不同地方的织屋织出来，质量就不一样。在同一种棉织物中会采用不同的线支数量，同样的木里木里的经线支数（即经线中用到的纱线数目）有很大差别，从900支到2100支不等，数目越大越精细。不同种类的棉织品有各自的长度和宽度，一般而言，为英国东印度公司生产的棉织品的长度是40科韦德（1科韦德

---

① Sushil Chaudhury. *From Prosperity to Decline: Eighteenth Century Bengal*, p.186.

是 9—9.5 英寸①），宽度是 2.5 科韦德；巴夫塔斯的长度是 24 科韦德。②同一种棉织品，产地、织造技术、纱线数量及棉花质地等的不同，都会导致产品各异。

第三，专业化生产。编织棉织品需要很高的技术。棉花收获之后，接着是纺纱，再接下来是经纱，然后把线束固定在织布机上，到最后的织布和洗涤，这一系列程序都需要拥有高度的技术和专业性。以平纹细布的一种——木里木里的编织为例：经纱的准备就包括一系列工序，从经纱的不同部位分拣纱线，要花大约 18 天时间来浸泡，然后冲洗和干燥纱线多次，再用米糊上浆并缠绕在线轴上，接着由两人把经纱铺在竹条上，竹条要提前按一定的间距固定在空地上。经纱由两人固定在织机上，纬线则由两人固定在经纱上。两个人需要花 10—30 天时间固定经纱。织布需要一到两人，木里木里要在织机上绣花，则需要第三人来绣。普通品种需要 10—15 天时间，精致品种需要 20 天，最精致的品种需要 30 天。③

孟加拉人拥有种植、纺纱、缫丝和织布等多项技能，体现出明显的"工艺专业化、产品专业化，以及区域专业化"④。孟加拉棉织品的产品专业化程度高，以 1742 年的两种平纹细布卡萨和木里木里为例⑤，同一种细布，有多种不同类型，对应不同的价格。卡萨有 8 种不同类型，相应有 8 种不同的长度和宽度，出现了 8 种市场价。木里木里有 9 种不同类型，9 种不同的长度和宽度，9 种市场价。孟加拉最好的平纹细布产于三个地方：朱格巴里、巴兹普尔和索那冈。莫卧儿王朝时期，名为穆勒布丝·卡斯的最好细布就产自这三个地方，是皇家用料⑥。但即便是这三个地方的布料也有差异，这就体现出专业化程度了。朱格巴里和巴兹普尔地区的织工擅长制作质地紧密的细布，索那冈的织工则尤为擅长制作细而透的布料。不仅仅是编织，纺纱和洗涤等方面也都体现出了专业化。不同的布料进入市场，价格也各异。

孟加拉纺织品品种丰富，编织技术复杂，不同品种的生产是面向不同市

---

① 1 英寸等于 2.54 厘米。
② Hameeda Hossain. *The Company Weavers of Bengal: The East India Company and the Organization of Textile Production in Bengal, 1750-1813*, p.41.
③ Sushil Chaudhury. *From Prosperity to Decline: Eighteenth Century Bengal*, p.152.
④〔意〕乔吉奥·列略：《棉的全球史》，刘媺译，第 62 页。
⑤ Sushil Chaudhury. *From Prosperity to Decline: Eighteenth Century Bengal*, p.140.
⑥ 由称为达罗加斯的官员专职管理，他们会检查所有用于皇室的布料生产。织工们都是精心挑选出来的，技艺精湛。她们会被登记，要自带纱线，定时在专门搭建的织屋中进行编织。但是，她们的工钱会被官员们克扣，按理能得 250 卢比，到手却只有 150 卢比左右。不过，织工们的地位是独立的，参见 Sushil Chaudhury. *From Prosperity to Decline: Eighteenth Century Bengal*, p.146.

场的①：一种是针对本地消费市场的产品，比较粗糙简单，不需要很高技巧，对种类没有太多要求，所使用的原料，即棉花，是农民们种在自家屋外的。另一种是为宫廷和贵族生产的奢侈纺织品，强调产品质量和工艺，有些是在由官员专门监督生产的卡哈纳完成的。卡哈纳中组织的是手艺最好的织工，对原料要求也很高，通常生产的是孟加拉最佳产地出产的最好产品。而由欧洲公司销售到世界各地的产品多是标准化的奢华产品。很多奢华纺织品对制作工艺要求很高，产品不断推广的同时，编织流程也不断标准化。

纺织品贸易不断增长，给孟加拉带来了深远的影响：

首先，在贸易中，孟加拉商人有一定的话语权。欧洲对印度纺织品和生丝产品需求量的增加，将市场逐渐转变成了卖方市场，这可以从孟加拉商人与欧洲公司之间的议价看出来。1709年，孟加拉商人与荷兰东印度公司有一批纺织品交易。孟加拉商人提出，荷兰东印度公司必须保证，产品供应方今后上交的成品与预订时提供的样品之间，如果只有轻微的质量改变，那么公司就必须按照当初订立合同时的价格付款，不能降价。如果这一点得不到保证，产品供应方拒绝签订新合同。而且产品供应方提出，前一季因为这个原因的成品减价必须得到补偿。②

其次，提供了工作岗位。欧洲在印度的贸易成为促进当地产量、雇用工作量及收入增长的重要工具。以纺织业为例，1678—1718年，荷兰东印度公司在孟加拉年均获取的纺织品和生丝数量所创造的全职工作量，从33 770个增长到44 364个。再加上英国东印度公司，仅1709—1718年，全职工作量从86 967个增长到了111 151个，孟加拉纺织业部门的劳动力数量有100万人。③

最后，多种市场形成和发展。孟加拉纺织品外销通过以下四种市场④：

第一种是某些村庄定期的或每星期固定时间开展的集市，可以用现金从中间商或织工手里购买产品。集市规模很小。

第二种是传统节日仪式举行时的节令性集市。商人们用现金购买商品。节令性集市的举办频率根据各地情况而不同，有些集市的存在时间能超过一个月，参加集市的人从1000人到10万人不等，总成交金额能达到三四十万

---

① Hameeda Hossain. *The Company Weavers of Bengal: The East India Company and the Organization of Textile Production in Bengal, 1750-1813*, pp.22-23.

② Om Prakash. *The New Cambridge History of India: European Commercial Enterprise in Pre-Colonial India*, p.317.

③ Om Prakash. *The New Cambridge History of India: European Commercial Enterprise in Pre-Colonial India*, p.317.

④ Hameeda Hossain. *The Company Weavers of Bengal: The East India Company and the Organization of Textile Production in Bengal, 1750-1813*, pp.70-71.

卢比。第一种和第二种集市是暂时性的、定期性的。

第三种是阿朗①。这是有组织的农村或制造业中心集市。织工们可以通过中间商的介绍签订预付款合同，进行编织。这种模式有利于对那些有特定需求的产品进行规律性生产。

第四种是市场城镇。其兴起于纺织品制造中心，交通便利，有发达的河运和陆运，经常有其他国家和地区的商人在此建立商馆，比如马尔达和达卡等地，吸引了来自印度各地、亚洲其他地区及欧洲等地的商人。第三种和第四种集市是长期性的，规模很大。

虽然纺织业是贸易重点，但是孟加拉的手工纺织业只是农业生产的补充，对于农民来说，"从犁到纺车和从纺车到犁是很常见的事"②。其中达卡的情况有点特殊，当地的纺织业是特色行业，大家都集中精力进行纺织。不过，18世纪早期，就算是达卡，人们也转向农业生产了，一来是要交租，二来是达卡布料的需求量下降了。

第二节　商人与政局

18世纪之后，莫卧儿王朝日益衰落，地方政权林立，政局动荡。各地方政权为了壮大自己，都加紧训练军队，聘请欧洲军官训练士兵。18世纪下半叶，各王公军队聘请的欧洲军官有179人。③其中法国人人数最多。④聘请欧洲军官最多的是马拉塔，有107人。海德拉巴聘请了37人，海德尔·阿里和蒂普苏丹聘请了19人。⑤一系列地方政权的独立导致了政治权力分散和经济重新布局，地区内部和地区之间的贸易联系加强，建立了"牢固的经济相互依存关系"⑥。

18世纪上半叶，地方财政体系都与银行富商联系密切，有学者认为，

---

① 农村各棉花产区周边形成的制造业和商业中心，一般称为阿朗。虽然编织业都以家庭为主，但有专门的订单收集和分发中心。18世纪50年代，每个编织中心的阿朗都聚集了越来越多的织工。每个欧洲公司都想在中心区确立自己的主导地位，确保获取最高利润。有时也用"阿朗"指代各欧洲公司在各地阿朗的织造组织。

② Sushil Chaudhury. *From Prosperity to Decline: Eighteenth Century Bengal*, p.149.

③ S. Inayet A. Zaidi. European Mercenaries in the Indian Armies: A. D. 1750-1803, *Studies in History*, Vol.27, No.1, 2011, p.57.

④ S. Inayet A. Zaidi. European Mercenaries in the Indian Armies: A. D. 1750-1803, *Studies in History*, Vol.27, No.1, 2011, p.59.

⑤ S. Inayet A. Zaidi. European Mercenaries in the Indian Armies: A. D. 1750-1803, *Studies in History*, Vol.27, No.1, 2011, pp.63-66.

⑥ Meera Malhan, Shalini Saksena. The Rise of Merchants and Traders in Eighteenth-Century Rajasthan, India: An Exploratory Study, *The Indian Economic Journal*, Vol.67, No.1-2, 2019, p.100.

莫卧儿王朝的衰落与银行业不断卷入并把控地区税收征缴同时发生。到1750年，银行家们已经成为实际控制征收地税的人，他们向农民提供资金，向乡村派出代理人收税。孟加拉的柴明达尔定期向银行家借钱缴税，货币兑换商到处可见，他们随时准备借出钱去。农民都需要借钱，否则他们无法种地。①

有学者指出，印度的商人群体和商业组织在"适应长期动荡的政治环境并与之共存"方面能力突出，且有悠久的传统。对于来自政治领域的麻烦，印度商人群体有各自的应对技巧，这种技巧在他们的圈子里流传。孟加拉的很多大商业家族为了减缓来自政界的敲诈，会用孩子的姓名公开账本，对真正的掌权者姓名予以保密。②英国人通过观察，认为印度商人的狡猾和精明是因为他们长时期处于危险的政治环境中，为了保护自己的财富和家族，他们不得不发展出了这样"纯粹"的政治技巧。③最主要的表现就是与政界联盟，这也是他们强大经济实力的重要来源。他们与统治阶层密切联系在一起，被称为"政治动物"，而他们的商业活动则被称为"政治贸易"④。他们的经济实力来自权贵阶层的支持。

贾加特·塞特家族是18世纪上半叶孟加拉非常有名的商业巨头。其总部在孟加拉的穆尔西达巴德。该家族在印度东部、北部和西部的所有重要商业中心都有分支机构，庞大的分支机构便利了家族展开贸易活动。该家族贸易的创始人是希拉南德·沙，他于1652年到达巴特那，主要从事银行业和硝石贸易，由于硝石在欧洲市场很受欢迎，他很快就获得了成功。⑤后来，他的长子曼尼克昌德迁移到了达卡，家族实力日益壮大，在孟加拉政界、商界及与欧洲人的关系中都表现突出。

曼尼克昌德到达卡后，发展很快。达卡当时是孟加拉的省府，也是穆什德·库利的老家。曼尼克昌德和穆什德·库利关系非常好，在达卡影响和势力很大。1704年，穆什德·库利调往穆尔西达巴德。曼尼克昌德陪同前往，得到了税收官的职位。他家族的银行业继续发展，在整个孟加拉和印度北部都有分支机构。1713年，法鲁赫西亚尔登位，成为莫卧儿王朝新任君主。因为急需资金，法鲁赫西亚尔向曼尼克昌德借钱，并授予他"塞特"的

---

① Rajat Datta. Commercialisation, Tribute, and the Transition from Late Mughal to Early Colonial in India, *The Medieval History Journal*, Vol.6, No.2, 2003, pp.263-264.
② K. N. Chaudhuri. *The Trading World of Asia and the English East India Company, 1660-1760*, p.150.
③ K. N. Chaudhuri. *The Trading World of Asia and the English East India Company, 1660-1760*, pp.150-151.
④ Sushil Chaudhury. *From Prosperity to Decline: Eighteenth Century Bengal*, p.125.
⑤ Surendra Gopal. *Jains in India: Historical Essays*, p.55.

称号。曼尼克昌德与孟加拉总督和莫卧儿王室的亲密关系是其家族经济发展的关键因素。当时在一些重要事务上，总督、迪万和英国东印度公司的高级职员都会向他咨询。

曼尼克昌德去世后，他的侄子费特·昌德继承了他的事业。其家族已经得到了孟加拉、奥里萨和比哈尔的征税权，也得到了这三个地方的铸币厂。费特·昌德同样与穆什德·库利保持了亲密的关系，家族势力发展到顶峰。莫卧儿君主穆罕默德沙授予费特·昌德"贾加特·塞特"（"世界银行家"）的称号，可以世袭。这个称号的荣耀很大，以至家族的每位成员名字前都会冠上这个称号，很多时候，这个称号也可以代替任何一位家族成员的名字。

费特·昌德能对德里的莫卧儿朝廷施加政治影响，能左右孟加拉总督的任命。舒贾丁·汗上任就有他的功劳，所以上任后，舒贾丁·汗极力支持他。卡西姆巴扎尔的英国商馆曾想拉拢权臣哈吉·艾哈迈德和阿拉姆昌德帮忙，但是两人都认为总督非常器重费特·昌德，他们不可能帮助英国人去反对他。相反，他们还劝英国人与费特·昌德交好。1740年，阿利瓦迪汗能成功就任孟加拉总督，也与费特·昌德的推动作用密切相关。

因为与多任孟加拉总督都保持了和睦关系，费特·昌德逐渐在孟加拉的财政管理中获得了很多特权。他还控制了货币市场。18世纪30年代，其家族俨然成了"政府的财政主管"[①]，财力雄厚，地位荣耀。当然，这个地位也是因为与孟加拉政界紧密联系而得到的。这种联系是基于强大经济实力而建立起来的。穆什德·库利向君主推荐费特·昌德之前，让费特·昌德付给了自己50万卢比。当然，就是这次推荐让费特·昌德得到了"贾加特·塞特"的称号。可以看出，他们的联系是从各自利益出发的。[②]费特·昌德与统治者的亲近也让他逐渐卷入了政治，连欧洲公司都向他献殷勤，因为他有一定的话语权。

在欧洲人的眼中，"贾加特·塞特"是强大的政治形象。他们帮助总督掌权，管理他所有的生意，控制总督的铸币厂，垄断金银铸币，赚取巨额利润，俨然已经成为政府财政的主要支柱。[③]当然，他们巨大的财富也使他们成为总督掠夺的目标。从这一点来看，他们是弱势的。1744年，贾加特·塞特说："当今没有政府。他们既不畏惧上帝，也不害怕国王，只是一门心思赚钱。我们深受其害。"[④]意思是他们受到了来自莫卧儿政府各级官员

[①] Sushil Chaudhury. *From Prosperity to Decline: Eighteenth Century Bengal*, p.18.
[②] Surendra Gopal. *Jains in India: Historical Essays*, p.56.
[③] P. J. Marshall. *The New Cambridge History of India: Bengal: the British Bridgehead: Eastern India 1740-1828*, Cambridge: Cambridge University Press, 1987, pp.67-68.
[④] P. J. Marshall. *The New Cambridge History of India: Bengal: the British Bridgehead: Eastern India 1740-1828*, p.71.

的欺压和敲诈，心有不满。所以，如果他们撤回对总督的支持，转而投向总督的对手，结果则是恐怖的。①

贾加特·塞特家族拥有巨额财富。具体财富金额，有多种说法。18 世纪 60 年代早期，据估计，其家族的资产有 7000 万卢比。②也有人认为，至少有 1.4 亿卢比。③18 世纪之后，印度的汇票进一步发展。贾加特·塞特家族在费特·昌德时期的汇票金额能达到 500 万—1000 万卢比。④实际上，其家族在孟加拉商人心目中的地位不仅仅是大富商，也是领导者。

18 世纪 50 年代，贾加特·塞特的财政实力很强。即便孟加拉出现战争和动荡，当地信贷市场也未受丝毫影响，就是因为有贾加特·塞特。贾加特·塞特不仅是一个机构式的存在，也是商人们和银行家们的"行为引导者"。1742 年 6 月 7 日，马拉塔人进攻，费特·昌德从穆尔西达巴德撤离。但是，他的离开，带走了当地其他商人的安全感，故总督只能请求他回来。6 月 14 日，当他回来后，其他商人也都从各自的避难处返回。1743 年，马拉塔人来袭，费特·昌特又一次撤离。6 月 6 日，英国东印度公司商馆代理人的信中说，费特·昌德一离开，当地的钱就紧缺了，完全没办法借到钱。7 月 2 日的一封信中说，费特·昌德一回来，这里的钱也多了。⑤

贾加特·塞特家族对孟加拉和印度北部的信贷市场控制，可以从调低利息上看出。一直以来，其家族借款给欧洲公司，都要求 12%的年利息。1740 年 12 月 11 日，卡西姆巴扎尔商馆告知加尔各答管区，贾加特·塞特家族愿意将年利息降到 9%，只是英国东印度公司必须写一份要求降低利息的申请。英国东印度公司提交申请之后，12 月 21 日，卡西姆巴扎尔商馆就以 9%的年利息从贾加特·塞特家族借到了 6 万卢比。自那之后，英国东印度公司在加尔各答、达卡和巴特那等地都能以 9%的年利息从贾加特·塞特家族贷款。仅 1742 年 3 月 29 日一天，英国东印度公司加尔各答商馆就贷了 20 万卢比。⑥

孟加拉的英国人形容贾加特·塞特是"已知世界上最伟大的货币兑换商和银行家"。在 1747—1748 年的孟加拉事务报告中，英国人提到当时的贾加特·塞特家族掌门人马赫塔卜·拉伊，说他是"伟大的银行家，胜过朗伯德

---

① P. J. Marshall. *The New Cambridge History of India: Bengal: The British Bridgehead: Eastern India 1740-1828*, p.64.
② Surendra Gopal, *Jains in India: Historical Essays*, p.59.
③ Sushil Chaudhury. The Banking and Mercantile House of Jagat Seths of Bengal, *Studies in People's History*, Vol.2, No.1, 2015, p.90.
④ Surendra Gopal. *Jains in India: Historical Essays*, p.57.
⑤ Sushil Chaudhury. *From Prosperity to Decline: Eighteenth Century Bengal*, p.113.
⑥ Sushil Chaudhury. *From Prosperity to Decline: Eighteenth Century Bengal*, p.112.

街（伦敦金融区域）加在一起的所有人"①。可见，该家族当时在孟加拉已经荣耀至极。

但是，商行的发展永远都不能摆脱它所处的社会环境和时代背景的影响。1757年普拉西战役之后，英国东印度公司开始了武力征服印度的进程，英国对印度的暴力掠夺更加明显。在这个过程中，商行的命运发生了很大转变，主要原因有：第一，英国东印度公司及其职员在普拉西战役中得到了大量战利品，商行对英国人的财政优势消失。第二，贾加特·塞特家族原来拥有的铸币权被英国人夺走，失去了利润的一大源头。商人的政治技能与财富集中密切相关，这也就解释了为什么他们的家族财产很少能传承几代人。②贾加特·塞特家族的铸币权来自莫卧儿政府的允许，莫卧儿王朝衰落之后，自然也就直接影响了其家族的财富。第三，18世纪下半叶之后，贸易形势发生变化，但商行不能适应。第四，家族内耗，导致了长期且昂贵的诉讼过程。在以上因素的影响下，商行开始走下坡路，不得不向英国东印度公司申请抚恤金。③18世纪，罗伯特·克莱武曾给商行的库沙·昌德提供抚恤金，一年30万卢比，但后者拒绝了，他说他自己家一个月的花费就达10万卢比。1844年，商行的戈比恩昌德向英国东印度公司申请抚恤金，得到了一个月1200卢比的补助。④

根据莫卧儿王朝的大银行家们的地位，学者们提出了莫卧儿王朝衰亡的"大公司"理论。本土银行公司是莫卧儿王朝的重要盟友。17世纪中叶到18世纪中叶，这些大公司日益进入并掌控政府的税收征收体系。它们在莫卧儿王朝的政治生活中发挥着关键作用。大公司拥有若干分支，从事各种业务，经营多个企业等。莫卧儿王朝的"大公司"的建立者是银行家群体。银行家具备多种职能，如放贷、吸收存款、经营汇票业务、验证货币、兑换和铸造货币、征收地税等，最突出的一项是他们是国家的财务主管。⑤银行家们向农民提供贷款，并且接收他们用来抵押的土地。贾加特·塞特家族主管与柴明达尔的协商与谈判，说明银行家成了国家财政体系的一个重要组成部分。这种现象出现的原因，是莫卧儿王朝日益衰落，财政紧缩，需要来自银行家的资金支持。

---

① Sushil Chaudhury. The Banking and Mercantile House of Jagat Seths of Bengal, *Studies in People's History*, Vol.2, No.1, 2015, p.86.
② K. N. Chaudhuri. *The Trading World of Asia and the English East India Company, 1660-1760*, p.147.
③ Thomas A. Timberg. *The Marwaris: From Jagat Seth to the Birlas*, p.23.
④ Surendra Gopal. *Jains in India: Historical Essays*, p.59.
⑤ Karen Leonard. The "Great Firm" Theory of the Decline of the Mughal Empire, In Muzaffar Alam, Sanjay Subrahmanyam. *The Mughal State, 1526-1750*, pp.403-404.

孟加拉另一位有名的商人是乌米昌德，18世纪在孟加拉地位很高。他的经济活动主要围绕比哈尔和加尔各答展开，在比哈尔是以巴特那为经济中心的区域，在加尔各答主要是面向欧洲公司的投资、金融及乡村贸易。除了为公司服务外，乌米昌德自己的生意规模也很大，经常垄断某种商品买卖，早在1731年，英国东印度公司卡西姆巴扎尔商馆的职员就提到，乌米昌德企图垄断鸦片贸易。① 后来，他还准备垄断谷物贸易，也控制了硝石贸易。他和他哥哥在比哈尔都有很强大的实力，与巴特那政府官员联系紧密，还承包了巴特那的铸币厂。其与政界的关系可以从一事看出：1735年，乌米昌德被英国东印度公司解雇商人职位。哈吉·艾哈迈德（阿利瓦迪汗的兄弟，孟加拉极富影响力的商人之一）传话给英国东印度公司，重申乌米昌德是一位预付款商人②，对于预付给乌米昌德的款项，他可以做担保。③ 哈吉·艾哈迈德的这种支持无疑是乌米昌德在政界拥有强大影响力的基础。

还有一位很有名的商人是赫瓦贾·瓦济德，18世纪中叶他的影响很大，他的贸易根据地主要在胡格利。实力强大时，他几乎垄断了孟加拉硝石和盐的买卖。因为实力和影响巨大，他签任何合同都不需要别人为他担保。④

商人尤其是大商人非常依赖政治稳定。莫卧儿王朝衰落，导致他们极易成为强盗和政府官员共同的"猎杀"目标。苏拉特大商人穆罕默德·阿里从祖父那里继承了一个商业帝国，数十条船将他的货物运往阿拉伯海的各大港口。他在苏拉特兴建了筑垒港口，后来却因为与莫卧儿王朝的司令官闹翻，被抓进监狱并惨死其中。⑤ 1720—1729年，每年大约有50艘船驶抵苏拉特，其中33艘属于印度商人。在这些印度船中，约有9艘来自红海，7艘来自马拉巴尔海岸，5艘来自孟加拉，其余的则来自其他各地。在穆罕默德·阿里事件之后，苏拉特的海上贸易减少了约50%。在1734—1738年的5年中，每年大约只有28艘船驶抵苏拉特，其中18艘属于印度商人。这些印度船中有6艘来自红海，1艘来自马拉巴尔海岸，3艘来自孟加拉。这种减少几乎影响到了各条路线。⑥

随着莫卧儿王朝衰落，商人与政府官员之间的矛盾不断突出。1729年，德里爆发了一场鞋商和政府官员之间的对峙。事情起因于当年的3月，

---

① Sushil Chaudhury. *From Prosperity to Decline: Eighteenth Century Bengal*, p.118.
② 指接受英国东印度公司的预付款，为公司购买商品的商人。
③ Sushil Chaudhury. *From Prosperity to Decline: Eighteenth Century Bengal*, p.118.
④ Sushil Chaudhury. *From Prosperity to Decline: Eighteenth Century Bengal*, p.121.
⑤ 〔德〕赫尔曼·库尔克、迪特玛·罗特蒙特：《印度史》，王立新、周红江译，第265页。
⑥ 〔德〕赫尔曼·库尔克、迪特玛·罗特蒙特：《印度史》，王立新、周红江译，第266页。

莫卧儿政府的珠宝鉴定官苏伯卡兰回家途中，路过正在庆祝节日的人群，人群中有一批鞋商。不巧，鞋商燃放的花炮击中了苏伯卡兰的轿子，还把他的官服烧了一个洞。苏伯卡兰的随从立刻去抓人，结果只抓到一个孩子。这个孩子被打得很惨，一位在附近的老人挺身而出，救下了他，但老人自己却被苏伯卡兰的人打死了。这位老人在鞋商群体中德高望重。事情发生后，鞋商们强烈抗议。当时德里城里的很多商人都加入了抗议队伍，大家在德里一个公共大厅示威，要求处罚杀人者。但苏伯卡兰被德里两大权贵世家保护着，根本找不到他。商人们在大厅聚集，冲突一触即发。莫卧儿君主穆罕默德沙派财政大臣前去处理。但财政大臣原本就与保护苏伯卡兰的那两大权贵世家不和，所以任由事态发展。最终，虽然苏伯卡兰没有被商人们抓住，但是他家的房子被商人们占领并拆毁了，商人们还将那位老人的遗体在那里火化，并利用拆房子的建筑材料，把苏伯卡兰的住所修建成了老人的坟墓。

这件事情的发生，既反映了当时商人大众群体和政府官员之间的矛盾，也是莫卧儿王朝国势日下的真实映射。如同学者纳贾夫·海德尔所说，"如果在莫卧儿国势鼎盛的时候，这样的事是不可能发生的"[1]。

第三节　商业与战争

在任何时代，充满战争与动荡的社会局势都会对商业的发展产生直接冲击。18世纪上半叶，影响最大的就是马拉塔人进攻、波斯人和阿富汗人入侵及普拉西战役。

马拉塔人的进攻，扰乱了孟加拉的社会经济发展秩序，商业和手工业中心被入侵，山村被袭击，船只被掠夺。孟加拉军队为了应对进攻，不断征缴税收，冲击了总督的政治权威，同时导致粮食贫乏和劳动力短缺。为了和入侵之敌作战，孟加拉总督有时不得不和别的王公结盟。1743年，阿利瓦迪汗和以往的对手结盟应对入侵，花费了220万卢比。1751年，签订了和平协议，代价包含120万卢比。[2]这样的局势给当地商业发展造成了极为不利的影响，农业、手工业也受到打击。

商人群体的不安全感来自多个方面。一是船只和商队被抢劫，1742年贾加特·塞特家族就被抢走了2000万卢比。二是政府强迫缴税。1748年，

---

[1] Najaf Haider. Violence and Defiance of Authority in Mughal India: A Study of the Shoe Sellers' Riot of Shahjahanabad，*Studies in History*, Vol.36, No.2, 2020, p.176.

[2] Hameeda Hossain. *The Company Weavers of Bengal: The East India Company and the Organization of Textile Production in Bengal, 1750-1813*, p.2.

因为害怕阿利瓦迪汗敛钱，巴特那钱币商把财产都转移到了印度北部。三是战争因素。1747—1751 年，英国东印度公司在达卡、巴拉索尔、卡西姆巴扎尔和穆尔西达巴德等地的商馆都表示害怕马拉塔人进攻，如果总督不率军击退马拉塔人，他们的商馆只能撤离。商馆写给公司董事会的信中也提到，一个又一个城镇的工人逃跑了，商品也无法得到。[①]多个地方的织工在布匹还没完成的情况下就离开了织屋。偶尔，商馆的织屋也会成为工人们的避难所，他们会带着织机到那里躲避马拉塔人的袭击。1753 年和 1760 年，马拉塔人都发起了进攻，严重扰乱了商业。

马拉塔人进攻还引发了孟加拉的物价波动。1738—1751 年，粮食价格上涨了 30%。1738 年，1 卢比可以购买 2 莫恩德 20 西尔粮食，到 1751 年，只能购买 1 莫恩德 32 西尔粮食了。1754 年，在加尔各答，1 卢比能买到 32 西尔细粮和 40 西尔粗粮。而饥荒年代的价格，尤其是高峰期的 1771 年，3.33 卢比才能买到 1 莫恩德粮食，其他年代平均要 1.57 卢比。据巴拉索尔的织工说，马拉塔人攻势最猛烈的 1753 年，1 卢比只能买到 10 西尔粮食。在穆尔西达巴德，1770 年 6 月，1 卢比能买 6—7 西尔粮食，到 7 月就只能买到 3 西尔粮食了。在卡西姆巴扎尔，1 卢比可买 15 西尔粮食。[②]

1723 年 11 月，马拉塔人袭击苏拉特。没过多久，苏拉特行政赖以维持的税收受到重创，有 28 个帕尔加纳的税收没有办法收取。18 世纪 30 年代，苏拉特不得不同意把自己税收的 1/4 赔给马拉塔人。[③]此外，苏拉特各级官员之间矛盾尖锐，更给战争带来的创伤雪上加霜。

波斯人和阿富汗人的入侵给印度社会生活带来了直接的冲击。1739 年，波斯的纳迪尔沙入侵。1758—1762 年，阿富汗的艾哈迈德沙·杜兰尼入侵。每次入侵都给印度经济带来了直接影响，极大地损毁了耕地。1739 年，当纳迪尔沙入侵时，贾加特·塞特家族的信贷网络压到了极低。[④]战争中，物价也急速上涨。1759 年，阿富汗的艾哈迈德沙·杜兰尼入侵的消息使贝拿勒斯到巴特那之间的公牛租赁价格提高了 500%。[⑤]

---

① Hameeda Hossain. *The Company Weavers of Bengal: The East India Company and the Organization of Textile Production in Bengal, 1750-1813*, p.4.

② Hameeda Hossain. *The Company Weavers of Bengal: The East India Company and the Organization of Textile Production in Bengal, 1750-1813*, pp.16-18.

③ Ashin Das Gupta. Trade and Politics in Eighteenth Century India, In Muzaffar Alam, Sanjay Subrahmanyam. *The Mughal State, 1526-1750*, pp.377-378.

④ C. A. Bayly. *Rulers, Townsmen and Bazaars: North Indian Society in the Age of British Expansion, 1770-1870*, New Delhi: Oxford University Press, 2012, p.83.

⑤ C. A. Bayly. *Rulers, Townsmen and Bazaars: North Indian Society in the Age of British Expansion, 1770-1870*, p.83.

1761 年与阿富汗一战后,印度士兵每人都得到了 30—40 头水牛,珠宝和各类衣物都用这些水牛驮着,在士兵的营地开起了市场,他们以很低的价格出售这些货物,原价值 10 卢比的货物就以 1 卢比卖掉。①

18 世纪中叶,对印度影响最大的是普拉西战役。孟加拉总督阿利瓦迪汗膝下无子,生前指定小女儿之子西拉杰继任总督。1756 年,西拉杰成为总督。然而,阿利瓦迪汗的大女儿和二女儿不满,各自都拥有追随势力,表现出明显的夺权趋势。英国人对于印度地方政权的内斗②已有了解,因一直想要在孟加拉扩张,便借此时机增修了加尔各答的炮台。西拉杰让英国人拆除炮台,而英国人不同意。1756 年 6 月,西拉杰派兵占领了加尔各答。马德拉斯的英国人派罗伯特·克莱武等人率军,于 1757 年 1 月收复加尔各答,双方对峙。孟加拉军力、财力都远超英国军队,英国军队本无胜算,但英国军队与西拉杰手下的将领米尔·贾法尔达成协议,后者承诺一旦战争爆发,将站在英国军队一边。6 月 23 日,孟加拉军队与英国军队在普拉西决战,英国军队大胜。西拉杰被杀,米尔·贾法尔被扶植为总督,但他因不能满足英国人的要求而被赶下台。随后,英国人扶植了米尔·卡西姆做新任总督。米尔·卡西姆对英国人予取予求很不满,反抗失败后逃到奥德,与奥德总督一起在布克萨尔同英国军队决战,但仍以失败告终。

普拉西战役的爆发及其结果的出现,有诸多因素:

首先,孟加拉与英国人的关系在总督西拉杰在任期间恶化。西拉杰对英国人有三点不满:其一,英国东印度公司在加尔各答修建防御工事;其二,英国东印度公司滥用之前给他们的贸易权利;其三,庇护冒犯了自己的人。西拉杰在给亚美尼亚大商人赫瓦贾·瓦济德的一封信中明确表达了自己的意图,他曾多次以后者为自己的使节,前去与英国人协商解决冲突。信中写道:"假如英国人愿意继续留在我的国家,他们必须遵照穆什德·库利时的贸易条款,否则,我将把他们从我的地盘上驱逐出去。"③西拉杰虽然有这样的心思,却没有这样的实力。

17 世纪 50 年代之后,英国人和荷兰人都在孟加拉建立商馆。1717 年,莫卧儿皇帝法鲁克西亚尔颁布敕令,英国东印度公司获得了自由贸易权,取

---

① C. A. Bayly. *Rulers, Townsmen and Bazaars: North Indian Society in the Age of British Expansion, 1770-1870*, p.84.

② 当时,英、法两国在印度争夺势力范围,1746—1763 年,爆发了三次卡纳蒂克(印度南部海德拉巴的属地)战争。法国为争霸,在海德拉巴成功得势。英国不甘落后,也插手当地内政,支持与得势一方对立的派别,引发战争,并最终打败法国。同期,英、法七年战争(1756—1763 年)正在进行,卡纳蒂克战争被认为是英、法之争在印度的体现。

③ Sushil Chaudhury. *From Prosperity to Decline: Eighteenth Century Bengal*, p.40.

消了之前每年上交 3000 卢比费用的规定。孟加拉与英国东印度公司的关系在阿利瓦迪汗统治时不断恶化。马拉塔人进攻时，阿利瓦迪汗要求各阶层做贡献帮助维持军队，也包括欧洲人，他认为过去五年来，他的军队为欧洲人的贸易提供了保护和支持，他们也由此获得了很大利润，现在孟加拉有难，欧洲人理应帮忙。但是，他的提议遭到强烈反对，尤其是英国人。英国人就此事询问贾加特·塞特家族的费特·昌德，费特·昌德回复说，他们必须交钱。英国人后来交了 35 万卢比。[1]

还发生了另外一件事。1748 年，从巴士拉和吉达到孟加拉的两艘亚美尼亚商船被英国人扣押。阿利瓦迪汗告诉英国人，他早就警告过他们不要骚扰前来孟加拉的其他商人。但英国人没有理会。阿利瓦迪汗下令在英国商馆安排兵力，英国人则不允许亚美尼亚商人通行。阿利瓦迪汗写了一封措辞严厉的信到加尔各答，警告英国人，不允许他们从事海盗活动，让他们归还扣押的亚美尼亚商船，否则他们将受到最意想不到的惩罚。事情最终通过贾加特·塞特家族调停才得以解决，英国人付了 12 万卢比给阿利瓦迪汗，其中有 2 万卢比用来安抚亚美尼亚商人。[2]

其次，西拉杰与贾加特·塞特家族关系闹僵。学者 C. A. 贝利认为，普拉西战役发生在世界贸易体系背景之下，是一次政变，是一次偶然发生的革命，最主要的起因是孟加拉政府与维持政府的财政和贸易群体之间的不和。[3]

当时，贾加特·塞特家族的掌权人是马赫塔卜·拉伊。西拉杰命令马赫塔卜·拉伊提供 3000 万卢比给他镇压反对派，被拒绝后，他居然动手打了马赫塔卜·拉伊。[4]这导致后者产生了不能缓解的敌意，认为西拉杰的上台会给自己带来危险，只有废掉他，自己才会安全。[5]

另外，西拉杰手下的将领米尔·贾法尔对西拉杰也多有怨恨。因此，马赫塔卜·拉伊和米尔·贾法尔密谋，要推翻西拉杰。刚开始他们准备选择阿拉瓦迪汗的女儿结盟，但没成功。接着他们准备选择西拉杰的堂兄，但发现他更不可靠，后来就考虑英国人了。英国人当时正密切关注着孟加拉局

---

[1] Sushil Chaudhury. *From Prosperity to Decline: Eighteenth Century Bengal*, pp.38-39.
[2] Sushil Chaudhury. *From Prosperity to Decline: Eighteenth Century Bengal*, p.40.
[3] 〔英〕C. A. 贝利：《印度社会与英帝国的形成》，段金生、蒋正虎译，昆明：云南人民出版社，2015 年，第 50 页。
[4] William Dalrymple. *The Anarchy: The Relentless Rise of the East India Company*, London: Bloomsbury Publishing, 2022, p.59.
[5] P. J. Marshall. *The New Cambridge History of India: Bengal: the British Bridgehead: Eastern India 1740-1828*, p.76.

势。米尔·贾法尔向英国人提出，如果能帮他推翻西拉杰，将向英国人提供 2500 万卢比。英国人调查后发现，米尔·贾法尔背后的实际操作者是马赫塔卜·拉伊。[1]

1757 年 6 月 4 日，三方达成最终协议：米尔·贾法尔和马赫塔卜·拉伊同意提供 2800 万卢比或 300 万英镑给英国人，让他们帮助自己推翻西拉杰，每个月还提供 11 万卢比给英国军队。[2]这笔钱由马赫塔卜·拉伊负责，他当即就付了一半，剩下的约定在三年内付清。[3]

印度还有别的银行家资助英国人，其中包括拉克施密坎塔·达尔。普拉西战役前夕，他慷慨资助罗伯特·克莱武。在之后英国和马拉塔人的战争中，他又为英国人提供资金，数量达到 90 万卢比。[4]英国人对他十分感谢。

米尔·卡西姆任总督后，贾加特·塞特家族被要求还清先前总督欠英国人的债，之后，在新的统治机构中，就没有贾加特·塞特家族的地位了。其家族成员被赶出了穆尔西达巴德，且被置于莫卧儿王朝的监管之下。[5]

普拉西战役给英国造成了很大的影响。战役之后，英国东印度公司控制了孟加拉，又攫取了孟加拉、比哈尔和奥里萨的财政权和其他权力，得到了巨额收入。这笔收入，部分被用来购买出口商品，比如生丝、原棉、纺织品和靛蓝等。之前，英国东印度公司在亚洲购买商品，都是依靠从国内运输金条，1708—1760 年，金条占英国东印度公司对亚洲出口总额的 75%，1762—1772 年，这个比例降到 23%。[6]公司出口币值从 1757 年的 797 167 英镑减少到 1760 年的 143 400 英镑，公司进入印度的币值从 1757—1758 年的 310 万卢比骤减为零。1780—1790 年，英国东印度公司和英国私商与印度的贸易额是，输入印度的商品额每年达 2 393 610 英镑，从印度出口值是每年 7 331 563 英镑。[7]

---

[1] William Dalrymple. *The Anarchy: The Relentless Rise of the East India Company*, p.58.
[2] William Dalrymple. *The Anarchy: The Relentless Rise of the East India Company*, p.62.
[3] P. J. Marshall. *The New Cambridge History of India: Bengal: the British Bridgehead: Eastern India 1740-1828*, p.83.
[4] Abhik R. Ray. Banking and the Credit System in Bengal in the Eighteenth Century, In Sabyasachi Bhattacharya. *A Comprehensive History of Modern Bengal, 1700-1950*, Vol.1, New Delhi: Primus Books, 2020, p.506.
[5] P. J. Marshall. *The New Cambridge History of India: Bengal: the British Bridgehead: Eastern India 1740-1828*, p.86.
[6] Karolina Hutkova. *The English East India Company's Silk Enterprise in Bengal, 1750-1850: Economy, Empire and Business*, p.52.
[7] Irfan Habib. The Eighteenth Century in Indian Economic History, In P. J. Marshall. *The Eighteenth Century in Indian History: Evolution or Revolution?* p.111.

普拉西战役便利了英国对孟加拉和比哈尔税收最大限度的攫取：从 1765—1766 年的 226 万英镑增加到 1770—1771 年的 333 万英镑，1771 年有饥荒，1771—1772 年的 326 万英镑增加到 1778—1779 年的 338 万英镑，其中 266 万英镑是土地税。①英国东印度公司在孟加拉、比哈尔和奥里萨得到了"迪万尼"权力（财政管理权），从 1765 年接管了孟加拉的财政管理权，1772 年，接管全部管理权。获得了这三个地区的土地税收等权力，在除去各种经费开销后，土地税收一年为英国东印度公司带来的纯利润为 165 万英镑，而以往经营状态最好的年份，英国东印度公司的商品收益只有数十万英镑。②学者迪特马尔·罗德蒙德指出，印度的经济史就像一部迷人的戏剧，一种古老的农业文化受制于军事封建主义政体，在莫卧儿王朝时期获得了巨大的成功。然后，莫卧儿农耕政府和税收基础被英国东印度公司攫取，资本主义组织嫁接到了农耕政府之上。这样，一种寄生共栖关系建立起来了，外来入侵者受益，本土东道主瘫痪，只能在一种低层次的平衡中求生存了。③

表 4-21 是 1765—1771 年英国东印度公司在孟加拉的收支对照表，从中可以清晰看出英国东印度公司每年结存的利润。

表 4-21　1765—1771 年英国东印度公司在孟加拉收支对照表（每年 5 月到次年 4 月）　　（单位：英镑）

时间	税收总额	净税收（扣除各项开支后）	总支出（行政、军事、建筑、防御工事等）	每年结存
1765 年 5 月—1766 年 4 月	2 258 227	1 681 427	1 210 360	471 067
1766 年 5 月—1767 年 4 月	3 805 817	2 527 594	1 274 093	1 253 501
1767 年 5 月—1768 年 4 月	3 608 009	2 359 005	1 487 383	871 622
1768 年 5 月—1769 年 4 月	3 787 207	2 402 191	1 573 129	829 062
1769 年 5 月—1770 年 4 月	3 341 976	2 089 368	1 752 556	336 812
1770 年 5 月—1771 年 4 月	3 332 343	2 007 176	1 732 088	275 088
共计	20 133 579	13 066 761	9 029 609	4 037 152

资料来源：汪熙：《约翰公司：英国东印度公司》，第 118 页

表 4-22 是 1762—1784 年英国东印度公司在孟加拉的税收和私人借贷数据。

---

① Irfan Habib. The Eighteenth Century in Indian Economic History, In P. J. Marshall. *The Eighteenth Century in Indian History: Evolution or Revolution?* p.112.

② 〔日〕浅田实：《东印度公司——巨额商业资本之兴衰》，顾姗姗译，第 150 页。

③ Dietmar Rothermund. *An Economic History of India: From Pre-Colonial Times to 1991*, p.vii.

表 4-22　1762—1784 年英国东印度公司在孟加拉的税收和私人借贷

时间	土地税额 （百万卢比）	私人借贷额 （百万卢比）	私人借贷占土地税的比例 （%）
1762 年	5.87	0.77	13.12
1763 年	5.59	0.89	15.92
1764 年	5.55	0.80	14.41
1765 年	5.33	2.14	40.15
1766 年	14.86	4.25	28.60
1767 年	17.19	3.18	18.50
1768 年	21.84	2.75	12.59
1769 年	21.49	2.11	9.82
1770 年	21.47	4.47	20.82
1771 年	19.87	3.23	16.26
1772 年	20.27	4.43	21.85
1773 年	22.88	3.21	14.03
1774 年	20.94	3.42	16.33
1775 年	21.52	3.14	14.59
1776 年	21.65	4.83	22.31
1781 年	22.68	11.44	50.44
1782 年	25.61	7.74	30.22
1783 年	24.79	6.11	24.65

注：1777—1780 年无相关资料，所以无数据

资料来源：Rajat Datta. Commercialisation, Tribute, and the Transition from Late Mughal to Early Colonial in India, *The Medieval History Journal*, Vol.6, No.2, 2003, p.290

吸收了众多印度私人资本也是英国在印度的征服能够成功的原因。英国东印度公司负债率非常高，它不断借债以支付战争费用，90%的信贷都来自当地借款人。19 世纪早期与马拉塔人的战争几乎使英国东印度公司破产。公司的收入负债率（债务与收入的比率）从 1793 年的 120% 上升到 1809 年的 300% 以上。[①]

一直以来，无论西方学者还是印度学者都一致认为，普拉西战役是印度历史发展的分水岭，导致了印度的衰落。但是，一些学者提出，早在普拉西战役之前，印度经济就已开始走下坡路了。18 世纪 30 年代，孟加拉的纺织业就开始滑坡了。卡西姆巴扎尔的丝绸商，1733—1737 年年均有 55 人，投资额达 17 000 卢比；到 1748—1750 年，年均降到 36 人，投资额减少到 7000 卢比。1754 年后，这些商人在英国商馆的记录中全部消失。印度南部

---

① 〔英〕杰森·沙曼：《脆弱的征服：欧洲扩张与新世界秩序创建的真实故事》，黄浩译，重庆：重庆出版社，2022 年，第 124 页。

地区商业活动也陷入困境。西南部的古吉拉特同样不例外，苏拉特的船只减少明显，1701 年有 112 艘，1750 年只有 20 艘了。[①]所以才有学者认为，普拉西战役只是促进印度向殖民地转变的推动者，而不是创造者。[②]

还有学者认为，近代世界贸易发展和演变过程中，有一个突出现象，那就是欧洲贸易公司的形成及其作用和影响。欧洲贸易公司对于近代世界贸易起到了很大促进作用。作为 17—18 世纪在正式的官僚体系中得到特许权而发展起来的贸易组织，欧洲贸易公司"把前工业化贸易中分散的和自给自足的经济区域合并成为一个明确的模式"[③]，而欧亚地区生产和消费的增长，都得益于这个过程。

第四节　商人与欧洲贸易公司

自欧洲贸易公司来到印度，印度商人就与它们发展起了密切的关系。进入 18 世纪仍然不例外。印度商人和欧洲贸易公司的关系是"伙伴合作"和"相互依赖"[④]。

一、印度大商人与欧洲贸易公司的关系

大商人以贾加特·塞特和乌米昌德为例。

第一，贾加特·塞特家族与欧洲贸易公司的关系主要是在贸易金融领域。除了与欧洲贸易公司进行贸易之外，另一种重要的关系是在金融借贷方面。因为当时欧洲人经常出现资金短缺情况，他们不得不在印度借钱，贾加特·塞特家族长期是他们的债主。

欧洲贸易公司经常遇到资金困境。孟加拉的航运季节一般是每年 9 月到次年 2 月。航运季节，大部分商品的价格都会上涨 40%—50%[⑤]，在船只返回欧洲之后，商馆就会准备购货，需要投资款。这时也是欧洲贸易公司最缺钱的时候，因为几乎所有资金都用于为返航船只购买商品了。有时上一笔钱还没有还清，又需要购买下一航运季节的商品。这时，欧洲贸易公司就会求助于印度本地商人。

贾加特·塞特家族也愿意与欧洲人做生意，向他们提供贷款。1652

[①] 〔德〕贡德·弗兰克：《白银资本：重视经济全球化中的东方》，刘北成译，第 362 页。
[②] Rajat Datta. Commercialisation, Tribute, and the Transition from Late Mughal to Early Colonial in India, *The Medieval History Journal*, Vol.6, No.2, 2003, p.271.
[③] K. N. Chaudhuri. *The Trading World of Asia and the English East India Company, 1660-1760*, p.19.
[④] Sushil Chaudhury. *From Prosperity to Decline: Eighteenth Century Bengal*, p.129.
[⑤] Sushil Chaudhury. *From Prosperity to Decline: Eighteenth Century Bengal*, p.65.

年，贾加特·塞特家族的祖辈就已经在巴特那给英国人提供贷款了。1714年英国人需要资金，就是贾加特·塞特家族提供的贷款。据其家族成员所说，1712—1739年，他们可以代表德里的英国东印度公司，能管理英国东印度公司三大管区（孟买、加尔各答和马德拉斯）的收益。[1]

18世纪初期，孟加拉已经发展起了组织良好且比较完备的信贷体系，不断向欧洲贸易公司发放贷款。1724年，荷兰东印度公司在卡西姆巴扎尔的欠款达150万卢比。其中，欠贾加特·塞特家族的钱就有26万卢比。1755—1757年，荷兰东印度公司向贾加特·塞特家族借款达240万卢比。1747—1748年，法国东印度公司借款170万卢比。1757年，法国东印度公司借款达150万卢比。[2]

英国东印度公司更是经常借款。1718—1730年，英国东印度公司向贾加特·塞特家族借款，年均达40万卢比。1720—1721年，英国东印度公司在孟加拉借款达240万卢比，1747—1748年，借款达550万卢比，不包括利息。1745年，英国东印度公司在加尔各答借款90万卢比，在卡西姆巴扎尔和达卡借款达100万卢比。1749年，英国东印度公司在达卡的欠债额是755 400卢比，其中584 000卢比是从贾加特·塞特家族借的。1743年某一天，英国东印度公司在加尔各答借款825 000卢比，仅一个星期之后，英国东印度公司又向贾加特·塞特家族借款326 750卢比用以交商品预付款。1744年12月—1745年10月，达卡商馆向贾加特·塞特家族借款47万卢比。1746年，卡西姆巴扎尔商馆向其借款836 037卢比；1748年借款630 213卢比，包括利息；1751年，借款562 820卢比；1742年的某一天就借款20万卢比。[3]

贾加特·塞特家族借钱给欧洲人，年利率是12%，当时苏拉特的贷款年利率是9%。欧洲人都认为太高。英国东印度公司伦敦董事会1733年的档案记载，1730年5月到1731年4月，卡西姆巴扎尔商馆仅付利息就高达4000英镑。从那时起，每年12%的高额利率就浪费掉了643 832卢比。[4]英国东印度公司一次次向贾加特·塞特家族申请降低利率，直到1740年，年利率变为9%。英国人之所以只向贾加特·塞特家族借钱，是因为担心向别人借

---

[1] Karen Leonard. The "Great Firm" Theory of the Decline of the Mughal Empire, In Muzaffar Alam, Sanjay Subrahmanyam. *The Mughal State, 1526-1750*, p.412.

[2] Sushil Chaudhury. *From Prosperity to Decline: Eighteenth Century Bengal*, pp.67-69.

[3] Sushil Chaudhury. *From Prosperity to Decline: Eighteenth Century Bengal*, pp.70-71.

[4] Sushil Chaudhury. The Banking and Mercantile House of Jagat Seths of Bengal, *Studies in People's History*, Vol.2, No.1, 2015, p.88.

钱，其不高兴，又会提高利率。①

贾加特·塞特家族也为欧洲贸易公司职员提供贷款。一位名为亨利·威廉斯的英国东印度公司职员承认，为了自己私下的生意，他曾经向多位相当富裕的皮卡尔借钱，欠高库楚勒·康恩都 24 000 卢比、拉姆达哈和艾萨楚德·马宗达 47 000 卢比、斯沃鲁普楚德·康恩都 10 000 卢比、鲁普·鲁姆·肖 12 000 卢比、莫尼·马宗达 4000 卢比。②

第二，乌米昌德大量借款给欧洲贸易公司。到 1750 年，英国东印度公司欠他的钱超过了 1600 万卢比。1756 年，西拉杰进攻加尔各答时，发现他的金库中除了大量值钱物品外，还有超过 40 万卢比现金。他拥有加尔各答最好的房子，雇工超过 300 人。③

乌米昌德不仅提供贷款，还帮欧洲贸易公司拓展贸易。1734 年，乌米昌德为法国人预订硝石，还派出自己的代理人去别处购买。18 世纪 40 年代早期，他包下了 17 个帕尔加纳的硝石产量。接着，他与自己的兄弟迪普昌德合作，又得到了亚美尼亚大商人赫瓦贾·瓦济德的支持。1747 年左右，乌米昌德在加尔各答，赫瓦贾·瓦济德在胡格利，迪普昌德在巴特那，已经垄断了硝石贸易。1753 年，赫瓦贾·瓦济德得到了硝石专卖权。荷兰人听说他仅仅付了 25 000 卢比给总督，就得到了这项特权，荷兰人也想照做，但是没能成功。荷兰人后来是从赫瓦贾·瓦济德的代理人手中购买硝石的。

1731 年，乌米昌德和另一位商人被英国东印度公司指控在公司投资活动中渎职。但是，英国东印度公司认为他们很需要乌米昌德，不能放弃他，为此可以给他一小部分投资利润，以免他转而为法国和其他欧洲贸易公司服务。1735 年，乌米昌德又一次被指控在投资过程中存在欺诈现象，英国东印度公司决定不再分给他投资利润，甚至不再让他为公司服务。然而，1739 年，他又成为公司的预付款商人，为公司提供投资服务，一直到 1753 年预付款制度被代理商制度替换。

二、印度商人为欧洲贸易公司做经纪人

从欧洲贸易公司步入印度，一直就有印度人为其担任经纪人。莫卧儿王朝商人的功能多元化，其中一个突出的特点就是充当经纪人。经纪人的出现

---

① Sushil Chaudhury. The Banking and Mercantile House of Jagat Seths of Bengal, *Studies in People's History*, Vol.2, No.1, 2015, p.89.
② Gautam Bhadra. The Role of Pykars in the Silk Industry of Bengal (c.1765-1830), *Studies in History*, Vol.3, No.2, 1987, p.178.
③ Sushil Chaudhury. *From Prosperity to Decline: Eighteenth Century Bengal*, p.119.

是基于欧洲贸易公司来到印度拓展贸易。欧洲人初来乍到，人生地不熟，急需本地人为他们充当翻译、寻找货源、讨价还价，以及把购买好的商品从产地运到他们的商馆仓库。所以经纪人的主要作用是：帮助欧洲人获得印度各地特产货物；帮助谈判价格和解决运输问题；充当信使，提供最新的消息；充当翻译。就如同霍金斯所说，早在1608年，他就请经纪人做翻译了。托马斯·罗伊也伤心地提到，因为报酬不够，翻译离开了。结果就因为没有翻译，当贾汉吉尔问他时钟是什么时，他都不知怎么回答。[1]可见，从一开始，在印度本地雇用的经纪人对欧洲人的作用和地位极为关键。英国东印度公司和荷兰东印度公司都雇用了苏拉特当地的大商人做经纪人，有些大商人家族甚至几代人都在欧洲贸易公司担任经纪人。

随着欧洲贸易公司在莫卧儿王朝商业规模的不断铺展，"经纪人"一词的定义和功能也不断变化。经纪人最初"是纯粹的商业中介，目的是把买卖双方约在一起，促成一笔交易顺利开展，以获取双方的佣金"[2]。但是，到17世纪中叶后，这个词已经具备社会和政治意义了。对于欧洲贸易公司而言，它们愿意雇用同一家族的人，这样可以保证关系的稳定和长久。对于莫卧儿王朝的商人来说，因为有利可图，有时多人争抢同一位置，甚至扩大为商业家族之间旷日持久的竞争。

荷兰东印度公司1659年任命基桑达斯为经纪人，直到1686年他去世。之后，其家族成员在这个位子上一直到18世纪末期荷兰东印度公司解散。该家族垄断了荷兰运到苏拉特的所有商品，阻止其他商人购买。17世纪80年代末期到90年代，荷兰东印度公司曾尝试把商品分成小规模卖给其他出价更高的商人，但是都没有成功。18世纪，该家族与其他印度商人共同做荷兰东印度公司的经纪人。

17世纪到18世纪苏拉特有名的经纪人有塔皮达斯和他的弟弟图尔西达斯，他们既是经纪人，也是货币兑换商，还会借钱给公司并照管公司的商品物流。塔皮达斯为英国东印度公司服务超过50年，从1609年到1660年，他对英国东印度公司作用重大，英国东印度公司在他正常的经纪人佣金之外，还会每年额外给他500马赫穆迪的津贴。图尔西达斯在1636—1667年担任英国东印度公司的货币兑换商。他也从公司领取年津贴，刚开

---

[1] Ellison Banks Findly. Jaina Ideology and Early Mughal Trade with Europeans, *International Journal of Hindu Studies*, Vol.1, No.2, 1997, p.295.

[2] Ghulam A. Nadri. The English and Dutch East India Companies and Indian Merchants in Surat in the Seventeenth and Eighteenth Centuries: Interdependence, Competition and Contestation, In Adam Clulow, Tristan Mostert. *The Dutch and English East India Companies: Diplomacy, Trade and Violence in Early Modern Asia*, p.131.

始是每年 25 英镑，后来增加到 500 马赫穆迪。①他们有庞大的商品分销网络，并在多地设立商品分理处，贸易网点不仅遍及南亚次大陆，也延伸到了巴士拉等西亚港口。图尔西达斯的几个儿子也都为英国东印度公司服务，其中最有名的是波姆吉·帕尔克。根据 1682 年 7 月的记载，在他带领之下，家族财产超过了 100 万英镑（约 800 万卢比）。②1686 年他去世之前，一直都掌管苏拉特事务，也是英国东印度公司进出口贸易的关键经纪人。

波姆吉·帕尔克的弟弟维萨达斯·帕尔克和基索也在英国东印度公司工作。18 世纪 20—30 年代，维萨达斯·帕尔克的儿子拉达斯·帕尔克在英国东印度公司地位也很突出。但是，1732 年拉达斯·帕尔克去世后，因为与帕西商人鲁斯塔基家族争夺利益，他的儿子贾甘纳特失去了在英国东印度公司的地位，18 世纪 40 年代回归，做英国东印度公司的代理人，直到 1761 年去世。贾甘纳特在苏拉特政治事务上影响突出。1762 年，他从英国东印度公司购买了 5000 莫恩德的铜，英国东印度公司孟买管区建议苏拉特当局帮助他处理这批铜，可以铸币，也可以做别的用途。③可见，虽然该家族在英国东印度公司的地位不如以前，但是影响依然存在。

18 世纪，加尔各答最有名的英国东印度公司经纪人是贾纳丹·塞特家族，当地最吸引英国东印度公司的商品是丝绸和棉织品，贾纳丹·塞特家族就是靠纺织业发家，对当地的纺织业情况十分熟悉。在英国人到来之前，其家族就已在纺织业领域享有盛名，自然也在业内享有领导位置。1699 年，英国东印度公司解雇了一名经纪人，当时，这名经纪人的工资是年薪 1000 卢比。加尔各答管区委员会任命贾纳丹·塞特担任新的经纪人，条件是他的年薪取消，代之以公司投资总额价值的 0.75%，直到 1712 年他去世。贾纳丹·塞特同时也是大商人，经手了公司的部分投资。英国东印度公司伦敦董

---

① Ghulam A. Nadri. The English and Dutch East India Companies and Indian Merchants in Surat in the Seventeenth and Eighteenth Centuries: Interdependence, Competition and Contestation, In Adam Clulow, Tristan Mostert. *The Dutch and English East India Companies: Diplomacy, Trade and Violence in Early Modern Asia*, pp.135-136.

② Ghulam A. Nadri. The English and Dutch East India Companies and Indian Merchants in Surat in the Seventeenth and Eighteenth Centuries: Interdependence, Competition and Contestation, In Adam Clulow, Tristan Mostert. *The Dutch and English East India Companies: Diplomacy, Trade and Violence in Early Modern Asia*, p.136.

③ Ghulam A. Nadri. The English and Dutch East India Companies and Indian Merchants in Surat in the Seventeenth and Eighteenth Centuries: Interdependence, Competition and Contestation, In Adam Clulow, Tristan Mostert. *The Dutch and English East India Companies: Diplomacy, Trade and Violence in Early Modern Asia*, p.137.

事会认为贾纳丹·塞特欺骗了公司，垄断了公司的贸易，为他自己谋取了巨额财富。伦敦董事会给加尔各答管区写信说，难怪贾纳丹·塞特说自己价值几十万卢比，其实，几年之前他的身价还不值 100 卢比。①

欧洲贸易公司选择的经纪人都是有能力、有地位且财力雄厚的。但是，鉴于公司认为经纪人自己攫取了很大利润，故其对经纪人怨言不断。1741 年，英国东印度公司取消了孟加拉的经纪人职位。不过，卡西姆巴扎尔商馆认为经纪人对公司贸易发展作用重大，除了帮公司了解各地商品信息、签订合同等方面的作用外，还能帮助公司协调与莫卧儿王朝各地方政府的关系，有时还能调停矛盾，化解危机。经纪人虽然受雇于公司，却有独立的地位。即便被公司解雇，一般也不会影响到经纪人，因为他们本来就是出色的商人，有自己的生意，在商界也有一定影响力。

17 世纪末期，帕西商人成为苏拉特商人的重要一支，各帕西商人家族崛起，担任英国东印度公司和荷兰东印度公司的经纪人、承包商或供货商。著名的帕西商人主要有：

（1）18 世纪初的鲁斯塔基家族。鲁斯塔基是苏拉特最富裕的商人之一，1719 年去世。因为商人竞争，家族曾一度失去英国东印度公司经纪人的职位。但是，他的儿子瑙罗吉·鲁斯塔基专门到伦敦的公司董事会申诉，成功为家族争取到了赔偿。

（2）曼查吉·库舍吉家族。曼查吉·库舍吉是 18 世纪苏拉特最富裕的商人之一，拥有 6 艘远洋船只，与东亚和西亚地区都有贸易往来。18 世纪下半叶，他和他的儿子都曾担任过荷兰东印度公司的经纪人。作为经纪人，他们帮助公司顺利地在莫卧儿王朝展开进出口贸易，同时也控制并垄断了荷兰运到苏拉特的商品，包括蔗糖、铜、锡、象牙、铅和明矾等。在他们的控制下，其他商人没有办法与他们竞争。而且，曼查吉·库舍吉有时会拖延与公司结账，无视合同条款。荷兰人很想公开拍卖销售他们的商品，尽量多赚取利润，还要求经纪人与公司签订合同，贸易往来按照合同条款进行，但多个因素妨碍了他们控制经纪人②：一是曼查吉·库舍吉在苏拉特政商界的地位；二是他自己就是贸易拓展中的重要角色；三是荷兰长期以来的竞争对手英国在莫卧儿王朝境内政治优势不断突出，荷兰压力很大。

---

① Sushil Chaudhury. *From Prosperity to Decline: Eighteenth Century Bengal*, p.51.
② Ghulam A. Nadri. The English and Dutch East India Companies and Indian Merchants in Surat in the Seventeenth and Eighteenth Centuries: Interdependence, Competition and Contestation, In Adam Clulow, Tristan Mostert. *The Dutch and English East India Companies: Diplomacy, Trade and Violence in Early Modern Asia*, p.140.

(3)丹吉沙·曼吉沙家族，是船主和海上商人，曾是英国东印度公司的经纪人。

此外，达达巴海·马尼基和伊杜勒·达达是英国东印度公司纺织品的供货商和承包商，为公司提供各种纺织品。索拉巴基家族和拉坦贾德家族是荷兰东印度公司的商品承包商和供应商。经纪人负责购买公司进口的商品，供应商则为公司提供出口商品。

综上所述可以看出，欧洲贸易公司和印度经纪人的关系表现出如下特点：

第一，双方在市场中彼此极为依赖，是"一种相互依赖并共享利益的关系，双方都想利用对方的优势使自己的利益最大化"①。经纪人帮助公司在印度各地拓展业务，打点各种关系，赚取利润。公司对经纪人则尽到保护作用，尤其是普拉西战役后，英国东印度公司开始武力征服印度，公司经纪人的身份能在一定程度上保护印度商人的人身和财产安全。不过，有这种保护，"并不一定意味着赞助或不平等的关系；它是基于相互信任和合作的契约"，商人与公司的关系是具有"互补性"②的。公司确保经纪人的安全，经纪人为公司获取最大限度的利润，尤其是在不同公司的竞争中更会站在自己雇主公司一边。这样看来，双方是一种双向的利益互补。

第二，欧洲贸易公司都会雇用两个经纪人。由两人共同担任供货商，以降低风险，避免公司对经纪人的过度依赖。因为印度商人在17世纪一直都处于比欧洲贸易公司更有利的地位。

第三，经纪人职能专门化。这种特点在18世纪以后表现得尤其明显。经纪人会专职负责某个方面，或专门负责进口商品的销售，或专门掌管供应出口的货物，或处理其他日常事务等。这样能保证工作效率更高，业务更熟练。

第四，与17世纪相比，18世纪的印度经纪人更依赖公司保护。一是因为他们不像17世纪的大商人那样可以控制某地市场，此时是几个大家族并立，势均力敌，相互竞争。二是因为莫卧儿王朝衰落，不像17世纪王朝强

---

① Ghulam A. Nadri. The English and Dutch East India Companies and Indian Merchants in Surat in the Seventeenth and Eighteenth Centuries: Interdependence, Competition and Contestation, In Adam Clulow, Tristan Mostert. *The Dutch and English East India Companies: Diplomacy, Trade and Violence in Early Modern Asia*, p.141.

② Ghulam A. Nadri. The English and Dutch East India Companies and Indian Merchants in Surat in the Seventeenth and Eighteenth Centuries: Interdependence, Competition and Contestation, In Adam Clulow, Tristan Mostert. *The Dutch and English East India Companies: Diplomacy, Trade and Violence in Early Modern Asia*, p.142.

大，可以作为他们的后盾。当时社会混乱，需要公司支撑他们。当然，经纪人于公司而言还是有诸多可以利用之处，所以双方的关系更多还是体现为相互成全。

三、预付款制度

印度商人和欧洲贸易公司做生意一度实行预付款制度。预付款制度是指印度商人和欧洲贸易公司之间订立协议，公司预先支付购买商品的部分费用，主要是付给产品和生产者的。印度商人承诺在预定时间内，会提供给公司预订数量的货物，从产地组织购买和运输。公司要提前支付给他们商品总价值的一部分，即"达达尼"，所以预付款制度也被称为达达尼制度。剩余款项在交货时支付。

在这一过程中可能出现的织工、其他工匠或生产者不履行合同而导致的风险，由印度商人承担。不过，印度商人都会拒绝做出保证。按照1744年英国东印度公司卡西姆巴扎尔商馆的说法，印度商人认为，他们与印度和亚洲其他地区的人做生意，规模很大，假如他们做出这样的保证，将会损害所有的生意，别人会误以为他们不做保证就不会负责，这会损害他们在国内外的信誉。[1]加尔各答的情况有些不同，1741年废除了经纪人职位后，印度商人对英国东印度公司的预付款做出了保证，但是他们很不满意这种做法，1744年，他们通知英国东印度公司，下一年不会再做这样的保证了。同时，公司在各地商馆都会雇用一批享有盛誉的本地商人担任经纪人，他们会负责交付预付款，以及及时安排供出口的商品。18世纪初，英国东印度公司的预付金额是商品总价值的70%—75%。1718年，英国东印度公司加尔各答管区把预付金额减少到60%，1722年继续减少到50%，其中20%用现金支付，剩余的通过债券支付。因为商人们反对，18世纪40年代，预付款又增加到70%。[2]法国和荷兰等其他欧洲国家的公司也实行预付款制度。

有学者认为，预付款制度虽然被当作一种信用关系的体现，但是在本质上是一种期货交易形式。[3]当然，欧洲贸易公司在预付费用之前，会对商人们的名誉进行详细调查，比如是否诚实等，每一位商人他们都会有翔实记载，包括性格和品行等。

---

[1] Sushil Chaudhury. *From Prosperity to Decline: Eighteenth Century Bengal*, p.96.

[2] Sushil Chaudhury. *From Prosperity to Decline: Eighteenth Century Bengal*, pp.93-94.

[3] K. N. Chaudhuri. *The Trading World of Asia and the English East India Company, 1660-1760*, p.143.

（一）竞争

预付款要被扣掉商人及官员们的一系列利润之后，才能到织工手上。有些富裕的织工，会利用自己的钱购买原材料组织生产，再自己定价销售。这样的好处是，自己生产、自己定价的织工，仅一个早上就能在达卡一位绅士的家门口卖出 800 件平纹细布。①当时还存在这样一种现象，那就是英国商馆的织工也常常私自将成品卖给印度商人和其他欧洲商人，虽然英国人警告这种私自出卖产品的行为要被惩罚，但是效果不大。荷兰、法国和丹麦的商人都会买这种成品，因为不用掏预付款。英国人尤其害怕法国人和荷兰人购买比自己多的商品运到英国，采取了很多防范措施。为荷兰人服务的戈马斯塔就常常从为英国人生产的织工那里购买产品。为荷兰东印度公司服务的商人曾用四个月的时间在英国人的阿朗购买了大量产品，数量等同于英国人在一个季度中得到的数量。②

欧洲贸易公司之间竞争激烈，织工们可以有多种选择。比如，1768 年，英国东印度公司职员发现，尽管他们已经预付了 80%的产品费用，但他们预订的货物实际上还是被以高出 20%—30%的价格卖给了其他欧洲商人。③普拉西战役后，虽然英国人在政治上的优势日益突出，但当时还不能完全成功地排除荷兰人和法国人等其他欧洲商人的竞争。当时还有一个现象，那就是法国和荷兰等国的商人直接和英国东印度公司的职员联系进行买卖。1765 年之后，英国人把法国商馆限制在了几个主要贸易地。但是法国人不甘心，在一些小商业点甚至代理人的住所都挂上了自己的旗帜，向织工和其他商人表明自己的存在。而织工们在看到旗帜后，认为这是一种权威的体现，也会转向法国人。在达卡和马尔达这样的主要商业中心，法国人声称他们手下有很多织工，在马尔达就雇用了 1200 名织工。④直到 1789 年法国大革命爆发，法国人才暂停了在印度的贸易活动。英国人也多次在马尔达等重要的纺织业中心发布通告，告诫织工们不要与其他公司代理人做生意。

1775 年，达卡的法国人从英国东印度公司职员手里购买商品，付了 5 万佣金。英国东印度公司的一些职员会将自己所得佣金与公司平分。英国东印度公司职员进行的私人贸易也通过商业代理人进行，这些商业代理人有时

---

① Sushil Chaudhury. *From Prosperity to Decline: Eighteenth Century Bengal*, p.147.

② Shubhra Chakrabarti. Collaboration and Resistance: Bengal Merchants and the English East India Company, 1757-1833, *Studies in History*, Vol.10, No.1, 1994, p.119.

③ Hameeda Hossain. *The Company Weavers of Bengal: The East India Company and the Organization of Textile Production in Bengal, 1750-1813*, p.74.

④ Hameeda Hossain. *The Company Weavers of Bengal: The East India Company and the Organization of Textile Production in Bengal, 1750-1813*, p.79.

还会为职员们提供贷款,索取不菲的利息。①

法国人是英国人最忌惮的竞争对手。1780年12月26日,沃伦·哈斯丁斯在一份发送给朗布尔收税官的文件中说到如何处置当地的法国人。沃伦·哈斯丁斯指示收税官,在其分管的区域立即执行命令:要求这些地位比较高的人,在1月31日之前无论采用什么方式都必须离开,如果在那个时间之后还能发现他们,他们就会被收监。②之所以如此,是因为法国人和英国人的贸易竞争非常激烈,为了和英国人抢商品,法国人不惜出高得离谱的价格。有些织工反映,虽然他们已经拿到了英国人的预付款,但是法国的达拉尔出更高的价格以现金支付诱使他们出卖产品。英国的私商也会从织工那里购买产品。

(二)预付款比例低

欧洲商人对采用预付款方式的商人(达达尼商人)极为依赖,因为他们不懂方言,也不了解各地的市场和贸易网络,更不知道怎么应对各地的度量衡和货币,没有办法直接和生产者联系,还要全力承担亏损。英国东印度公司总认为他们提供的商品质量不好,价格也贵。而且,英国人一直担心商人们会联合起来共同对付他们,所以千方百计不让商人们团结起来。

预付款商人定期在加尔各答开会,议定商品价格。1747年,加尔各答的商人首领与英国人产生分歧,如果英国人不答应他们的条款,就不和他们签合同,而且不允许英国人雇用其他的印度商人。英国人自己也说,印度商人不太愿意和他们做生意,更愿意和有钱可赚的荷兰人及法国人开展贸易。预付款比例经常很低,1748年,英国东印度公司的预付款比例只有3.25%。③孟加拉商人会联合起来对付欧洲商人或其他亚洲商人,尤其是在需要讲价时。英国东印度公司卡西姆巴扎尔商馆的记录提到,孟加拉商人已经达成一致,不允许英国人在商人们交货短缺时要求10%的赔偿。如果英国人解雇商人中的某一个,那么所有商人都会请辞。如果有一个或少数商人违背这个约定,他或他们就得为被英国东印度公司解雇的人及提出其他限制措施的政府提交罚款。④

1752年,预付款商人减少了对预付款制度的兴趣。当被英国人问及原

---

① Hameeda Hossain. *The Company Weavers of Bengal: The East India Company and the Organization of Textile Production in Bengal, 1750-1813*, pp.74-75.
② Shubhra Chakrabarti. Collaboration and Resistance: Bengal Merchants and the English East India Company, 1757-1833, *Studies in History*, Vol.10, No.1, 1994, p.119.
③ Sushil Chaudhury. *From Prosperity to Decline: Eighteenth Century Bengal*, p.237.
④ Sushil Chaudhury. *From Prosperity to Decline: Eighteenth Century Bengal*, p.108.

因时，他们回答说，英国人把价格降得特别低，导致他们根本无利可图，损失很大。他们也不愿意接受英国人提出的推迟交货要罚款10%的规则。马拉塔人进攻导致实施预付款制度的难度加大。社会环境动荡，掠夺和威胁长期存在，都阻碍了手工业发展。1752年，英国东印度公司的商人只得到了80万卢比的纺织品，而按照合同，总投资额超过了150万卢比，其中85%已足额预付。[①]而且孟加拉货币市场紧缩，很难提供预付资金，以往是商人们把预付资金交给购买代理人，后者依赖农村代理人把订单交给织工。预付款制度的命运是由商人们的"独立性、不妥协的态度及不收回自己条款的坚定决心"[②]决定的。1753年，英国人取消了预付款制度。

（三）公司和织工订立合同

虽然预付款制度一度被取消，但是欧洲贸易公司向织工提供预付款的情况一直存在。大部分织工非常贫穷，如果欧洲贸易公司不提前付钱，他们没办法开工。不过，各地阿朗的预付款比例都很低，这导致产品质量和交货时间都无法得到保证。如果订单处理难度加大，时间也会拖得更久。

1769年，法国东印度公司的阿朗在以下地方都很有名：昌德纳戈尔、达卡、卡西姆巴扎尔、巴拉索尔、加迪亚、朗布尔、赛达巴德等地。荷兰东印度公司的阿朗主要在昌德纳戈尔、达卡、伯勒讷格尔和钦苏拉等地。丹麦人的阿朗主要在塞兰坡。

英国东印度公司的阿朗主要在伯利亚、不达哈、吉大港、库托拉、达卡、格拉哈尔、朗布尔、马尔达、米德纳普尔和卡西姆巴扎尔等19个地方。其中，伯利亚、卡西姆巴扎尔和朗布尔是丝织品贸易中心，马尔达和米德纳普尔是各种棉织品和丝织品生产中心。各地织工都由当地的大织工领导，作为商人和织工之间的中介。

织工和公司签订合同后，要承担很多责任，包括使用何种纱线织布、生产何种布料等，后来还规定布面上不能有铁锈印。一旦违背合同，织工要受到严重惩罚。合同代表他们和英国东印度公司结成了不可更改的关系。

1791年，英国东印度公司规定织工们只能使用捻线，布匹编织要平整，生产三种布料，低于这三种标准的，就属于要替换掉的布，有两个月的时间来替换。被拒收的布可能会被低价拍卖掉，织工会因此损失15%。1792—1793年出台了新的规定，一旦被拒收，两个月的替换期就没有了。

[①] K. N. Chaudhuri. *The Trading World of Asia and the English East India Company, 1660-1760*, p.311.

[②] Shubhra Chakrabarti. Collaboration and Resistance: Bengal Merchants and the English East India Company, 1757-1833, *Studies in History*, Vol.10, No.1, 1994, p.111.

一旦布料退回来，他们就要生产替换的布料。1808年又有新规定，不能在布料上出现织机的铁锈印。[①]这样的要求导致的结果是，织工很少能按时足额交货。表4-23是1791—1792年各地阿朗的交货情况，从表中可以看出，没有任何一个地方能按照预订数额交货。表4-24清楚显示1799年的货品拒收率比1791年高了很多，织工欠款金额巨大。他们的预付款经常被扣押不付，有时要拖到订单量的1/4甚至一半已经发货后才付。与此同时，织工们还常常被罚款。罚款原因主要包括：有污渍、线的支数太低、清洗很差等。从表4-23和表4-24可以看出织工们被压榨的程度。

表4-23　1791—1792年各地阿朗的生产能力

阿朗		件数（件）	价值（西卡卢比）
达卡	预订	4795	93 007
	实收	3871	68 836
索拿贡	预订	5925	100 968
	实收	5621	85 507
达姆来	预订	2440	31 833
	实收	2246	26 688
那拉英普	预订	8000	41 550
	实收	6136	39 278
昌德普尔	预订	650	9017
	实收	530	6458
江伽巴里-巴基普尔	预订	2900	70 589
	实收	2543	55 057
提塔巴蒂	预订	4375	45 610
	实收	4182	41 199

资料来源：Hameeda Hossain. *The Company Weavers of Bengal: The East India Company and the Organization of Textile Production in Bengal, 1750-1813*, p.152

表4-24　18世纪末货品拒收率和欠款

阿朗	拒收率（%）		1789—1799年织工欠款（西卡卢比）
	1791年	1799年	
达卡	4.47	48.62	1200.00
索拿贡	10.43		901.00
达姆来			756.00
昌德普尔	15.09	53.64	700.00
那拉英普	20.19	41.44	3400.00

[①] Hameeda Hossain. *The Company Weavers of Bengal: The East India Company and the Organization of Textile Production in Bengal, 1750-1813*, p.154.

续表

阿朗	拒收率（%）		1789—1799 年织工欠款（西卡卢比）
	1791 年	1799 年	
斯里拉姆普尔	18.12	30.33	52.00
江伽巴里-巴基普尔	19.42	41.85	11 179.00
提塔巴蒂	12.12	15.71	5475.00

资料来源：Hameeda Hossain. *The Company Weavers of Bengal: The East India Company and the Organization of Textile Production in Bengal, 1750-1813*, p.159

1808 年，达卡商馆的索拿贡阿朗和当地一位织工订立的合同中，以织工的名义声明：自己是完全自由、自愿签订的合同，自己会按照得到的预付款及规定的经线和纬线数，在整个季度为公司生产；在纺织各种布的过程中，自己会丢掉带有铁锈印的线，使用质优的经线和纬线纺织；如果发现没有做到这些，可以退回布料，或者降价收布料。[1]订立这样的合同，使织工完全处于被动地位，他们大多不识字，解释权在商馆。经常会有布料被拒收，被拒收的布料不能公开在市场上出售，因为商人们都不愿购买盖着英国东印度公司印章的布料。这样就迫使织工们以非常低廉的价格将布料卖给阿朗。

每个和商馆订合同的织工都有一个年度账户或往来账户，所有的进账和扣款都记录在上面，一年一年地延续下去。1809 年，索拿贡的一个织工账户上显示有 114 卢比左右进账，但是要扣除纱线成本 60 卢比，还有阿朗要扣除的各种费用，包括洗涤费、文书费、缝补费等，最后净挣的钱是 19 卢比左右。而当时的生活成本，以一个五口之家为例，需要粮食 4 莫恩德、豆类 1 莫恩德、盐 3.12 西尔，这些费用，1700 年需要 2.86 卢比，1750 年需要 3.37 卢比，1800 年需要 5.10 卢比，还不算奶油、蔬菜和鱼的费用，还需要支出服装费、房屋修缮费等。18 世纪末期，这些费用一年大约需要 25 卢比。[2]从账目可以看出，织工非常贫穷，靠纺织业根本无法维持一家生存。

那么，织工怎么办呢？私人交易是一条出路，但是与英国东印度公司签订承诺书的织工是不能这么做的，风险很大。很多人只能转行，有些做鱼贩子，有些编织土布供应本地市场，还有的从事种植业，做零工，工资日结。想要摆脱英国东印度公司并不容易，因为他们还有负债，所以英国东印度公司会花工夫去追债，也是为了震慑其他织工。各地的戈马斯塔会向商馆报告

---

[1] Hameeda Hossain. *The Company Weavers of Bengal: The East India Company and the Organization of Textile Production in Bengal, 1750-1813*, pp.156-158.

[2] Hameeda Hossain. *The Company Weavers of Bengal: The East India Company and the Organization of Textile Production in Bengal, 1750-1813*, p.162.

织工的动向。1792年，达姆来的戈马斯塔向公司汇报了一些负债织工的情况。1789年5月，有一个欠了14卢比债的织工去世，戈马斯塔马上派人去索取他的财物，结果把他的织布机、线轴和纺锤等物品都卖了也没还清债，但因为没有后人，这笔债就只能这样了。

还有一个已逃到别的帕尔加纳的织工去世时，戈马斯塔发现他还欠了公司债务。戈马斯塔派人去催债，发现他没有孩子，只有妻子住在破旧不堪的家里。戈马斯塔曾在巴里阿提追踪1787—1790年逃避债务的织工，他们共欠了944卢比的债务，戈马斯塔设法从他们身上追回了150卢比，下令他们还债。昌德普尔一个去世的织工，财产只有一间价值2卢比的小木屋。提塔巴蒂的戈马斯塔汇报说，那些转向渔业和零工的织工没有办法偿还债务，把他们带上法庭也没用。[1]商馆采取各种方式追债，对于那些有大订单的织工，会采用强制性的法律措施。

综上所述可以看出，为欧洲贸易公司进行生产的印度织工很难靠纺织维持生存，不仅难以糊口，还欠下了巨额债务，处境悲惨。

第五节　世界各地的印度商人

17世纪到18世纪，成千上万的印度商人除了在印度洋邻近地区外，还在欧亚大陆其他地区从事贸易活动，包括伊朗高原、中亚平原、里海周边，还会北上伏尔加河到俄国境内。他们在波斯从事商品零售或批发，充当商业经纪人或货币兑换商等，贸易活动也延伸到了图兰、阿斯特拉罕、莫斯科等地。正如托马斯·A.廷伯格所说，印度的商业体现出典型的集市经济特点，"集市经济独立于殖民地城市和本地经济之外，但又在两者之间运转。既有跨印度洋和孟加拉湾的内部商品流动，也有印度境内长距离的商品和货物运输。可能包括阿拉伯的马、波斯湾的珍珠、非洲的奴隶、印度的布匹和鸦片、中国的茶叶和丝绸，以及往来欧洲的运输"[2]。

学者们常用"贸易移居"一词描述商人们从一个文化区域迁移到另一个文化区域。印度商人就在一个非常宽广的世界里销售自己的农产品、纺织品，同时也展示了他们的金融特长，他们以自己商人的身份证明了莫卧儿王朝的经济实力在地区性的"世界经济"中拥有支配地位。[3]

---

[1] Hameeda Hossain. *The Company Weavers of Bengal: The East India Company and the Organization of Textile Production in Bengal, 1750-1813*, pp.165-166.

[2] Thomas A. Timberg. *The Marwaris: From Jagat Seth to the Birlas*, pp.18-19.

[3] Stephen Frederic Dale. *Indian Merchants and Eurasian Trade, 1600-1750*, p.2.

一、中亚和西亚的印度商人

马尔瓦尔，严格说来是指拉贾斯坦的焦特布尔旧地。因为大量的商人和工业家都来自邻近的斋浦尔舍克哈瓦提（旧斋浦尔的最北地区）、比卡内尔及拉贾斯坦的其他地区，所以也有倾向把所有从拉贾斯坦来的移民都归作马尔瓦尔人。①19 世纪早期的英国历史学家詹姆斯·托德记载了拉贾斯坦的 128 个商人种姓，其中，阿咖瓦、马哈什瓦里、奥斯瓦、坎德瓦和帕瓦这些商人种姓人数众多，这几个起源于或邻近拉贾斯坦的种姓，组成了印度境内有名的马尔瓦尔人。詹姆斯·托德还提到："十分之九的印度银行家和商人都是马尔瓦尔人。"②18 世纪末期，在坎大哈和马什哈德（伊朗）都有马尔瓦尔人的贸易网络。17 世纪，在阿巴斯也有马尔瓦尔人。1736 年，布哈拉有大约 300 名印度商人。③

印度商人在阿拉伯地区的经商活动时刻受到所处环境的影响。自 17 世纪中叶以来，穆哈的古吉拉特商人一直受当地法律保护，在缴纳相关税收的情况下，享有受保护的少数群体地位。但从 17 世纪末期起，他们受到当地政府的经济盘剥，常常被迫提供贷款，却得不到偿还，还常常在进出港时被迫缴进入税和离开税。以维拉昌德家族为例。17 世纪末，维拉昌德是也门最重要的经纪人和商人。1711 年，维拉昌德去世，由儿子皮塔姆巴接替。因为意识到当地环境不利，1716 年，皮塔姆巴回到老家第乌另外营业，再未返回也门。他的兄弟考虑到家族生意，仍然和其他古吉拉特商人一起留在穆哈，但 1725 年遭到当地政府迫害。无奈之下，大家都带着各自的家产回到了第乌。④从 18 世纪 30 年代开始，古吉拉特商人在也门和红海南部地区的投资锐减，即便当地政府出于税收的考虑，吸引大家前去，也没有奏效。

二、俄国的印度商人

18 世纪俄国境内也有印度商人，来自印度的各个地方。18 世纪 20 年代和 30 年代阿斯特拉罕的海关和司法文件中首次提到了马尔瓦尔人。1747 年，俄国当局对在阿斯特拉罕的印度人进行了调查，受调查的 51 名印度人中，有 43 人经商。将近一半的印度商人都来自木尔坦，其他的很多都来自

---

① Thomas A. Timberg. *Marwaris: From Traders to Industrialists*, New Delhi: Vikas Publishing House Pvt. Ltd., 1978, p.10.
② Thomas A. Timberg. *The Marwaris: From Jagat Seth to the Birlas*, p.4.
③ Stephen Frederic Dale. *Indian Merchants and Eurasian Trade, 1600-1750*, p.57.
④ Pedro Machado. *Ocean of Trade: South Asian Merchants, Africa and the Indian Ocean, c. 1750-1850*, p.23.

旁遮普。表 4-25 是 1747 年阿斯特拉罕的部分印度人情况。

表 4-25　1747 年阿斯特拉罕的部分印度人情况

姓名	年龄	籍贯、职业和居住年限
卡西拉姆·佩拉及其弟弟	52 岁，其弟 47 岁	1721 年来自木尔坦。在伊朗人到达阿斯特拉罕后，向他们购买各种商品。和同伴一起把货物销往伊朗
托拉纳姆·勒巴古	60 岁	10 年之前到。从事各种波斯商品的生意，由朋友从波斯发货过来
克姆昌德·塔瓦尔	42 岁	5 年之前到。从事各种俄国和波斯商品生意。有生意伙伴驻扎在波斯
扎达拉姆·科瓦拉姆	25 岁	3 年前来自木尔坦。从事各种波斯商品生意，由生意伙伴从波斯发货过来
库拉瓦拉·拉昌德	51 岁	14 年前来自木尔坦，从事各种波斯商品生意，商品由到阿斯特拉罕的波斯人带来，也会派同伴去波斯获取商品
库拉玛·查德拉	32 岁	2 年前来自木尔坦。从事各种波斯商品买卖，派同伴去波斯获取商品
特克查·拉	38 岁	11 年前到。从事各种波斯商品买卖，由他在波斯吉兰的叔叔帮忙发货
苏克哈纳特·戴姆达斯	55 岁	30 年前来自木尔坦。从事各种波斯商品买卖，由朋友从波斯发货
杰苏·纳姆	35 岁	6 年前来自木尔坦。从事各种波斯商品贸易，由生意同伴从波斯进口商品
塔瓦尔·巴拉吉	47 岁	14 年前到。买卖各种商品，派有生意伙伴在俄国和波斯
查恩图·纳吉拉姆	40 岁	11 年前到。买卖各种波斯和俄国商品，亲兄弟在吉兰发货
佩鲁·吉万达	21 岁	5 年前到。从事各种波斯商品贸易，亲兄弟从吉兰发货
巴格利·阿拉姆昌德	41 岁	7 年前到。从事各种波斯商品贸易，亲兄弟从吉兰发货
拉姆达斯·达哈苏	40 岁	23 年前来自木尔坦。从事各种波斯商品贸易，由叔叔从吉兰发货

资料来源：Stephen Frederic Dale. *Indian Merchants and Eurasian Trade, 1600-1750*, pp.113-116

俄国境内的印度商人表现出如下特点：

1. 根据亲族关系结成了贸易网络

如表 4-25 所示，很多在阿斯特拉罕的印度商人都是类似情况，即自己在阿斯特拉罕从事各种波斯商品或俄国商品买卖，由自己的亲戚（亲兄弟或叔叔等）或生意伙伴从波斯等地发货。因此，由亲族关系结成的贸易网络非常普遍。当然，表 4-25 展示的只是部分印度商人的情况。其实，17 世纪，印度商人就规律性地把亲戚作为生意伙伴或代理人派遣到莫斯科或伏尔加河上游城市，就像表 4-25 中显示 18 世纪他们大多都有亲戚在波斯。

18世纪中叶,在阿斯特拉罕的大多数印度商人都已经变成了"欧亚国家商人"①,他们在俄国的生意主要是波斯纺织品,基本上不包含印度商品。之所以会有这样的改变,主要是因为与从阿斯特拉罕进口印度商品相比,海运具有价格优势,欧洲商人开始通过阿尔汉格尔港及圣彼得堡贩卖印度纺织品到俄国。

2. 有俄国商人或亚美尼亚商人帮助从事贸易

18世纪初期,印度商人很少在没有亚美尼亚商人或俄国商人等帮忙的情况下展开贸易。当然,事先会签订一份合同。合同细节丰富,一般分为两类:合伙和共有。②合伙是指投资者一起出资,集中资本,投资者地位基本平等。比如,1725年,一个印度商人与一个亚美尼亚商人合资在波斯销售俄国商品。印度商人出资2600卢布,亚美尼亚商人出资1400卢布,由亚美尼亚商人在波斯销售商品,当两人的投资回本之后,利润将平分,如果出现损失,也是两人平摊。另一个例子是,两个亚美尼亚商人出资4300卢布,三个印度商人出资8600卢布,由亚美尼亚商人负责购买和销售商品,利润平分为9份,两个亚美尼亚商人得4份,三个印度商人得5份。③

共有是指一个或多个商人提供所有的资金,运输或买卖货物则由另外的商人负责。如果生意成功了,利润的2/3归投资者,1/3归负责跑腿买卖者;如果生意失败了,投资者损失所有的资金,跑腿者则可能丢命。1725年,一个印度商人与两个布哈拉商人签订协议,印度商人出资1288卢布,布哈拉商人同意生意结束后,利润将分成3份,2份归印度商人,1份归布哈拉商人。类似的合同有多份,且每份合同签订时都有几名见证人在场。④印度商人签署这类合同,既可以避免长途贸易带来体力上的消耗和路途中的危险,也可以规避税收。

3. 比较富裕

在俄国的印度商人资产丰厚。苏克哈纳特·戴姆达斯1717年从木尔坦来到阿斯特拉罕,1759年,他60岁,在莫斯科去世。去世时,他的资产达到30万卢布。1724—1725年,23名在俄国做生意的印度人每人的商品都超过了1000卢布。⑤而当时俄国商人的资产远远达不到这个水平。1723年,伏尔加河上游城市特维尔有266户商人家庭,但是只有5户的资产超过了1000卢布,有232户家庭的资产没有超过100卢布。即使到1759年,作为

---

① Stephen Frederic Dale. *Indian Merchants and Eurasian Trade, 1600-1750*, p.109.
② Stephen Frederic Dale. *Indian Merchants and Eurasian Trade, 1600-1750*, pp.118-119.
③ Stephen Frederic Dale. *Indian Merchants and Eurasian Trade, 1600-1750*, p.119.
④ Stephen Frederic Dale. *Indian Merchants and Eurasian Trade, 1600-1750*, p.120.
⑤ Stephen Frederic Dale. *Indian Merchants and Eurasian Trade, 1600-1750*, pp.121-122.

商业和制造业中心的雅罗斯拉夫尔最富裕的商人资产也只有 32 卢布 21 铜板。1724 年，阿斯特拉罕的 37 名印度商人就拥有超过 100 卢布的流动资金，其中 28 人在商业和借贷业的投资超过了 1000 卢布。①

俄国当局还对印度商人联合经商进行了记载，当时主要有三个印度商人的"公司"，每个公司人数分别为 39 人、49 人和 10 人，其实这不是真正商业意义上的组织，更多的是亲属关系组合或资金组合。当然，在公司内部也会体现出一种经济上的等级关系。比如，18 世纪初，有两个人既是亲戚，又先后担任同一家公司的领导。这两人很明显就可以代表 18 世纪初阿斯特拉罕的印度商人阶层，他们是所有非俄国商人（可能也包括俄国商人）中掌握了很大数目资产的人。②

4. 身兼多职

印度商人在俄国一般都从事多个行业，其中提供借款是比较普遍的现象。1724—1725 年，127 名印度商人提供借贷，70%的资金来自其中的 19 人。1724 年，10 名印度商人每人借款超过 1000 卢布，多笔借款数额都很小。其中有一名印度商人当年借出了 4372 卢布，有 54 个不同的借款合同。向他借款的人职业多样，如一名办事员借了 12 卢布，一名土耳其店主借了 57 卢布，一名蔬菜种植者借了 215 卢布，一名亚美尼亚纺织品商人借了 1550 卢布。③

印度商人的借贷利率没有资料记录，因为在 1754 年前，严格说来，借钱收利息是不合法的。但是，因为借款人会有抵押，抵押物包括蔬菜园和店铺，所以俄国的印度商人从事的行业也就多样化了。如果没有抵押，仍然会收取利息。至于借款的利率，17 世纪，估计年利率是 30%—120%不等。18 世纪末，阿斯特拉罕政府官员认为，城中的印度商人和亚美尼亚商人等借贷的年利率在 20%—50%。大笔贷款每月的利率在 3%—4%，而小笔贷款利率是 4%—5%。每笔贷款都会有抵押，包括商品甚至土地等，有的也抵押布匹、蔬菜园和店铺等，所以 18 世纪阿斯特拉罕的印度商人既经商，又借贷，还做蔬菜种植者和店主。④

第六节 结 语

奥朗则布去世之后，莫卧儿王朝开始分崩离析。普拉西战役后，英国东

---

① Stephen Frederic Dale. *Indian Merchants and Eurasian Trade, 1600-1750*, p.124.
② Stephen Frederic Dale. *Indian Merchants and Eurasian Trade, 1600-1750*, p.121.
③ Stephen Frederic Dale. *Indian Merchants and Eurasian Trade, 1600-1750*, pp.122-123.
④ Stephen Frederic Dale. *Indian Merchants and Eurasian Trade, 1600-1750*, pp.123-124.

印度公司占领了富裕的孟加拉，攫取巨额财富。印度则开始一步步沦为英国的殖民地。这个过程，是莫卧儿王朝走向衰亡的过程，也是印度成为英国殖民地的过程，更是封建经济与资本主义经济碰撞的过程。

至于英国东印度公司，起初只是作为一个贸易公司，关于它如何完成征服印度，把印度变成其殖民地，学者迪特马尔·罗德蒙德指出，英国东印度公司作为一个近代史上属于当时先进的资本主义国家的资本主义组织，像一个寄生物一样，盘踞在一个由衰败的军事封建政体统治的农业国家，调整适应着寄生地的制度，不做太大改变，以从中获利。英国东印度公司就是这样运作的。[1]这也说明了莫卧儿王朝的衰落，虽然是多种因素综合影响的结果，但是，制度上的衰落是其中的一个重要因素。

---

[1] Dietmar Rothermund. *An Economic History of India: From Pre-Colonial Times to 1991*, p.16.

第五章　挣扎：生存抑或转型（1772—1857年）

在英国攫取了孟加拉全部权力之后，莫卧儿王朝名存实亡，各个地方政权林立。英国对这些地方政权的态度是双管齐下：一方面进行军事进攻，武力打击坚决抗英的王公；另一方面施展多种手段，让地方政权变成自己的附庸。19世纪上半叶，大量王公相继与英国签订附属同盟条约。实力比较强大的马拉塔、海德拉巴和迈索尔曾结成三方联盟，准备共同抗英，但被英国瓦解：海德拉巴与英国订立条约，成为附庸；三次马拉塔战争、四次英国-迈索尔战争之后，英国的两个强劲对手也终被打败。1849年，旁遮普被英国兼并，意味着印度最终成为英国的殖民地。1857年，印度爆发了全国性的抗英大起义。德里保卫战中，莫卧儿王朝末代君主巴哈杜尔·沙二世被英军抓获并被流放仰光，其子孙均被英国人杀害。莫卧儿王朝至此终结。

从孟加拉被完全掌管后，英国武力征服印度，莫卧儿王朝结束，这一段时间，面临着战争的持续爆发、英国殖民政策的不断演变和打压、世界工业化进程的冲击，印度商业经历了不同以往的发展。

第一节　社　　会

经历了普拉西战役的莫卧儿王朝，已经衰弱不堪。但是，形式上的威严还保存着。对于英国东印度公司而言，自攫取了孟加拉的财政权之后，没多久又获得了当地所有的权力。莫卧儿皇帝已经没有实权和地盘，是一个可怜的名不副实的君主，依靠周围的人用"不断重复宫廷的仪式来维持他的权力假象"[①]。当然，"皇权魅力的价值"[②]依然存在且更显重要，各地割据王公尽管各自为政，但对莫卧儿王权仍然怀着神圣的敬意，哪怕是英国殖民者，在1848年之前，也都"以莫卧儿皇帝认可的方式参与莫卧儿政权的仪式"[③]，就是因为深知虽然莫卧儿王朝已经衰落，但其影响仍在，不可忽视。

社会对莫卧儿王室也仍然保持着形式上的敬畏。C.A.贝利认为，随着服务群体的不断扩大，印度北部王公生活方式上的规矩更胜于炫耀性消费，

[①] 〔英〕C.A.贝利：《印度社会与英帝国的形成》，段金生、蒋正虎译，第11页。
[②] 〔英〕C.A.贝利：《印度社会与英帝国的形成》，段金生、蒋正虎译，第17页。
[③] 〔英〕C.A.贝利：《印度社会与英帝国的形成》，段金生、蒋正虎译，第18页。

反映的是一种日常生活中体现出来的"有意识的仪式化"①。

因为这种形式上的尊严,印度北部很多商品就有了特殊的意义和用途。这种特殊的意义和用途也为这一时期的手工业和商业增添了新的内容。比如,克什米尔披肩在印度已经成为贵族的象征。18世纪70年代,勒克瑙王公贾罕达尔·沙哈定期把披肩授予仆人和支持者,他们的恩宠也随之与日俱增。贝拿勒斯王公家族会在节日、婚礼和各种吉庆场合分发大量披肩和织锦产品。在其他地区,包括阿富汗等地,马匹和武器等都蕴含着超出其战场价值的社会意义。宝剑和匕首是阿富汗人成年的标志,所以包括罗希尔坎德在内的印度西北部城镇金属工人增加了很多。而这些产品的消费都从农业社会吸收了劳动力,给他们提供了赚钱的机会。②披肩、马匹、大象及丝绸等类似奢侈品很多都不是本地出产,除了推动出产地的手工业发展之外,也促进了长距离贸易的发展。

这一时期,贸易路线也有了变化。一些旧的河运路线衰落了,原因是河运不安全、河泥淤塞,莫卧儿王室的消费能力和水准下降,以及包括孟加拉在内的各地王公减少甚至中断了对莫卧儿王室的朝贡。社会动荡也影响贸易路线。早在阿克巴时期,恒河中下游的船夫就超过了30万人,但是到18世纪80年代,仅仅只有3万人了。虽然同一时期包括欧洲人贸易在内的贸易量在增加③,但因为他们选择了别的货运路线,所以对恒河中下游河运的发展并无多大促进作用。因为恒河河运商品量减少,1770—1800年,亚穆纳河下游被淤泥充塞而无人问津。

政局动荡引起的战争和大规模掠夺也影响了城市的发展。可以说,在某种程度上,这种影响直接关乎城市的命运,而在莫卧儿王朝这样一个由征服所建并且建立后各类战争仍然不断的王朝表现得尤其明显。在战争和掠夺中,城市衰落了;政局稳定下来后,有些统治者会对如同废墟的老城进行重建,使城市焕发新的生机。拉合尔就是典型的案例,这个旁遮普名城,因悠久的历史和辉煌的文化而熠熠生辉,但18世纪60年代初期,在锡克人的进攻下,拉合尔完全衰落了。"城墙外的十二个地方被夷为平地,城墙内的九个地方也只有几处豪宅遗留下来。"当然,当锡克人占领了拉合尔之后,他们开始重建城市,采取很多措施吸引各地的人到拉合尔定居,因而"它的发展获得

---

① C. A. Bayly. *Rulers, Townsmen and Bazaars: North Indian Society in the Age of British Expansion, 1770-1870*, p.71.

② C. A. Bayly. *Rulers, Townsmen and Bazaars: North Indian Society in the Age of British Expansion, 1770-1870*, p.73.

③ C. A. Bayly. *Rulers, Townsmen and Bazaars: North Indian Society in the Age of British Expansion, 1770-1870*, p.79.

了新的动力。堡垒、高楼、贵族大宅、八边形塔和帝王宝座都更漂亮了"[1]。

第二节 生 产

印度纺织品的生产有在织工家庭完成的，也有集中在商馆进行的。刚开始，欧洲贸易公司依靠的是印度商人把成品布从产地带到沿海的商馆，在商馆附近地区，公司职员也会直接与生产者联系，交付定金和样品让他们纺织。后来，公司有自己的经纪人，有时会租下包括织工、洗涤工、漂白工和染工在内的整个村庄的工人生产，有时甚至会雇用工人到商馆生产。

一、阿朗生产流程

欧洲贸易公司不仅在多个阿朗发展自己的纺织业，还对阿朗的织工进行专门管理。以达卡地区为例，当地的商业布局体现出明显的"空间互连"[2]。每一个阿朗都设有类似仓库的货栈，是砖结构的小屋，织工们把自己做好的产品带过来以备检查和发货。围绕每一个阿朗，有专门的生产区域，连接达姆来的有4个生产中心，昌德普尔下面设有3个货栈点，索拿贡至少有13个村庄为其服务。

纺织业吸引了纺纱工、洗涤工、漂白工等各个工种的工人，生产的专业化程度很高。虽然都是纺织业中心，但达卡各个阿朗的产品特色不一样，索拿贡、达卡和江伽巴里-巴基普尔以出产质地极好的木里木里闻名，斯里拉姆普尔、昌德普尔和那拉英普的产品质地则相对粗糙。

商馆不仅购买产品，也关注织工生产过程，形成了监管制度。织工们被登记在册，以便定期检查。江伽巴里-巴基普尔设有两名评估员定期巡查，每个月要检查织工三次，确保纱线的质量。昌德普尔的评估员提到，不可能每天检查织工，因为他们有些隔得很远，从一个地方走到另一个地方，有一天半的路程。[3]

二、戈马斯塔

戈马斯塔负责管理阿朗各项流程的进展。其工作职责包括发放资金、与织工结账、发送货物到商馆及管理其他雇员，如定期巡查的评估员、监管山

---

[1] Reeta Grewal. *Five Thousand Years of Urbanization: The Punjab Region*, p.118.

[2] Hameeda Hossain. *The Company Weavers of Bengal: The East India Company and the Organization of Textile Production in Bengal, 1750-1813*, p.145.

[3] Hameeda Hossain. *The Company Weavers of Bengal: The East India Company and the Organization of Textile Production in Bengal, 1750-1813*, p.145.

村织工们纺织的工头及信息传递员等。他们履行不同工作职责,在不同的乡村之间巡回流动,按月领取工资。

不同阿朗的工资标准不一样,江伽巴里-巴基普尔的戈马斯塔月薪60卢比,提塔巴蒂的戈马斯塔每月50卢比,昌德普尔的戈马斯塔每月只有40卢比。协助戈马斯塔的副戈马斯塔月薪相应减半。评估员的月薪与副戈马斯塔一样。阿朗还有文书,负责维持通信。还有管账的出纳,以及警卫等人员。他们的工资逐级降低,文书月薪只有5卢比。[1]如果他们的工作没有达到商馆的标准,会被批评和扣工资。1798年,昌德普尔的布匹上交时间延迟,质量也糟糕。当地的戈马斯塔被指责并被惩罚,被扣了一个月的工资,半年之后被解聘。当地的评估员有时也会被批评巡查不力。提塔巴蒂和达姆来的戈马斯塔和评估员都曾因疏忽而被罚一个月工资。

1775年,英国东印度公司在孟加拉行使司法权,由戈马斯塔把指令下达给织工们。根据1775年9月5日英国东印度公司的条例,戈马斯塔被授予权力在织工家中安排一个监工负责监督,确保织工做好的成品不会卖到别处。

织工的工钱标准,在18世纪末期,纺织质量一般的布匹,达卡织工每月工钱2.5—3.5卢比,其助手的工钱为每月1—2卢比。在比尔胡姆,织工的工资受到市场对布料需求的影响。如果是布料需求淡季(12月、1月、2月),一件布料的工钱是10—12安那(1卢比等于16安那),熟练的织工5—6天时间完成一件,除去其他事务占据的时间,一个月最多完成4—5件布料。月工资最多也就是3.75卢比,如果家人能帮忙清洗和纺纱,还能多挣1/4的收益。[2]

有学者认为,19世纪中期,印度出现了"去工业化"现象。通常而言,"去工业化"是指制造业的衰落。

英国工业革命的进行,把印度变成了其原料生产地和产品倾销地,对印度传统的制造业产生了极大冲击。工业革命的开展对市场产生了极大影响,技术和制度性变革大大降低了工业制成品的价格。但是莫卧儿王朝不能很快适应这种变化,因为缺乏企业,也因为对传统的固守。

有学者指出,印度在世界制造业总量中所占比重的不断下降,显示了印度制造业的衰落。学者英德拉吉特·拉伊认为,因为世界各地的制造业都在发展,印度制造业所占份额的降低并不一定证明其制造业衰落。而且,印度

---

[1] Hameeda Hossain. *The Company Weavers of Bengal: The East India Company and the Organization of Textile Production in Bengal, 1750-1813*, p.147.

[2] Sushil Chaudhury. *From Prosperity to Decline: Eighteenth Century Bengal*, pp.162-163.

存在非商业性的制造业，却并未被统计进去。①表 5-1 是 1795—1859 年孟加拉主要工业部门就业人数的变化。

表 5-1　1795—1859 年孟加拉主要工业部门就业人数的变化

时间	丝织业	棉织业	盐业	船舶制造业	靛蓝业	总就业人数	就业人数的变化
1795—1799 年	88 775	179 905	88 020	928	460 080	817 708	
1800—1804 年	84 040	198 931	90 303	4508	522 478	900 260	+82 552
1805—1809 年	97 255	141 798	108 567	2400	833 419	1 183 439	+283 179
1810—1814 年	155 536	126 745	113 639	5400	868 826	1 270 146	+86 707
1815—1819 年	158 109	210 128	114 655	5589	994 757	1 483 238	+213 092
1820—1824 年	202 242	145 589	123 785	2341	1 040 878	1 514 835	+31 597
1825—1829 年	219 267	56 856	121 212	1429	1 364 060	1 762 824	+247 989
1830—1834 年	188 460	−21 616	149 887	1074	1 230 295	1 548 100	−214 724
1835—1839 年	237 786	−53 573	93 947	1626	1 146 199	1 425 985	−122 115
1840—1844 年	232 730	−181 250	98 861	2443	1 387 171	1 539 955	+113 970
1845—1849 年	227 670	−221 108	90 504	0	1 054 268	1 151 334	−388 621
1850—1854 年	211 227	−317 480	59 044	0	596 865	549 656	−601 678
1855—1859 年	233 271	−468 213	57 289	0	526 861	349 208	−200 448

资料来源：Indrajit Ray. The Myth and Reality of Deindustrialization in Early Modern India, In Latika Chaudhary, Bishnupriya Gupta, Tirthankar Roy, et al. *A new Economic History of Colonial India*, p.63

根据表 5-1 中的数据，就业率降低主要是在棉织业部门，这是工业革命进行带来的不可避免的现象。工业革命进行之后，英国在印度的统治政策不断发生变化，目的是把印度变成英国工业产品的原料生产地和产品倾销地。伴随着工业革命而壮大的工业资产阶级强烈要求打破英国东印度公司在印度的贸易垄断地位。1806 年，拿破仑发布敕令，实施大陆封锁政策，宣布封锁不列颠诸岛。这一政策使英国出口急剧缩减，损失巨大。英国商人和工业资本家受此打击，对英国东印度公司的贸易垄断更加不满。英国东印度公司的商业垄断地位开始受到挑战。19 世纪上半叶，英国议会陆续通过 1813 年特许状法和 1833 年特许状法。1813 年特许状法取消了英国东印度公司对印度贸易的垄断权，只保留茶叶贸易垄断权。印度对所有英国商人开放。②1833 年特许状法取消了英国东印度公司之前保留的茶叶贸易垄断权，公司在印度贸易被禁止，贸易机构被撤销，英国人可以自由在印度居住。英国东印度公

---

① Indrajit Ray. The Myth and Reality of Deindustrialization in Early Modern India, In Latika Chaudhary, Bishnupriya Gupta, Tirthankar Roy, et al. *A new Economic History of Colonial India*, London and New York: Routledge, 2016, p.61.
② 林承节：《印度史》，第 239—240 页。

司在印度的贸易活动被停止后，公司股东享受固定的股息，这笔费用由印度税收支付，公司所欠债务也由印度税收偿还。①

就业率降低，除了殖民统治导致之外，还有市场发展的原因，主要是棉纺织业落差太大，丝织业变化并不显著。英德拉吉特·拉伊指出，19世纪下半叶，孟加拉出现了一些新的工业部门，比如黄麻工业、煤炭开采业、纸张制造业、茶叶生产业及工程制造业等，都使用了最新技术及现代化的管理和组织制度，发展都非常快。这些造就了孟加拉工业新的变化，带来了新的影响。19世纪50年代，印度产生了近代资本主义大工业，但是，这种大工业不是印度自有的资本主义萌芽的生产和发展，而是从外部移植进来的②，是英国工业资本主义发展到一定程度的产物，是为了谋取高额利润而实施的一种手段。

第三节　市　　场

18世纪到19世纪上半叶，印度的地区贸易和国际贸易继续发展。

一、地区贸易

地区贸易表现为多种形式的市场存在。18世纪的孟加拉贸易繁荣，有三类主要的市场：第一种是哈兹，这是仅在某些日子里存在的集市，定期举办，主要在农村露天进行。赶集的那天，集市管理者会挂上一面旗帜，小商贩们可以进行买卖；第二种是巴扎，即每日集市，也可以定期举办哈兹，很多商贩和店主频繁出入；第三种是古格斯，这种市场买卖的主要商品是谷物和日常生活必需品，常常是批发，不过也有零售，商品多样。

市场不仅种类多，数量也多。1789年，布德万有包括哈兹、巴扎和古格斯在内的各类市场380个，收入52 219西卡卢比；1790年，杰索尔的哈兹有225个，收入15 091.15卢比。③根据1765年以前的数据，在达卡，哈兹、巴扎和古格斯三种市场的数量共计536个，到1791年增加到650个。同一年，贾巴尔普尔8个相邻的帕尔加纳有96个哈兹、11个巴扎、26个古格斯。在朗布尔，1791年，各类市场有321个，1808年有591个。在迪那

---

① 汪熙：《约翰公司：英国东印度公司》，第250—251页。
② 林承节：《殖民统治时期的印度史》，北京：北京大学出版社，2004年，第122页。
③ Tilottama Mukherjee. Markets in Eighteenth Century Bengal Economy, *The Indian Economic and Social History Review*, Vol.48, No.2, 2011, p.163.

普尔，1807 年哈兹和巴扎有 635 个。①

有关达卡的一则资料记载，1765 年，达卡有各类市场 536 个，1791 年有 650 个。迪那普尔，1770 年有各类市场 206 个，1790 年有 330 个，1807 年有 635 个。杰索尔，1778 年有各类市场 69 个，1790 年有 225 个。纳迪亚，1793 年有各类市场 117 个。拉杰沙希，1794 年有各类市场 142 个。巴特那，1811 年有各类市场 66 个。布尔尼亚，1815 年有各类市场 482 个。朗布尔，1770 年有各类市场 321 个，1807 年有 591 个。锡莱特，1790 年有各类市场 600 个。②当然，孟加拉各地商业化情况并不一致。

市场上的商品都得缴税，根据缴税金额的不同，商人又分为不同等级。1794 年，英国东印度公司把拉杰沙希的商人分为 8 等，各等缴税金额不同，每年以卢比为单位，第一等级缴 120 卢比，第二等级缴 100 卢比，第三等级缴 80 卢比，第四等级缴 60 卢比，第五等级缴 30 卢比，第六等级缴 15 卢比，第七等级缴 6 卢比，第八等级缴 2 卢比。③

比尔普姆的商人被分为四等，1794 年的交易情况为：第一等，没住在当地但在当地做生意，有 66 人，总交易额 93 566 卢比；第二等，居住和生意都在当地且交易额超过 1000 卢比，有 10 人，总交易额 33 902 卢比；第三等，交易额在 100—1000 卢比，有 815 人，总交易额 181 879 卢比；第四等，交易额不足 100 卢比的商人和店主，有 4681 人，总交易额 11 4591.4 卢比。④

市场还出现了专售各类商品的商人。穆尔西达巴德附近的巴格万格拉是一个重要的市场，主要买卖的商品有谷物和酥油，单谷物而言，在 18 世纪 60 年代，年均贸易量达 1200 万卢比。⑤因为谷物贸易的重要性，兴起了专门的谷物商。在比尔普姆，谷物商分为三类：批发商、行商和零售店主。巴卡尔甘杰主要有两种谷物商：一种是在巴扎的批发商；另一种谷物商则到山村买大米和稻谷，然后卖到市场。比哈尔有三种谷物商：在古格斯的批发

---

① Rajat Datta. Merchants and Peasants: A Study of the Structure of Local Trade in Grain in Late Eighteenth Century Bengal, *The Indian Economic and Social History Review*, Vol.23, No.4, 1986, p.384.
② Tilottama Mukherjee. Markets in Eighteenth Century Bengal Economy, *The Indian Economic and Social History Review*, Vol.48, No.2, 2011, p.164.
③ Tilottama Mukherjee. Markets in Eighteenth Century Bengal Economy, *The Indian Economic and Social History Review*, Vol.48, No.2, 2011, p.161.
④ Tilottama Mukherjee. Markets in Eighteenth Century Bengal Economy, *The Indian Economic and Social History Review*, Vol.48, No.2, 2011, pp.161-162.
⑤ Rajat Datta. Merchants and Peasants: A Study of the Structure of Local Trade in Grain in Late Eighteenth Century Bengal, *The Indian Economic and Social History Review*, Vol.23, No.4, 1986, p.385.

商、行商及山村层面的零售商。①在杰索尔，谷物商借种子给农民，要求以实物偿还，利率达到38%。②此外，还有批发商、本白布商、货币商、杂货商、店主。

各市场之间竞争激烈。1781年孟加拉的档案资料记载，巴哈万尼甘吉的柴明达尔向英国东印度公司申诉，说他的领地自古以来就在每周六举办哈兹。但是邻近地区的柴明达尔最近也开始在周六举办哈兹，此举损害了他的市场利益，因为商人和顾客都被吸引到那边去了。后来，英国东印度公司判决，开办新哈兹的柴明达尔必须更换时间。③所以一般相邻的柴明达尔领地举办集市的时间都会岔开，也就导致当地商人们每天到不同地方赶集。孟加拉洪涝季节，集市也会在船上进行。还有些地方集市一天开办两次，日出前一次，黄昏前一次。开办一个新的集市，英国东印度公司会贴出通告，20天公示期内没有反对的，就可以开办。④

各地商品的利润率也不一样。1794年，一般是15%—20%，有统计提到，加尔各答当年的大米利润率达77%。也有统计指出，利润高的商品是烟草类及奢侈品、半奢侈品类。总的来说，吉特普尔和加尔各答，利润率在0.7%—26.7%；托里甘杰，利润率在1%—31.1%。⑤

这一时期还出现了专业化种植及市场。1750—1819年，奥德出现了一群专业化种植者，固定的农村市场甘吉也出现了，这类市场分布在道路主干线及中心地带。农村的集市是两周一次。固定集市的出现需要具备的因素有：批发商、代理贸易商、借贷者及固定的建筑。在一些定居区域，新的甘吉的建立有利于贸易集中，在一些边缘区域建立的甘吉意义更大。

农民们很少在市场过夜，在18世纪的生产力条件下，用牛驮运粮食的农民一天行走的最远距离是7英里，按当时的人口密度——一平方英里200人计算，7英里能够辐射到的所有范围人口，建立一个新的甘吉能让约

---

① Rajat Datta. Merchants and Peasants: A Study of the Structure of Local Trade in Grain in Late Eighteenth Century Bengal, *The Indian Economic and Social History Review*, Vol.23, No.4, 1986, pp.385-386.
② Rajat Datta. Merchants and Peasants: A Study of the Structure of Local Trade in Grain in Late Eighteenth Century Bengal, *The Indian Economic and Social History Review*, Vol.23, No.4, 1986, p.399.
③ Tilottama Mukherjee. Markets in Eighteenth Century Bengal Economy, *The Indian Economic and Social History Review*, Vol.48, No.2, 2011, p.154.
④ Tilottama Mukherjee. Markets in Eighteenth Century Bengal Economy, *The Indian Economic and Social History Review*, Vol.48, No.2, 2011, p.156.
⑤ Tilottama Mukherjee. Markets in Eighteenth Century Bengal Economy, *The Indian Economic and Social History Review*, Vol.48, No.2, 2011, p.170.

30 000 人享受到市场的便利。①很多甘吉提供旅社，还可以存货。一些大城市周边的甘吉建立后，能辐射到周边几十甚至上百英里的范围。商人们要缴运输费和市场费，约占利润的 40%，同时，所有在甘吉里的商人和手工业者都要缴一种叫普拉贾瓦特的税，起源于"臣属"一词。②

综上可知，印度各地市场的种类和数目都非常多，进入市场的人来自社会各个群体。所以有学者说，"商业化是社会各阶层平等努力的结果"③。社会特权阶层固然能利用市场提供的机会获取利润，社会其他群体，包括农民和手工业者，从理论上来说，也可以从中受益。

二、进口贸易

这一时期印度的进口贸易除了从英国输入的工业化产品外，还有从非洲运输来的商品。

非洲象牙在印度市场历来畅销，拥有悠久的历史。在非洲内地取到象牙后，再运到非洲沿岸，然后通过柯提亚从桑给巴尔运到曼德维尔，航程六周左右。再运到孟买，经陆路运输到印度内地，加工成手镯和梳子等商品。非洲象牙纹理更密集，触感更软，且不易变黄。18 世纪 80 年代，巴夫那加尔成为古吉拉特商人重要的象牙市场，象牙进口量不断增加，第乌的很多象牙都转运过去了。库奇、苏拉特等地也是重要的象牙市场。

印度消费者对非洲象牙的需求可以从古吉拉特商人进口到第乌和达曼的象牙数量看出来。1780 年，第乌的古吉拉特商船运载的象牙有 26.3 万千克，1781 年为 22.3 万千克，1782 年，有 31.84 万千克象牙被运到了第乌；达曼的数量稍微少一些，18 世纪 80 年代的进口量在 2.5 万—5 万千克。1790 年后，尽管有法国海盗在莫桑比克海峡袭击造成船只失事、莫桑比克经济转型及第乌瘟疫等因素的影响，但对象牙进口并没有造成太大影响，整个 18 世纪 80—90 年代，从莫桑比克进口到第乌和达曼的象牙数量有 170 万—230 万千克。19 世纪初到 19 世纪 20 年代，象牙进口数量下降，从第乌进口的象牙总量是 47 万千克。之后到 19 世纪 30 年代早期，莫桑比克岛的象牙总发货量是 60 万千克，达曼的象牙进口量是 35.3 万千克，总计象牙进

---

① C. A. Bayly. *Rulers, Townsmen and Bazaars: North Indian Society in the Age of British Expansion, 1770-1870*, p.120.
② C. A. Bayly. *Rulers, Townsmen and Bazaars: North Indian Society in the Age of British Expansion, 1770-1870*, p.121.
③ Tilottama Mukherjee. Markets in Eighteenth Century Bengal Economy, *The Indian Economic and Social History Review*, Vol.48, No.2, 2011, p.152.

口数量是 142.3 万千克，占莫桑比克象牙贸易总量的 80%—85%。①1833 年，第乌象牙进口量减少 62%，接下来一年，继续减少 15%。19 世纪 30 年代末，减少得更多。②

喀奇商人大量投资象牙，购买地主要在桑给巴尔。1844 年，美国商人发现他们和土著居民交易时，土著居民不懂象牙的价值，喀奇商人有时就只给了他们一串玻璃珠或一小截铜线圈，就得到了一根重达 140 磅甚至更重的象牙。③不过，没过多久，他们就知道象牙值钱了，所以要价也就高了。

喀奇商人还投资桑给巴尔的一种产品，即柯巴脂。柯巴脂是东非沿海低地森林中的一种芳香树脂，可以用来制作高档亮光漆，其质地比墨西哥和新西兰的树脂都要好。1802 年，孟买市场上仅有 4375 磅柯巴脂，价值仅 500 美元。但是接下来几年，孟买的柯巴脂进口量增长了 10 倍，1815 年又在之前的基础上增加了 1 倍。19 世纪 40 年代后，孟买年均进口柯巴脂达 42 万磅，主要的进口商就是喀奇商人。④

三、出口贸易

1818—1838 年，印度的对外贸易继续发展，除了印度本地商人外，英国、美国、葡萄牙、法国、丹麦、亚美尼亚、阿拉伯及中国等地的商人都有。

印度对外贸易有 1/3 是与英国本土发生的。1829 年以前，到达加尔各答港的商船，平均每年有 275 艘，其中 77 艘来自英国，33 艘来自缅甸，19 艘来自马来西亚槟城，16 艘来自中国，20 艘来自美国，19 艘来自毛里求斯。同期，从英国抵达马德拉斯港的船只，每年有 37 艘，抵达孟买和苏拉特的英国商船，每年也有 30 多艘。⑤另外，印度东、西海岸沿线还有不少港口开放。

表 5-2 展示了 1804 年 3 月—1808 年 9 月英国东印度公司输入英国的商品销售价值与运输成本情况。表 5-3 展示了 1793—1810 年英国东印度公司输入商品在伦敦的销售价值。

---

① Pedro Machado. *Ocean of Trade: South Asian Merchants, Africa and the Indian Ocean, c. 1750-1850*, pp.171-172.
② Pedro Machado. *Ocean of Trade: South Asian Merchants, Africa and the Indian Ocean, c. 1750-1850*, p.206.
③ Chhaya Goswami. *Globalization Before its Time: The Gujarati Merchants from Kachchh*, p.145.
④ Chhaya Goswami. *Globalization Before its Time: The Gujarati Merchants from Kachchh*, p.152.
⑤ 吴永年、季平、韩华编著：《印度商人》，南昌：江西人民出版社，1998 年，第 50 页。

表5-2　1804年3月—1808年9月英国东印度公司输入英国的商品销售价值与运输成本

商品	销售价值（英镑）	运输成本（英镑）	运费与售价比（%）
孟加拉生丝	1 603 663	59 411	3.7
布匹	4 073 587	508 400	12.5
肉桂	381 822	69 893	18.3
其他香料	185 279	33 326	18.0
药品等	665 877	315 913	47.4
蔗糖	937 648	669 123	71.4
硝石	900 092	650 697	72.3
合计	8 747 968	2 306 763	26.4

资料来源：Karolina Hutkova. *The English East India Company's Silk Enterprise in Bengal, 1750-1850: Economy, Empire and Business*, p.55

表5-3　1793—1810年英国东印度公司输入商品在伦敦的销售价值　　（单位：英镑）

商品	总价	年均销售值
茶叶	55 160 230	3 064 457
布匹	26 054 301	1 447 461
孟加拉生丝	7 014 986	389 721
胡椒	3 322 835	184 602
硝石	3 060 956	170 053
其他香料	1 974 099	109 672
药材、蔗糖、靛蓝等	5 031 516	279 529
其他商品	8 415 292	467 516
合计	110 034 215	6 113 011

资料来源：Karolina Hutkova. *The English East India Company's Silk Enterprise in Bengal, 1750-1850: Economy, Empire and Business*, p.59

从表5-3可以看出茶叶所占份额之大，孟加拉生丝占第三位。根据英国东印度公司记载，1799—1806年，进口到伦敦的生丝81%都来自孟加拉。[①] 不仅如此，18世纪中叶到19世纪上半叶，英国从孟加拉进口了数量不等的生丝，大多数时间，所获利润也是比较可观的，如表5-4和表5-5所示。

表5-4　18世纪中叶到19世纪上半叶输入英国的孟加拉生丝数量

时间	年均进口生丝总量（磅）	孟加拉生丝所占比例（%）
1750—1760年	388 091	8.7
1773—1779年	930 202	43.2
1780—1789年	889 371	45.0
1790—1799年	775 188	53.5
1800—1809年	786 183	51.1

---

① Karolina Hutkova. *The English East India Company's Silk Enterprise in Bengal, 1750-1850: Economy, Empire and Business*, p.59.

续表

时间	年均进口生丝总量（磅）	孟加拉生丝所占比例（%）
1810—1819 年	1 270 320	63.7
1820—1829 年	2 638 144	45.6
1830—1835 年	3 590 963	26.2

注：因资料所限，表中有些年份不连续。
资料来源：Karolina Hutkova. *The English East India Company's Silk Enterprise in Bengal, 1750-1850: Economy, Empire and Business*, p.106.

表 5-5　18 世纪下半叶到 19 世纪初英国东印度公司进口孟加拉生丝到英国的利润　（单位：英镑）

时间	包括运费和其他费用的主要成本	利润	损失
1786 年	192 898	5609	0
1787 年	133 795	11 917	0
1788 年	212 357	9531	0
1789 年	268 790	12 539	0
1790 年	274 553	34 203	0
1791 年	290 419	30 236	0
1792 年	378 512	13 415	0
1793 年	335 315	0	53 224
1794 年	290 419	19 324	0
1795 年	378 512	2873	0
1796 年	335 315	0	7888
1797 年	262 917	0	4273
1798 年	277 990	44 883	0
1799 年	324 460	65 689	0
1800 年	208 969	88 676	0
1801 年	262 428	132 982	0
1802 年	156 502	112 747	0
1803 年	195 117	97 542	0
总计	4 779 268	682 166	65 385
平均	265 515	37 898	3633

资料来源：Karolina Hutkova. *The English East India Company's Silk Enterprise in Bengal, 1750-1850: Economy, Empire and Business*, p.135.

表 5-6 是 19 世纪上半叶加尔各答丝织品的出口情况。加尔各答丝织品出口到了多个地区，但最主要的是英国、美国及阿拉伯半岛和波斯。

表 5-6　1823—1830 年加尔各答丝织品出口目的地

时间	英国	美国	法国	毛里求斯	阿拉伯半岛和波斯	勃固	其他地区	总计
1823—1824 年	130 120 件	108 107 件	1130 件	3764 件	75 664 件	276 件	19 218 件	338 279 件
	38.47%	31.96%	0.33%	1.11%	22.37%	0.08%	5.68%	100%
1824—1825 年	161 785 件	201 707 件	702 件	1876 件	97 298 件	225 件	10 070 件	473 663 件
	34.16%	42.58%	0.15%	0.40%	20.54%	0.05%	2.13%	100%
1825—1826 年	202 113 件	143 339 件	1131 件	1702 件	85 140 件	21 773 件	7808 件	463 006 件
	43.65%	30.96%	0.24%	0.37%	18.39%	4.70%	1.69%	100%
1826—1827 年	207 368 件	17 983 件	8879 件	2231 件	57 081 件	14 050 件	17 085 件	324 677 件
	63.87%	5.54%	2.73%	0.69%	17.58%	4.33%	5.26%	100%
1827—1828 年	153 977 件	94 516 件	314 件	4822 件	44 777 件	3716 件	10 331 件	312 453 件
	49.28%	30.25%	0.10%	1.54%	14.33%	1.19%	3.31%	100%
1828—1829 年	93 529 件	170 706 件	961 件	2204 件	33 499 件	1559 件	4125 件	306 583 件
	30.51%	55.68%	0.31%	0.72%	10.93%	0.51%	1.35%	100%
1829—1830 年	131 551 件	161 044 件	1042 件	5665 件	50 699 件	4980 件	3386 件	358 367 件
	36.71%	44.94%	0.29%	1.58%	14.15%	1.39%	0.94%	100%

注：表中数据进行了四舍五入，有的相加并不等于 100%。
资料来源：Indrajit Ray. The Silk Industry in Bengal During Colonial Rule: The "De-Industrialisation" Thesis Revisited, *The Indian Economic and Social History Review*, Vol.42, No.3, 2005, p.363.

法国的量比较少，是因为法国当时实行了进口贸易禁令。19 世纪 30 年代早期禁令解除后，法国市场飞速发展，印花手帕等孟加拉商品很受欢迎。1832 年，法国从英国进口孟加拉商品价值达 29 500 英镑，1835 年增加到 114 400 英镑，1839 年增加到 168 500 英镑，英国本土商品销量相应下降。1832 年，英国销往法国的丝织品中，孟加拉产品占 37%，1835 年增加至 87%。一名英国议员非常伤心地说道："法国对印度丝织品的禁令一取消，英国对法国的贸易就被毁灭了。"[1]

值得注意的是，18 世纪下半叶孟加拉地区频发饥荒，影响也很大。1769—1770 年、1783—1784 年及 1787—1788 年的天气异常造成孟加拉地区大面积饥荒。霍乱、天花等疾病横行肆虐，病死、饿死的现象频发。沃伦·哈斯丁斯在 1772 年的一封信中，估计当地人口死亡率达 1/3。1770 年，粮食播种好不容易回归正常，但到收割季节却无人劳动。纳迪亚地区，当地在正常年份劳动力都会短缺，当年只有 1/4 的粮食被收割。另有一个村子，村户家庭数目从 1267 户减少到了 212 户。[2] 1783 年印度北部出现饥

---

[1] Indrajit Ray. The Silk Industry in Bengal During Colonial Rule: The "De-Industrialisation" Thesis Revisited, *The Indian Economic and Social History Review*, Vol.42, No.3, 2005, p.363.

[2] Hameeda Hossain. *The Company Weavers of Bengal: The East India Company and the Organization of Textile Production in Bengal, 1750-1813*, p.12.

荒，拉贾斯坦和印度南部也都出现了饥荒。影响生丝产量的因素还有诸如投资减少等。18世纪80年代英国东印度公司生丝投资金额在275 894—715 281英镑，如果战争蔓延，年投资额会下降到10万英镑左右。① 为了缓解资金困难，1770—1790年，英国东印度公司允许私人在孟加拉投资创办或租赁缫丝厂，这些厂再提供生丝给英国东印度公司。

印度商品出口贸易中，向非洲出口纺织品仍是最突出的。这一时期，印度出口纺织品到非洲有两点值得注意：

首先，出口纺织品到非洲的古吉拉特商人很多参与了奴隶贸易，用纺织品交换奴隶。1804—1810年，仅从第乌出口的纺织品总量就达185.3万件或700万码。从18世纪80年代中期起，马达加斯加的市场就经常见到从苏拉特出口来的古吉拉特纺织品。在非洲东海岸，为了让基卢瓦的奴隶贸易成功，必须在每船货物中配备古吉拉特棉布。整个19世纪20年代，从第乌出口的纺织品每年都稳定在16万—20万件。②

其次，19世纪中叶后，古吉拉特纺织品在非洲的数量不断下降。有两个原因：一是英国禁止奴隶贸易。英国和葡萄牙签署了协定，这一点对古吉拉特纺织品贸易产生了影响。二是其他地区产品的威胁。美洲来的纺织品很快就占领了市场，如葡萄牙旅行者所说，美洲棉布"比第乌和达曼的棉布更便宜"③。但是深度威胁直到19世纪中叶才出现。19世纪初，莫桑比克纺织品进口量的90%都是来自第乌和达曼，19世纪50年代中期，却只有25%了。④ 一位葡萄牙军官随同一个官方代表团前往莫桑比克内陆的卡赞贝，留下了远征记录。1832年的记录中记载，赞比西河流域布料的标准包装由7种不同的印度布料组成。但1853年离开莫桑比克时，他注意到英国和美国制造的棉织品"比印度的布更受欢迎"⑤。

总之，古吉拉特纺织品在非洲市场份额的不断降低，标志着机器制成品对手工制成品的挑战，这也是社会不断发展带来的影响。

---

① Karolina Hutkova. *The English East India Company's Silk Enterprise in Bengal, 1750-1850: Economy, Empire and Business*, p.109.
② Pedro Machado. *Ocean of Trade: South Asian Merchants, Africa and the Indian Ocean, c. 1750-1850*, p.162.
③ Pedro Machado. *Ocean of Trade: South Asian Merchants, Africa and the Indian Ocean, c. 1750-1850*, p.165.
④ Pedro Machado. *Ocean of Trade: South Asian Merchants, Africa and the Indian Ocean, c. 1750-1850*, p.166.
⑤ Pedro Machado. *Ocean of Trade: South Asian Merchants, Africa and the Indian Ocean, c. 1750-1850*, p.166.

第四节　商人与商业保险

英国在印度建立殖民政权之后，获得了商业支配地位，垄断各类贸易，征收租税。印度商人很受排斥和打击。其中，孟加拉地区的商人要么退出商业，要么成为英国东印度公司的代理商。18世纪末期，"孟加拉已无独立的印度富商"[1]，都只能依附于英国殖民者，英国人完全不会顾及他们的政治和经济影响力了，这一时期的商界大贾已经成为殖民政策的"副产品"了。[2]印度商业就在这样的环境下继续发展。

有学者认为，面对英国东印度公司的贸易高压政策，印度商人有三条"逃生路线"[3]：第一条是与其他欧洲人做生意；第二条是在国内市场做生意；第三条是把压力下放给生产者，通过预付款把他们捆绑起来。学者舒赫拉·查克拉巴蒂认为，应该改变这种观点。印度商人要寻找的是利益，而不是"逃生路线"。意识到商机之后，印度商人不会因威胁和压力而退出。[4]

学者C.A.贝利对印度北部的商人进行了分析，认为18世纪末到19世纪上中叶的印度商人已经表现出了一些明显的特点，一种"同质商业文化"[5]。具体来说，主要有以下表现：

第一，特别注意囤积。囤积分为以下几种：①应急式囤积。18世纪末在旧帝国城市中较为普遍，用来维持生存。②储存珠宝。这是很少的、在丈夫去世后能移交给妻子的财产，在印度教传统体系之下是对妻子的一种保障。③购买珠宝。作为一种比现金更高级的流动资产，珠宝在从一个地区迁移到另一个地区时，能随时兑现，并且不受货币兑换商的利率控制。1786年，有商人从波斯回贝拿勒斯做生意，就是携带大量珍珠。④用金块和珠宝做抵押品。1850年之后由政府债券和土地替代。⑤家庭储蓄更多用银子。⑥在印度北部，金银也是商品。[6]

第二，特别重视信誉。在传统的商业中心，商人团体会对违背诚信的商

---

[1] 林承节：《殖民统治时期的印度史》，第45页。
[2] Michelguglielmo Torri. A Loch Ness Monster? The Mahajans of Surat During the Second Half of the Eighteenth Century, *Studies in History*, Vol.13, No.1, 1997, p.18.
[3] 此处的"逃生路线"是指印度被英国殖民后，印度商人摆脱英国东印度公司高压控制的方式。
[4] Shubhra Chakrabarti. Collaboration and Resistance: Bengal Merchants and the English East India Company, 1757-1833, *Studies in History*, Vol.10, No.1, 1994, pp.125-126.
[5] C.A. Bayly. *Rulers, Townsmen and Bazaars: North Indian Society in the Age of British Expansion, 1770-1870*, pp.37-38.
[6] C.A. Bayly. *Rulers, Townsmen and Bazaars: North Indian Society in the Age of British Expansion, 1770-1870*, pp.488-489.

人进行很重的惩罚。商人家族具有两重性：既是利益谋取者，又是一系列关系的保持者，通过这一系列关系，能够获取荣誉。[①]最鲜明的体现是标准格式的账本。除了日常现金账本和个人账本之外，还有专门账本——金银珠宝账本、城市和农村财产账本及日常开支账本。从理论上来说，家中的任何人在任何方面的花销都能查到。"账本本身就是对家庭统一、持续和信誉的象征性肯定。"[②]

　　账本对于商人意义重大。印度一些商人家族极不愿意向外界展示账本，一旦展示，常常带有一种仪式感。一旦愿意展示账本，就意味着在"暴露他们祖辈的信誉"[③]。在法庭上，当商人们宣称展示账本会让他们的信誉受损时，他们并不仅仅是在声明自己的商业道德，更是在表述自己家族的信誉。所以在法庭上，对于一桩诉讼案而言，商人"公开账本比对着恒河水发誓更有说服力"[④]。对于有信誉的商人而言，当庭出示账本也是失信的来源。失信的商人将不可能再在市场上进行买卖，陷入贫困的速度比失地农民还要快，农民至少还可以为新地主打工，而失信的大商人却有饿死的情况出现。[⑤]所以对于商人家族而言，生存首先意味着在一个广阔的商业群体中家族信誉的延续。

　　第三，避免风险。开支要控制在家庭年收入的 10% 这个安全额度内。[⑥]商人们有各种办法规避陷入困境的风险。首先，会匿名或避免公开自己牵涉其中的事务。其次，严格区分对内和对外的生活方式。比如，18 世纪末期贝拿勒斯的切提商人，在家里用旁遮普语，在外用波斯语；服装也分内外；就连居住的房子也内外有别，外观豪华，内在朴素，有些在市郊修建了宫殿般的住宅，却仍住在市区小小的泥墙房子里。[⑦]

[①] C. A. Bayly. *Rulers, Townsmen and Bazaars: North Indian Society in the Age of British Expansion, 1770-1870*, p.456.

[②] C. A. Bayly. *Rulers, Townsmen and Bazaars: North Indian Society in the Age of British Expansion, 1770-1870*, p.459.

[③] C. A. Bayly. *Rulers, Townsmen and Bazaars: North Indian Society in the Age of British Expansion, 1770-1870*, p.461.

[④] C. A. Bayly. *Rulers, Townsmen and Bazaars: North Indian Society in the Age of British Expansion, 1770-1870*, p.461.

[⑤] C. A. Bayly. *Rulers, Townsmen and Bazaars: North Indian Society in the Age of British Expansion, 1770-1870*, p.461.

[⑥] C. A. Bayly. *Rulers, Townsmen and Bazaars: North Indian Society in the Age of British Expansion, 1770-1870*, p.467.

[⑦] C. A. Bayly. *Rulers, Townsmen and Bazaars: North Indian Society in the Age of British Expansion, 1770-1870*, pp.470-471.

一、"商业农民"

"商业农民"一般都出身于手工业者或农民,不是传统意义上的农民。他们在自己长期从事的手工行业中加入了商业成分,把乡村和城市联结在一起。"本质上是占有主导地位的农民,利用自己在乡村社会的地位,拓展到了贸易领域",也被称为"贸易农"①。这种现象在当时的印度很常见。

这种现象在18世纪下半叶的贝拿勒斯比较典型。18世纪80年代,贝拿勒斯和奥德南部,人口稠密,人口密度已经达到每平方英里450人。②

贝拿勒斯是内陆贸易中心。当地乡村出现了诸多"商业农民",其中,有一个做蒸馏酒的亚种姓群体表现突出,他们在很多小地方贩卖谷物和布料,还有一部分人垄断了石头,管控着专门为贝拿勒斯和默札珀运送石头的车夫和船工。有一些油商和花匠等成了高利贷者和小镇商人。一个名为加济布尔的小城中的农村商人,经常四处出租自己的公牛,在贝拿勒斯北部地区贩卖油和粮食。还有一家四兄弟在贝拿勒斯周边20英里的四个村子里做生意,他们有一份财产清单如下:债务应收2500卢比,珠宝抵押值2500卢比,另有珠宝和现金值3000卢比,修房子余款2700卢比,渡船费74卢比,在几处抵押的金银500卢比,在租户处的公牛300卢比、母牛300卢比,载重小公牛200卢比等。有人说他们还在多个村庄有5000到1万卢比的债。③

还有比哈尔乡村粮食产区的谷物农,也被认为是处于乡村贸易的最底层,一般是当地的富裕农民,拥有自己的仓库,能够储存谷物长达半年左右。农民们出卖谷物,是出于几个原因:偿还种子贷款或现金借款(利率是每年24%—36%)、上缴土地税(总产量的50%左右)及柴明达尔规定的额外税收。④

谷物农购买邻居的谷物,甚至在谷物还没成熟时就预订下来。投资金额一般最少是100卢比,最多可以达到20 000卢比。⑤购买了谷物后需要运

---

① Kum Kum Banerjee. Grain Traders and the East India Company: Patna and its Hinterland in the Late Eighteenth and Early Nineteenth Centuries, *The Indian Economic and Social History Review*, Vol.23, No.4, 1986, p.406.

② C. A. Bayly. *Rulers, Townsmen and Bazaars: North Indian Society in the Age of British Expansion, 1770-1870*, p.39.

③ C. A. Bayly. *Rulers, Townsmen and Bazaars: North Indian Society in the Age of British Expansion, 1770-1870*, pp.127-128.

④ Rajat Datta. Merchants and Peasants: A Study of the Structure of Local Trade in Grain in Late Eighteenth Century Bengal, *The Indian Economic and Social History Review*, Vol.23, No.4, 1986, p.394.

⑤ Kum Kum Banerjee. Grain Traders and the East India Company: Patna and its Hinterland in the Late Eighteenth and Early Nineteenth Centuries, *The Indian Economic and Social History Review*, Vol.23, No.4, 1986, p.406.

输,所以产生了另外一个群体,即巴拉迪亚,是养牛以供出租的人。谷物农会把自己收集到的谷物卖给巴拉迪亚,或者向他们租牛,把谷物从乡村运到市场。巴拉迪亚成了乡村与市场真正的连接纽带。除了牛之外,他们拥有的资产不多,一般有 5—50 卢比不等,以及 1—10 头牛不等。也有富裕的巴拉迪亚,资产在 500—20 000 卢比。①

综上所述可以看出,商业农民从事的业务范围很广泛,从业地点主要在周边乡村,虽然贸易金额并不大,但足以证明农民们有了一定程度的市场意识。

二、英国东印度公司承包商

有学者指出,英国东印度公司在印度收税,导致印度出现了"权势的商业化",这是指在印度许多地方,商人常常作为债权人和竞拍者来获取收税权。英国东印度公司也习惯了这种现象,照搬这种收税方式。奥利萨是一个典型例子:被马拉塔人征服后,他们每年要上缴 40 万卢比的土地税,但是 1804—1815 年,英国东印度公司接手管理后,公司每年得到的税收是 75 万卢比。②当地受到了更严重的压榨。

有一批商人成了英国东印度公司业务的承包者,其中,孟加拉的单桅快艇商阿库鲁·杜塔家族就是代表之一。阿库鲁·杜塔出身于布德万,靠承包快艇而发家。18 世纪 80 年代,英国东印度公司的记载中开始提到他,说他是孟加拉最重要的快艇承包商。

单桅快艇的主要作用是为在深水中等待的大船搬运货物,因为这些大船不能在孟加拉的浅水渠和运河中航行,只能在深水区域等待卸货和装货,所以把货物从船上运到内陆市场和商馆货栈或从内陆市场和商馆货栈把货物运出来装船,都是通过单桅快艇,这种快艇行动便利,能自如地在浅水中航行。

18 世纪孟加拉的快艇生意火爆,主要是因为:第一,船工和搬运工的工资都超出普通人;第二,1787 年之后,新启用的钻石港和加尔各答之间的货物运输频繁;第三,业务繁忙,当时孟加拉和伦敦之间的往来船只装载的货物,包括孟加拉的大米、棉花、蔗糖、盐和丝绸等,从伦敦运来的货物包括马德拉酒、铁、铅、铜及枪等,都靠快艇转运,而且快艇能为加尔各答

---

① Kum Kum Banerjee. Grain Traders and the East India Company: Patna and its Hinterland in the Late Eighteenth and Early Nineteenth Centuries, *The Indian Economic and Social History Review*, Vol.23, No.4, 1986, p.407.

② Dietmar Rothermund. *An Economic History of India: From Pre-Colonial Times to 1991*, p.19.

运输粮食和军队。阿库鲁·杜塔就是在这样的背景下承包了英国东印度公司的快艇运输业务，持续了二十多年的时间。

最初，当英国东印度公司在加尔各答报纸上发布招聘快艇承包商广告后，阿库鲁·杜塔会去提交申请。1797年6月提交申请时，他同时提交了申明，申明中说，按照习惯，他的快艇应该由仓库的主管检查，他会在24小时内办好这件事。如果他没有办好，公司可以雇用其他任何条件好的船只，损失由承包商承担。他还提供了1万卢比保证金。[1]当时还有两位商人提交申请。接到3份申请后，英国东印度公司仔细商讨，最终决定选择阿库鲁·杜塔。英国东印度公司认为，从长远来看，他最能保证公司的利益。1800年，同样也有多人提交申请，但因为阿库鲁·杜塔提到自己已经连续13年为公司服务，他又赢了。1806年又一次申请时，他遭到了竞争对手的指责。竞争对手说，他垄断了快艇行业，采取的是雇用别人船只的方式。但是最终，阿库鲁·杜塔还是得到了这笔生意。英国东印度公司对他当时拥有的16艘快艇和1万卢比的保证金很感兴趣。

阿库鲁·杜塔连续多年承包英国东印度公司的业务，是因为英国东印度公司认为与他签合同，公司的利益能得到很好的保障，如果不与他签合同，将是"不可能的、尴尬的和冒险的"[2]。正因为如此，尽管有多人和他竞争英国东印度公司的业务，他也能胜出。

1809年，阿库鲁·杜塔去世之后，他的儿子拉蒙胡·杜塔接替了他的位子，继续为公司服务，直到1820年业务结束。

拉蒙胡·杜塔之所以不能继续承包英国东印度公司的快艇业务，主要是因为：第一，新的快艇制造技术引入。1821年6月，英国贸易委员会指出，拉蒙胡·杜塔的快艇不适合从事运输，比不上英国自己生产的底包铜皮快艇。第二，英国东印度公司更青睐英国承包商。虽然拉蒙胡·杜塔据理力争，也同意把自己的快艇都改成底包铜皮的快艇，但是英国东印度公司还是把合同给了别人，并让拉蒙胡·杜塔与之合作。拉蒙胡·杜塔拒绝了。

学者舒赫拉·查克拉巴蒂认为，当时，在印度商人与英国东印度公司之间，一直存在着"合作、抵制和相互适应"。19世纪20年代，已经很明显的是，英国东印度公司决定不再依赖印度商人。[3]印度商人与英国东印度公

---

[1] Shubhra Chakrabarti. The English East India Company and the Indigenous Sloop Merchants of Bengal: Akrur Dutta and His Family, 1757-1857, *Studies in History*, Vol.20, No.1, 2004, p.138.

[2] Shubhra Chakrabarti. The English East India Company and the Indigenous Sloop Merchants of Bengal: Akrur Dutta and His Family, 1757-1857, *Studies in History*, Vol.20, No.1, 2004, p.143.

[3] Shubhra Chakrabarti. The English East India Company and the Indigenous Sloop Merchants of Bengal: Akrur Dutta and His Family, 1757-1857, *Studies in History*, Vol.20, No.1, 2004, p.151.

司的贸易，即使不是平等的——双方关系的本质也不允许——至少也是带着尊严的。①拉蒙胡·杜塔家族后来如何处理快艇业务不是很清楚，但是还从事着其他的生意。1840年之后，该家族开始与美国人做生意。

三、皮卡尔

印度商人与欧洲各公司的贸易通过多种方式进行，承担不同职能，也就有了不同的名称。

前文已经阐述过的巴尼亚是自欧洲人到印度后就和他们有了联系，承担了欧洲公司的多重工作，地位也比较高，很多大商人都是巴尼亚。与欧洲人打交道的另一种商人是德万，被认为是"高阶中间代理商"，直接被公司雇用，类似工头和监工，管理着地位在其之下的达拉尔、戈马斯塔和皮卡尔。达拉尔是联系买卖双方的中间人，也是信息提供者，一单生意成功，可以得到一些佣金。戈马斯塔是领工资的代理人，也是联络人，通过达拉尔和皮卡尔开展工作，把预付款支付给他们，让他们去与生产者对接，之后也会从他们那里收取货品。另一种与欧洲人往来的商人是承包商，他们在各地有自己的代理商网络，向公司提供包括丝、棉、盐、谷物、蔗糖和鸦片等在内的各种商品，每一季向公司提供各种商品的报价，按既定价格购买定量商品，并提供担保。

皮卡尔的职能更加多元化，能身兼多职：是独立商人，代表雇主购买商品，提供资金借贷，负责管理织工、租地植桑、供应蚕茧，拥有自己的织布机和缫丝厂，也是为赚钱而提供货物的承包商。②他们不是经纪人，而是商品的购买者，可以直接从生产者手中购买商品，比如购买谷物，他们有自己的驮运工具——牛。皮卡尔也接受其他商人的预付款，一般预付款额是1—30卢比不等。③除了被英国殖民者垄断的靛蓝和鸦片外，他们购买其他几乎所有商品。

皮卡尔的职能中最具代表性的是为欧洲贸易公司购买蚕茧。欧洲贸易公司雇用了很多皮卡尔，皮卡尔"既是商人，也是承包者"④。作为商人，他

---

① Shubhra Chakrabarti. The English East India Company and the Indigenous Sloop Merchants of Bengal: Akrur Dutta and His Family, 1757-1857, *Studies in History*, Vol.20, No.1, 2004, p.154.
② Shubhra Chakrabarti. Collaboration and Resistance: Bengal Merchants and the English East India Company, 1757-1833, *Studies in History*, Vol.10, No.1, 1994, p.109.
③ Rajat Datta. Subsistence Crises, Markets and Merchants in Late Eighteenth Century Bengal, *Studies in History*, Vol.10, No.1, 1994, p.87.
④ Gautam Bhadra. The Role of Pykars in the Silk Industry of Bengal (c.1765-1830), *Studies in History*, Vol.3, No.2, 1987, p.162.

们与公司签订协议，按议定好的价格提供蚕茧。为了让蚕农有钱养蚕，皮卡尔会提供预付款，款项一般是欧洲贸易公司付的，皮卡尔自己也可以提供借贷。如果蚕农还不了钱，就以蚕茧抵债。就这个角度而言，皮卡尔也是高利贷者。他们穿梭于各养蚕村庄，以收集蚕茧。他们把收集的蚕茧送到公司，蚕茧价格通过样品设定。

19世纪早期的家庭养蚕，有专门建的屋子，合适的规模为：24英尺长，15英尺宽，9英尺高，有一个高3英尺的台子，有厚的土墙，墙的顶上有两扇窗户，还有厚茅草屋顶。这样规模的空间能够容纳256 000只蚕，遍布在5.5英尺长、4.5英尺高的架子上，架子上涂满牛粪，放在台子上。台子都用竹棍支撑，立于放满水的陶碟之上，还需要准备装桑叶的篮子、蚕吐丝用的垫子及晒蚕茧的麻布袋等东西。19世纪早期，这些需要花费50—65卢比。①虽然这描述的是19世纪早期的情况，但是养蚕方法在18世纪也类似。蚕快要吐丝时会被放置在垫子上，不太炎热的时候会被放置在空旷之地，晚上会盖上。蚕会连续吐丝五六十小时，4—5天之后（如果雨天时间要长一些），可以准备缫丝。蚕农们可以立即把蚕茧卖给商人，也可以自己加热，从蚕茧中抽出蚕丝，制成生丝。

不过，后来上交的蚕茧质量经常会低于样品的质量。蚕农也会尽力产出高质量的蚕茧，但这部分高质量蚕茧不会卖给皮卡尔，他们会自行定价卖到本地市场。皮卡尔在把蚕茧卖给公司时，会从中赚一笔。

蚕茧价格议定的因素包括：首先，是桑树的品质，如果桑树贵，蚕茧价格自然贵；反之亦然。其次，皮卡尔商定价格，和商馆讨价还价。价格谈好之后，签订协议，然后付预付款。预付款有时以汇票的形式，有时也用分期的形式。预付款制度是一种结合了高利贷的收购形式。②有时商馆资金紧张，皮卡尔会把自己的钱预付给蚕农，还会贷款给从事私人贸易的公司职员。由此可以看出，皮卡尔绝对不是只有少量资金的小经纪人，他们在英国东印度公司的贸易发展中起着重要的作用。

预付款需要担保，担保的作用是万一皮卡尔没有按期如数交付蚕茧，担保人将以自己的财产进行赔偿。一般情况下，皮卡尔都是相互担保，富裕者为富裕者担保，贫穷者为贫穷者担保。

除了购买蚕茧之外，皮卡尔也建立缫丝厂，从事生丝买卖。随着生丝需

---

① Sushil Chaudhury. *From Prosperity to Decline: Eighteenth Century Bengal*, p.223.
② Gautam Bhadra. The Role of Pykars in the Silk Industry of Bengal (c.1765-1830), *Studies in History*, Vol.3, No.2, 1987, p.176.

求增长，生丝市场不断扩大。皮卡尔收购蚕茧之后，会就地从蚕茧中抽出蚕丝，进行生丝贸易，以满足市场急需。1812 年，卡西姆巴扎尔一个阿朗"有不少于 125 个缫丝厂，每一个厂拥有 15—20 个盆"①。很多通过买卖蚕茧赚钱的皮卡尔，都会建立自己的缫丝厂。不过，他们的缫丝厂大多远离商馆，在比较偏僻的农村地区。所以他们也就成了在农村传播缫丝技术的推动者。

皮卡尔的缫丝厂生产的丝很容易在市场上出售，买家包括法国人、荷兰人及其他欧洲商人和他们的代理人，他们再把这些丝卖到欧洲各地市场。皮卡尔还贿赂丝织工，让他们不再为英国人干活。英国人在一封落款时间为 1797 年 8 月 10 日的信中提到，哈里尔阿朗本来有 1951 个登记在册的织工，有差不多 600 个都主动离开了。②无论皮卡尔在中间起了多大作用，织工的离开都不仅仅是一种个人选择，更是对英国利益的一种打击。

皮卡尔不仅自己建厂，也热衷买厂，还会出租厂。这种出租的厂类似于小屋，"里面有一两个用来绕丝的轴，每个轴都配有小炉子和装热水的容器，以便在抽丝时将蚕茧放在其中。租金的计算是绕丝 2.5 西尔需付工具费 1 安那，还有两个人的工费 2 安那，一共是 3 安那"。他们的厂也被认为是"资本主义企业的初级形式"③。随着英国对印度经济控制不断加强，皮卡尔的私下贸易也变得频繁，他们的生丝可以卖给印度私商。作为生产者和销售者，皮卡尔也会把生丝从一个地方销往另一个地方。

综上可知，皮卡尔作为最靠近生产者的商人，成为商业中"中间贸易代理链条"④关键的一环，他们身份的多样性，成为当时农村中不可或缺的经济因素。

四、转型成为印度近代企业家

印度成为英国殖民地之后，有部分印度商人建立了自己的商业公司，转型成为近代企业家。转型背景可以从以下几个方面来分析：

---

① Gautam Bhadra. The Role of Pykars in the Silk Industry of Bengal (c.1765-1830), *Studies in History*, Vol.3, No.2, 1987, p.179. 说明：盆用来装热水，蚕茧浸于其中，从中抽出丝来。

② Shubhra Chakrabarti. Collaboration and Resistance: Bengal Merchants and the English East India Company, 1757-1833, *Studies in History*, Vol.10, No.1, 1994, p.124.

③ Gautam Bhadra. The Role of Pykars in the Silk Industry of Bengal (c.1765-1830), *Studies in History*, Vol.3, No.2, 1987, p.180.

④ Rajat Datta. Subsistence Crises, Markets and Merchants in Late Eighteenth Century Bengal, *Studies in History*, Vol.10, No.1, 1994, p.87.

首先，英国在印度的殖民政策不断改变。伴随着英国工业革命的进行和趋于完成，工业资产阶级实力不断壮大，对英国东印度公司在东方的垄断地位日益不满，故而，英国议会适时做出改变。1813年，英国议会通过了特许状法案，取消了英国东印度公司对印度贸易的垄断权。法案实施后，大量英国私商来到印度，建立公司和商行等各类机构。但是因为对印度社会环境和贸易实情不了解，他们只能依赖印度商人在中间帮助，形成了"以英国大商号为中心，以印度大商人为中间环节，以印度地方中小商人为基层的商业网"[①]。

其次，印度商人加入在印度的英国机构。部分印度商人在英国人开办的公司或银行都拥有股份。1835年孟加拉联合银行有207个股东，其中73个是印度人，董事中的印度人有4个。孟买和马德拉斯管区银行里也有印度人做股东，只是人数偏少，这部分商人具有"买办商人和民族商人两重身份"[②]。

最后，印度商人受到以英国为首的西方国家的文化影响。有些商人建立了商业公司，加尔各答第一家近代商业公司的建立者是孟加拉的泰戈尔家族。拉宾德拉纳特·泰戈尔是印度著名诗人和诺贝尔奖获得者，他的祖父、印度企业家德瓦尔卡纳特·泰戈尔和一位英国商人建立了"卡尔—泰戈尔联营公司"。1833年，英国议会通过东印度公司法案，公司清算在印度的全部商业和工业资产，包括靛蓝工厂和缫丝设施。拉宾德拉纳特·泰戈尔的祖父抵押自己的庞大地产筹集资本，种植靛蓝和养蚕的桑树，买下了英国东印度公司的靛蓝工厂和缫丝厂，逐渐形成了一个垄断市场。他还与别的商人共同建立联合银行。[③]孟买和马德拉斯也都有商人建立了近代商业公司。

五、西亚、中亚和俄国的印度商人

1830年左右，在印度洋的所有港口，从波斯湾到马六甲海峡，都有印度商人。缅甸等地也有印度商人。印度商人比较多的港口有亚丁、也门的穆哈、柏培拉、马萨瓦、巴林，最大的商人群体在马斯喀特，1840年时大约有2000人。[④]

马斯喀特是赛义德王朝首都，古吉拉特喀奇商人在当地很出名。19世纪早期，马斯喀特类似国际化大都市，阿拉伯人、犹太人、印度人、俾路支人、土耳其人等都在这里汇集。有船只通往东非，便利了印度商人去东非。

---

① 林承节：《殖民统治时期的印度史》，第60页。
② 林承节：《殖民统治时期的印度史》，第121—122页。
③ 〔德〕赫尔曼·库尔克、迪特玛尔·罗特蒙特：《印度史》，王立新、周红江译，第298—299页。
④ Claude Markovits. *Merchants, Traders, Entrepreneurs: Indian Business in the Colonial Era*, p.229.

赛义德王朝的苏丹本人就是咖啡商，对待商人宽容热情，一视同仁。赛义德王朝本来也是以贸易创收为主的国家，苏丹鼓励商人们到马斯喀特投资和定居。① 加上苏丹制定了比较完善的保护商人财物和生命安全的措施，极为吸引古吉拉特喀奇商人。印度商人在当地口碑很好，海关行政的监管任务就交给了印度商人。② 波斯湾的贸易中，到处都有喀奇商人。喀奇商人自古代就开始在波斯湾从事珍珠贸易，在一定程度上垄断了当地的这个行业，19 世纪 30 年代，年收入达 150 万美元。③ 还有咖啡贸易也大部分由喀奇商人掌管。

印度商人在中亚和俄国做生意，一般会居住 2—3 年，但是也会有更长时间。18 世纪中叶，在阿斯特拉罕，印度商人平均居住 8 年。19 世纪早期，俄国人发现，布哈拉的许多印度商人居住时间超过了 30 年。1840 年，有人在赫拉特发现，当地的印度商人居住时间已经超过了 20 年。④

印度商人在阿斯特拉罕的活动，既包括做生意，也包括从事货币兑换和放债。在印度教徒中，放债业是得到社会层面认可的。在波斯很多主要城市中，印度商人都借钱给波斯商人。1810 年，赫拉特有 600 名印度商人很受尊重，并且得到保护，因为他们拥有资本，而当时的赫拉特资金很短缺。⑤

六、非洲的印度商人

18、19 世纪，非洲一直有印度商人。有学者认为，印度商人对非洲经济发展起到了很大的作用。他们的商业资本到了东非的内陆地区，资助毛里求斯和纳塔尔的蔗糖工业、赞比亚的奴隶和丁香贸易及莫桑比克的象牙贸易。整个 18 世纪和 19 世纪很大一部分时间里，印度商业和金融集团作为金融家、商人、投资者和商业代理人，控制了西印度洋的贸易。⑥

象牙贸易一如既往进行。从 19 世纪初开始，古吉拉特商人把象牙运往孟买，使孟买很快成为有名的象牙进口地。19 世纪 30 年代，苏拉特的莫桑比克象牙贸易差不多都转移到了孟买。19 世纪的头十年，从东非进口到孟买的象牙年均价值 56 000 卢比，到 19 世纪 30 年代，达到了 211 300 卢比。

---

① Chhaya Goswami. *Globalization Before its Time: The Gujarati Merchants from Kachchh*, p.82.
② Chhaya Goswami. *Globalization Before its Time: The Gujarati Merchants from Kachchh*, p.83.
③ Chhaya Goswami. *Globalization Before its Time: The Gujarati Merchants from Kachchh*, p.91.
④ Scott C. Levi. *The Indian Diaspora in Central Asia and its Trade, 1550-1900*, pp.141-142.
⑤ Stephen Frederic Dale. *Indian Merchants and Eurasian Trade, 1600-1750*, p.75.
⑥ 〔澳〕肯尼斯·麦克弗森：《印度洋史》，耿引曾、施诚、李隆国译，第 176—177 页。

这些象牙又被出口到伦敦，数量不断增加，到1850年，进口到孟买的象牙70%都被运往了伦敦。①

近代非洲常见奴隶贸易。从古吉拉特或印度西部其他地方来的商人也从事奴隶贸易。英国1807年宣布废除奴隶贸易，但因为希望葡萄牙能向英国开放巴西港口，没有要求葡萄牙完全遵守这项政策。葡萄牙人可以在葡萄牙领地内买卖奴隶，后来又将奴隶贸易限制在赤道以南的葡萄牙领地内。

古吉拉特商人自投身莫桑比克等沿岸地区的贸易，与欧洲和巴西奴隶贸易的发展联系密切，也开始以各种身份使用了非洲奴隶。奴隶们在古拉吉特商人的船上做水手，做轿夫，也充当码头工人卸载货物，搬运货物到仓库等。18世纪中叶，古吉拉特商人拥有奴隶是常见现象。奴隶们还可以被用来抵货款和还债，18世纪，印度西部的马哈拉施特拉，奴隶被交易，就是用来偿还奴隶主的债务。②也有少量奴隶会从事家庭服务，或从事农业生产，抑或帮助主人做生意。

根据1782年的存货记录，莫桑比克、莫苏里尔和卡巴西拉斯（另外一个岛上的定居点）的49名印度商人拥有1245名奴隶，数量相当可观。这个数据包括出口到印度的奴隶，以及因与葡萄牙人和其他奴隶贩子有着商业往来而暂时被印度商人持有的奴隶。1802年的数据显示，仅莫桑比克一地，古吉拉特商人拥有的奴隶就有650人。30年之后，这个数字增加到900人，地域包括莫桑比克城和正对莫桑比克岛的一块陆地。③

早在16世纪之初，葡萄牙人就在东非沿岸包括桑给巴尔在内的重要港口建立了殖民据点，后来也占领了阿曼。17世纪40年代，阿曼打败葡萄牙。之后，阿曼还把葡萄牙势力赶出了桑给巴尔。古吉拉特商人与非洲的莫桑比克和斯瓦希里海岸地区有往来，促进了第乌的纺织业、象牙贸易、黄金业务及乌龟贝雕等领域的发展。

1832—1840年，赛义德王朝的苏丹赛义德·伊本·苏尔坦把首都从马斯喀特迁移到了桑给巴尔。苏丹鼓励阿拉伯人和喀奇商人迁居桑给巴尔及其邻近地区。喀奇商人得到苏丹的厚待，他们被允许使用苏丹的旗帜，缴纳相对较低的5%的进口税。桑给巴尔的印度商人，1819年只有200人，1830年

---

① Pedro Machado. *Ocean of Trade: South Asian Merchants, Africa and the Indian Ocean, c. 1750-1850*, p.180.
② Pedro Machado. *Ocean of Trade: South Asian Merchants, Africa and the Indian Ocean, c. 1750-1850*, p.221.
③ Pedro Machado. *Ocean of Trade: South Asian Merchants, Africa and the Indian Ocean, c. 1750-1850*, p.224.

左右，有300—400人①，到1840年，已经达到1000人②。

18世纪末期，更多古吉拉特商人到了莫桑比克岛南面的克里马内。随着18世纪末葡萄牙在东非实行自由贸易制度，克里马内贸易繁荣，成为当地最大的奴隶供应点和有名的象牙出口港。1794—1795年，从莫桑比克岛而来的19艘船，超过一半船主是古吉拉特商人。接下来的几年，他们平均每年去4次克里马内，满载各种材质和颜色的纺织品卖给奴隶主们。③这种现象一直持续到19世纪30年代。古吉拉特商人也参与巴西市场，在大西洋南部贩卖奴隶。表5-7展示了1781—1830年古吉拉特商人在东非各地的航行次数。

表5-7　1781—1830年古吉拉特商人在东非各地航行次数　（单位：次）

港口	1781—1785年	1790—1800年	1801—1810年	1811—1820年	1821—1830年
克里马内	9	32	25	30	11
索法拉	4	5	2[a]	3[b]	9
伊尼扬巴内	1[c]	8	6	11	7
洛伦索-马贵斯		9	2[d]	3[e]	
南方[f]		3	67	62	25
安戈谢		6	4	7[g]	3[h]
科坦戈哈		1[i]	11	8[j]	4[k]
桑伽戈		5	6	13	16
科里姆巴	3	11	6		3[l]
莫吉夸尔	2[m]	5	11	8	4[n]
莫苏里尔			23[o]		5[p]
莫托莫尼奥		5	26	54	13
莫卡波		4	13	13	
北方[q]			44	43	12
桑给巴尔			1[r]	1[s]	13

注：a. 1802—1805年；b. 1811—1816年；c. 1785年；d. 1801—1802年；e. 1812—1814年；f. 是指莫桑比克岛以南的航行，也包括去克里马内和伊尼扬巴内；g. 1811—1815年；h. 1823—1826年；i. 1794年；j. 1811—1813年；k. 1821—1823年；l. 1823—1824年；m. 1821—1822年；o. 1803—1805年；p. 1825—1828年；q. 指的是莫桑比克岛以北，也可能包括科里姆巴的伊波，19世纪20—30年代一个重要的奴隶贸易港口；r. 1808年；s. 1820年。受资料所限，部分年份没有数据。

资料来源：Pedro Machado. *Ocean of Trade: South Asian Merchants, Africa and the Indian Ocean, c. 1750-1850*, p.227.

古吉拉特商人跨洋贸易最常用的船只是"帕拉"，有几层含义：第一，

---

① Claude Markovits. *Merchants, Traders, Entrepreneurs: Indian Business in the Colonial Era*, p.229.
② Chhaya Goswami. *Globalization Before its Time: The Gujarati Merchants from Kachchh*, p.132.
③ Pedro Machado. *Ocean of Trade: South Asian Merchants, Africa and the Indian Ocean, c. 1750-1850*, p.225.

可能是根据"pal"一词而来,是马拉地-孔卡尼语中用于印度西部沿海贸易的一种船只的名称。第二,帕拉曾是两桅或三桅战船,能够携带40门火炮,后来被改造成商船。第三,帕拉很可能是"pahala"的变体,是柯提亚,18、19世纪时在印度西北海岸使用。垂直长度在40—80英尺或总长为70—100英尺,有两帆或三帆,甲板有顶棚,平均载重量为100—200吨。据记载,古吉拉特的帕拉载重量为80—250吨。1800年,有一艘帕拉在装了约4万千克象牙之外,在回第乌的航程中还装了金、银、铁和酒等货物。帕拉还会运送乘客、奴隶、食品及各类器具。一般能运送50—125个人,6000根象牙。大帕拉的运输能力更强,能运170人。帕拉以速度和机动性著称。除了帕拉之外,还有一些小型船能在海岸地区使用,但它们主要是在河流中航行。在沿海航行的船只称为巴提亚,运载能力在40—100吨。[①]

除此之外,还有一系列小型船只。帕拉是在印度西部的造船中心制造的。当地有茂密的柚木林和熟练的造船工人。古吉拉特商人除了自己制造船之外,也从阿拉伯半岛购买。1776年,葡萄牙王室颁布法令,对皇家船只免除造船税。后来,达曼的造船业发展起来。古吉拉特商人利用这个机会从事造船业,著名的造船商有贾哈瓦·库沙勒等。当然,达曼并不是唯一的造船点,东非海岸一直都有造船和修理点,比如摩加迪沙和基尔瓦,16—17世纪时主要在莫桑比克和科摩罗南部海岸。当地紧靠木材供应点,也有熟练的造船工人。古吉拉特商人购买船只最主要是在法兰西岛的路易港[②]。随着18世纪印度洋西南奴隶贸易的发展,路易港的船舶贸易也随之繁荣,古吉拉特商人开始购买船只用于奴隶贸易。

18世纪30年代,贾姆布萨尔大部分工匠都为莫桑比克生产纺织品。18世纪中后期,印度出口到非洲的纺织品中,85%—95%的产品来自贾姆布萨尔。1800年,古吉拉特商人在第乌投资40万卢比,专门为莫桑比克消费者购买纺织品。这显示了古吉拉特商人的投资规模和经济实力,揭示了"非洲消费者的品位对古吉拉特一个布料生产中心活力的重要性"[③]。

七、商业保险

由于社会动荡,也为人身、资金和商品安全考虑,印度近代保险业务诞

---

① Pedro Machado. *Ocean of Trade: South Asian Merchants, Africa and the Indian Ocean, c. 1750-1850*, pp.73-75.

② 位于印度洋西部的毛里求斯。16世纪初,葡萄牙探险队占据该地。1598年荷兰人占领该岛。1715年法国人占领当地,改名为"法兰西岛"。

③ Pedro Machado. *Ocean of Trade: South Asian Merchants, Africa and the Indian Ocean, c. 1750-1850*, p.149.

生了。

1. 内陆贸易险

铁路开通之前，内陆贸易会遇到各种问题，比如道路无法通行，抢劫、暴风及王公领地收缴通行费等。尤其是抢劫现象使保险业务剧增。英国东印度公司估计，1828年，在印度北部的卡皮和加尔各答之间的航程，要损失10%的船只，所以保费也会相应调整。印度商人也为保费做同样的考虑。①

保费的计算会考虑到所有的因素。1820年，一宗运送金、银线的大业务，从阿格拉运去瓜廖尔，秘密而又安全地进行，保费是货品总额的3%—4%，包括所有的保险收费：抢劫风险及运送费等。承保者计算保费会考虑浮动费率，浮动费率的计算标准是根据对他们不能直接控制的风险进行现实评估后制定的，比如运输距离的长短及根据季节预测强盗的活动等。

在一次大的抢劫事件过后，从马尔瓦尔到斋浦尔之间金银珠宝的保费从货品总额的6%安那上升到1%卢比。②如果承包者信誉好，保金还会上升，因为万一遇到抢劫，赔付会很快。

有关承包，有一点比较突出的是，金银珠宝的保费率要大大低于布匹等类商品的保费率。因为金银珠宝易于携带和隐藏，而一些昂贵布匹等大宗货物更容易被抢劫，所以18世纪印度长距离贸易受损严重时，货币市场却生存下来了。不过，一般而言，哪怕是布匹，收费也是比较合理的，和平年份的干旱期，300英里左右路程，收费也就是6%左右。③当然，如果是一些大宗业务，承保者可能就要承担很大风险，比如马拉塔人进攻之前，一位有名的马尔瓦尔人承保了整个市场的搬迁，他的合作伙伴认为此举不可行，"全部金额2.4万卢比，保费和运费花掉了1.4万卢比，利润只有1万卢比"④。

2. 商船航行保险

常年跨海航行的商人，自然深受海洋航行风险的威胁，船毁人亡的事件时有发生。1803年9月6日，古吉拉特商人的船只离开莫桑比克岛回第乌，在科摩罗群岛遇到了严重麻烦。糟糕的领航术和恶劣的天气使船只偏航，在基卢瓦海岸附近沉没，35人丧生，船上损失的货物价值40万克鲁扎

---

① C. A. Bayly. *Rulers, Townsmen and Bazaars: North Indian Society in the Age of British Expansion, 1770-1870*, p.503.

② C. A. Bayly. *Rulers, Townsmen and Bazaars: North Indian Society in the Age of British Expansion, 1770-1870*, p.504.

③ C. A. Bayly. *Rulers, Townsmen and Bazaars: North Indian Society in the Age of British Expansion, 1770-1870*, p.505.

④ C. A. Bayly. *Rulers, Townsmen and Bazaars: North Indian Society in the Age of British Expansion, 1770-1870*, p.505.

多。1803 年 1 月 10 日，一艘帕拉驶离莫桑比克岛，没多久就迷路并沉没了。船上人员死亡 1843 人，货物损失价值 16 万克鲁扎多。①

正是因为海洋航行有风险，所以催生了商船航行保险。保险公司承担海上意外造成的全部或部分损失。货物和船只的保险费用取决于各条路线所存在的风险及所承运货物的性质。保险费率，根据船只大小，通常定在货物价值的 7%—10%。商人们也会为他们的货物单独投保。②船主和货运商可以共同为船上所有货物投保。1792 年，一艘驶往莫桑比克的帕拉，保险公司为船上所有货物承保。同一年，船只返程时沉没了，保险公司赔偿了损失货物价值的 93%。③

因为社会经济不断发展，也因为保险业务的扩大，19 世纪 40 年代之后，股份保险公司开始出现。

第五节　结　　语

在印度一步步沦为英国殖民地的过程中，印度商业经历了很大的打击，无论是生产、市场还是商人，都受到英国东印度公司的多方限制甚至压榨。尤其是棉纺织业，作为印度的传统手工业部门，拥有精湛的纺织技术、丰富的品种和卓越的图案，但在机器大工业面前，显得格外脆弱。印度棉纺织工人大量失业，其他领域也受到不同程度的打击。

在面临英国殖民统治政策的实施及其不断演变的过程中，印度商人经历了各种改变，有的成了英国东印度公司雇用下的商人，有的换做其他行业，还有一部分转型成了印度近代早期的企业家，使印度商业的发展呈现出独特的一面。

---

① Pedro Machado. *Ocean of Trade: South Asian Merchants, Africa and the Indian Ocean, c. 1750-1850*, p.98.
② Pedro Machado. *Ocean of Trade: South Asian Merchants, Africa and the Indian Ocean, c. 1750-1850*, p.101.
③ Pedro Machado. *Ocean of Trade: South Asian Merchants, Africa and the Indian Ocean, c. 1750-1850*, p.102.

余　　论

　　莫卧儿王朝经历了最辉煌的阶段，也走过了最低落的时期。因而，莫卧儿王朝的商业发展呈现出独特的表现。

　　自古代开始，印度就与世界各地建立了活跃的贸易关系。印度商品历来以品种多样、工艺精湛、技术突出而著称，棉织品、丝织品、硝石、蔗糖、靛蓝等各种产品的原料、加工、制作等都达到了相当高的水平。除了本土商品之外，莫卧儿王朝时期也促进了东西方商品的汇合和转销，丰富了印度及与之有着频繁贸易往来的世界各地市场。

　　17世纪以来，在莫卧儿王朝的极盛阶段，欧洲各贸易公司陆续与印度展开了多领域的贸易往来，同时想方设法得到贸易特权。这一时期，印度商品畅销欧洲市场，而欧洲商品在印度受欢迎的不多，欧洲大量输出贵金属以购买印度商品。进入18世纪，奥朗则布去世之后，莫卧儿王朝逐渐转衰，分崩瓦解，地方王公林立。欧洲国家之间一直在印度有着激烈的竞争，尤其是英国和法国，各自扶植印度地方政权，最终英国胜出。印度的分裂和衰落更便利了英国的入侵，自普拉西战役开启武力征服印度的进程之后，不到一个世纪的时间，印度便被英国完全占领，成为其殖民地。

　　印度变成殖民地后，遭受了英国多种形式的暴力掠夺，因为此时正是英国工业革命进行阶段，印度沦为英国的原料产地和产品倾销地。实力不断强大的工业资产阶级要求打破英国东印度公司的贸易垄断地位，印度对所有英国商人开放。随着英国工业革命的发展和完成，为了进一步打破印度棉织品在英国市场上的优势地位，英印殖民政府采取多种税收政策，打垮了印度传统的纺织业和其他行业，印度从产品的输出地变成了工业品的接受地。

　　那么，如何看待莫卧儿王朝时期的商业发展呢？

　　17世纪莫卧儿王朝的繁荣，既因为统治者的励精图治、宽容开放、社会稳定、国家强盛，也因为欧洲的民族国家初建，羽翼未丰。18世纪莫卧儿王朝日衰，既因为长期征战，国库空虚，君主专制政府难以为继，割据政权林立，也因为周边势力频繁入侵，消耗国力，更因为欧洲国家持续发展，想要攫取更多利益，争夺世界霸权。

印度历来是国际贸易发展的重要节点，无论是商品还是市场，都在国际贸易中占有突出的地位。莫卧儿王朝是印度商业发展的关键时期，贸易的规模和深度都是前所未有的，很多方面在当时的世界都已名列前茅。之所以能达到如此高度，主要有以下原因：

第一，印度有良好的地理环境，便利商品流通和人员往来，也有悠久的商业传统和丰富的商业经验，有助于贸易发展。

第二，莫卧儿王朝前期，国势鼎盛，制定了一系列有利于经济发展的政策措施。同时与周边国家和睦相处，有频繁的使节互访，为商贸活动提供了良好的环境和时机。

第三，印度物种多样，原材料品种丰富，手工业技术精湛，产品富有特色，专业化程度高，质优价廉，极大地吸引了外部世界。

莫卧儿王朝始于中亚，固守不断征服扩张的祖辈传统，连年征战，不仅耗费财力，而且危及经济发展，影响商业贸易活动正常进行。虽然因为疆域扩大，扩展了市场，有利于度量衡标准化，能促进商品流通，推动社会进步，但莫卧儿王朝的战争对财力、物力和人力的损耗在一定程度上阻碍了商贸活动的顺利进行，而且战争对人心稳定的打击也从另一方面遏制了贸易发展。18世纪之后的地方势力林立时期，混乱的社会环境也妨碍了商业发展。

莫卧儿王朝由盛转衰，尤其是英国工业革命如火如荼，机器产品涌入印度，给印度的制造业和其他部门造成了强烈的甚至是致命的打击，这是新兴的资本主义经济模式与传统的封建制生产方式之间的激烈碰撞。莫卧儿王朝时期是世界资本主义经济上升发展的阶段，作为封建君主制大国，本来就有与之不相适应的一面，导致印度商业经历了非比寻常的一段困境。

欧洲贸易公司到了印度之后，得到了印度商人的全面帮助，欧洲人在翻译交流、寻找商品、提供贷款及在政界斡旋等方方面面都极为依赖印度商人。可以说，从欧洲人初踏印度到印度沦为英国殖民地期间，莫卧儿王朝的大小商人一直在以各种方式为欧洲人提供便利。无论印度商人的初衷是否为利，实质上，欧洲人在莫卧儿王朝的不断发展都与他们息息相关。当然，莫卧儿王朝从强大到衰落，印度商人也在不断演变。王朝强大时，他们不断拓展，获取商机和利润；王朝衰落时，他们被打压、被排挤，经历了挣扎，也开始了转变。19世纪50年代之后，印度产生了近代资本主义大工业。最早的工厂主大多是商人，有帕西商人、古吉拉特商人和马尔瓦尔商人等。孟买最早的棉纺厂的创办者就是帕西商人。

但无论如何,莫卧儿王朝缓慢地完成了"商业化进程"[①]。虽然王朝后期政局动荡,但是社会仍在以自己的方式不断发展,世界各地贸易继续进行,对印度手工业产品的追求依然存在,这也是印度商业发展的动力所在。

---

① 〔英〕C.A.贝利:《印度社会与英帝国的形成》,段金生、蒋正虎译,第13页。

参考文献

一、中文文献

（一）专著

陈翰笙：《印度莫卧儿王朝》，北京：商务印书馆，1979年。
董志翘译注：《大唐西域记》，北京：中华书局，2012年。
黄思骏：《印度土地制度研究》，北京：中国社会科学出版社，1998年。
姜玉洪：《印度文化模式研究》，北京：人民出版社，2008年。
蓝琪：《中亚史》第5卷，北京：商务印书馆，2020年。
李文业：《印度史：从莫卧儿帝国到印度独立》，沈阳：辽宁大学出版社，1998年。
林承节：《印度近现代史》，北京：北京大学出版社，1995年。
林承节：《印度史》，北京：人民出版社，2004年。
林承节：《殖民统治时期的印度史》，北京：北京大学出版社，2004年。
林太：《印度通史》，上海：上海社会科学院出版社，2012年。
刘建、朱明忠、葛维钧：《印度文明》，北京：中国社会科学出版社，2004年。
刘欣如：《印度古代社会史》，北京：商务印书馆，2017年。
楼春豪：《印度财团的政治影响力研究》，北京：时事出版社，2016年。
罗龙新：《印度茶叶百年风云》，武汉：华中科技大学出版社，2021年。
毛世昌：《印度文化概论》，兰州：兰州大学出版社，2009年。
闵光沛主编：《殖民地印度综论》，成都：四川民族出版社，1996年。
培伦主编：《印度通史》，哈尔滨：黑龙江人民出版社，1990年。
邱永辉、欧东明：《印度世俗化研究》，成都：巴蜀书社，2003年。
尚会鹏：《种姓与印度教社会》，北京：北京大学出版社，2001年。
尚会鹏：《印度文化史》，杭州：浙江大学出版社，2016年。
尚劝余：《莫卧儿帝国：中世纪印度的最后辉煌》，北京：中国国际广播出版社，2022年。
汪熙：《约翰公司：英国东印度公司》，上海：上海人民出版社，2007年。
王树英：《印度文化与民俗》，北京：中国社会科学出版社，2007年。
王树英：《印度文化简史》，北京：人民出版社，2011年。
王树英：《印度文化史》，合肥：安徽文艺出版社，2020年。
吴永年、季平、韩华编著：《印度商人》，南昌：江西人民出版社，1998年。
薛克翘：《印度文化史》，北京：中国大百科全书出版社，2022年。

郁龙余、蔡枫、董友忱，等：《印度文化论》，重庆：重庆出版社，2008 年。

（二）译著

〔澳〕A. L. 巴沙姆主编：《印度文化史》，闵光沛、陶笑虹、庄万友，等译，北京：商务印书馆，1997 年。

〔印〕巴布尔：《巴布尔回忆录》，王治来译，北京：商务印书馆，1997 年。

〔美〕芭芭拉·D. 梅特卡夫、托马斯·R. 梅特卡夫：《剑桥现代印度史》，李亚兰、周袁、任筱可译，北京：新星出版社，2019 年。

〔法〕贝兰斯坦：《莫卧儿统治下的印度帝国》，吉晶、王菲菲译，上海：上海人民出版社，2006 年。

〔印〕比杰拉尼：《商业制胜之印度》，刘阿钢译，北京：中国水利水电出版社，2004 年。

〔印〕比马尔·迦兰：《印度经济史：内部专家的洞见》，张翎译，北京：中国科学技术出版社，2021 年。

〔英〕C. A. 贝利：《印度社会与英帝国的形成》，段金生、蒋正虎译，昆明：云南人民出版社，2015 年。

〔印〕D. P. 辛加尔：《印度与世界文明》，庄万友等译，北京：商务印书馆，2019 年。

〔印〕恩·克·辛哈、阿·克·班纳吉：《印度通史》，张若达、冯金辛等译，北京：商务印书馆，1973 年。

〔荷〕伽士特拉：《荷兰东印度公司》，倪文君译，上海：东方出版中心，2011 年。

〔德〕贡德·弗兰克：《白银资本：重视经济全球化中的东方》，刘北成译，北京：中央编译出版社，2000 年。

〔英〕H. G. 基恩：《莫卧儿帝国：从奥朗则布大帝时代到莱克勋爵占领德里》，赵秀兰译，北京：华文出版社，2018 年。

〔德〕赫尔曼·库尔克、迪特玛尔·罗特蒙特：《印度史》，王立新、周红江译，北京：中国青年出版社，2008 年。

〔英〕杰森·沙曼：《脆弱的征服：欧洲扩张与新世界秩序创建的真实故事》，黄浩译，重庆：重庆出版社，2022 年。

〔澳〕肯尼斯·麦克弗森：《印度洋史》，耿引曾、施诚、李隆国译，北京：商务印书馆，2015 年。

〔印〕罗梅什·杜特：《英属印度经济史》，陈洪进译，北京：生活·读书·新知三联书店，1965 年。

米尔咱·马黑麻·海答儿：《中亚蒙兀儿史——拉失德史》，新疆社会科学院民族研究所译，乌鲁木齐：新疆人民出版社，1983 年。

〔印〕尼赫鲁：《印度的发现》，向哲濬、朱彬元、杨寿林译，上海：上海人民出版社，2016 年。

〔日〕浅田实:《东印度公司——巨额商业资本之兴衰》,顾姗姗译,北京:社会科学文献出版社,2016年。

〔意〕乔吉奥·列略:《棉的全球史》,刘媺译,上海:上海人民出版社,2018年。

〔印〕R. C. 马宗达、H. C. 赖乔杜里、卡利金卡尔·达塔:《高级印度史》上册,张澍霖、夏炎德、刘继兴,等译,北京:商务印书馆,1986年。

〔印〕斯迪芬·麦勒迪斯·爱德华兹、赫伯特·利奥纳德·奥富雷·加勒特:《莫卧儿帝国》,尚劝余译,西宁:青海人民出版社,2009年。

〔美〕斯图尔特·戈登:《1600—1818年的马拉塔》,李永芬译,昆明:云南人民出版社,2013年。

〔美〕斯文·贝克特:《棉花帝国:一部资本主义全球史》,徐轶杰、杨燕译,北京:民主与建设出版社,2019年。

〔荷〕威廉·冯·申德尔:《孟加拉国史》,李腾译,上海:东方出版中心,2015年。

〔英〕文森特·亚瑟·史密斯:《阿育王:一部孔雀王国史》,高迎慧译,北京:华文出版社,2019年。

〔美〕沃尔波特:《印度史》,李建欣、张锦冬译,上海:东方出版中心,2013年。

〔古希腊〕希罗多德:《历史》,徐松岩译注,上海:上海三联书店,2008年。

〔美〕约翰·F. 理查兹:《莫卧儿帝国》,王立新译,昆明:云南人民出版社,2014年。

(三)论文

包奕诚:《从贸易到征服——论1813年以前英国东印度公司的殖民活动》,《南亚研究》1989年第3期。

布阿衣夏木·阿吉:《〈巴布尔回忆录〉研究意义与综述》,《哈尔滨学院学报》2017年第12期。

陈希育:《古代印度帆船对东南亚的航海与贸易》,《南洋问题研究》1990年第2期。

黄迎雪:《1830—1947年南亚区际贸易网上的信德商人》,河北师范大学2016年硕士学位论文。

李文业:《普拉西战役对印度历史进程的影响》,《辽宁大学学报(哲学社会科学版)》1984年第6期。

李文业:《简论印度莫卧儿帝国的灭亡及其原因》,《辽宁大学学报(哲学社会科学版)》1986年第1期。

刘欣如:《商人阶级在印度恒河流域早期国家的历史作用》,《南亚研究》1984年第4期。

彭树智、赵克毅:《近代印度大资产阶级的形成及其特点》,《历史教学》1963年第11期。

邱永辉:《〈阿克巴则例〉中反映的十六世纪北印度社会结构》,《南亚研究》1985年第3期。

邱永辉:《阿克巴的行政制度和田赋改革》,《南亚研究季刊》1990年第3期。

王立新:《国家史观视域下新印度史学的叙事建构:从雅利安文明到莫卧儿帝国》,《世界历史》2021 年第 2 期。

杨静：《莫卧儿帝国时期的棉纺织艺术》，《民族艺林》2017 年第 2 期。

杨静：《从贸易角度看纺织文化的交流互鉴——以 16—18 世纪的莫卧儿王朝为例》，《地域文化研究》2021 年第 2 期。

赵伯乐：《从商业公司到殖民政权——英国东印度公司的发展变化》，《华中师范大学学报（哲学社会科学版）》1986 年第 6 期。

庄万友：《略论英国东印度公司同印度早期（1607—1757 年）贸易的商品结构及其成因》，《南亚研究》1988 年第 2 期。

庄万友：《略论东方贸易对莫卧儿时代印度经济、社会的影响》，《南亚研究》1989 年第 3 期。

庄万友：《试述西方同莫卧儿印度的技术、文化交流》，《华中师范大学学报（哲学社会科学版）》1990 年第 5 期。

二、英文文献

（一）专著

Adam Clulow, Tristan Mostert. *The Dutch and English East India Companies: Diplomacy, Trade and Violence in Early Modern Asia*, Amsterdam: Amsterdam University Press, 2018.

Ajeet Jha. *A History of Ancient India*, Noida: Pearson India Education Services Pvt. Ltd, 2020.

Andre Wink. *The Making of the Indo-Islamic World, c.700-1800 CE*, Cambridge: Cambridge University Press, 2020.

Andrew Sartori. *Bengal in Global Concept History: Culturalism in the Age of Capital*, Chicago: The University of Chicago Press, 2008.

Ashirbadi Lal Srivastava. *The Mughal Empire(1526-1803 A. D.)*, Agra: Shiva Lal Agarwala & Company, 1960.

Audrey Truschke. *Aurangzeb: The Life and Legacy of India's most Controversial King*, Stanford: Stanford University Press, 2017.

Barbara N. Ramusack. *The New Cambridge History of India, The Indian Princes and Their States*, Cambridge: Cambridge University Press, 2004.

C. A. Bayly. *Empire and Information: Intelligence Gathering and Social Communication in India, 1780-1870*, Cambridge: Cambridge University Press, 1996.

C. A. Bayly. *Rulers, Townsmen and Bazaars: North Indian Society in the Age of British Expansion, 1770-1870*, New Delhi: Oxford University Press, 2012.

Carlo M. Cipolla. *Guns, Sails and Empires: Technological Innovation and the Early Phases of European Expansion, 1400-1700*, New York: Minerva Press, 1965.

Charles Melville. *Safavid Persia in the Age of Empires*, London: I. B. Tauris & Company Ltd.,

2021.

Dietmar Rothermund. *An Economic History of India: From Pre-Colonial Times to 1991*, London and New York: Routledge, 2003.

Dr. Pramod Sangar. *The Social-Economic History of Mughal India*, Chandigarh: Abhishek Publications, 2003.

Ebba Koch. *Mughal Art and Imperial Ideology Collected Essays*, New Delhi: Oxford University Press, 2001.

Erika Monahan. *The Merchants of Siberia: Trade in Early Modern Eurasia*, Ithaca: Cornell University Press, 2016.

Farhat Hasan. *Paper, Performance, and the State: Social Change and Political Culture in Mughal India*, Cambridge: Cambridge University Press, 2021.

Gian Carlo Calza. *Akbar: The Great Emperor of India*, Milano: Skira, 2012.

Hameeda Hossain. *The Company Weavers of Bengal: The East India Company and the Organization of Textile Production in Bengal, 1750-1813*, Delhi and New York: Oxford University Press, 1988.

Irfan Habib. *Akbar and His India,* Delhi: Oxford University Press, 1997.

Irfan Habib. *A Shared Heritage: The Growth of Civilizations in India and Iran*, New Delhi: Tulka Print Comm Services Pvt. Ltd., 2002.

J. F. Richards. *Mughal Administration in Golconda*, Oxford: Clarendon Press, 1975.

J. W. Watson. *History of Gujarat*, New Delhi: Cosmo Publications, 1987.

Jagadish Narayan Sarkar. *Studies in Economic Life in Mughal India*, New Delhi: Oriental Publisher & Distributors, 1975.

James D. Tracy. *The Rise of Merchant Empires: Long-Distance Trade in the Early Modern World, 1350-1750*, Cambridge: Cambridge University Press, 1990.

James Laidlaw. *Riches and Renunciation: Religion, Economy, and Society Among the Jains*, Oxford: Clarendon Press; New York: Oxford University Press, 1995.

Jean Baptiste Tavernier. *Travels in India*, Vol.1, Cambridge: Cambridge University Press, 2012.

Jean de Thevenot. *The Travels of Monsieur de Thevenot into the Levant*, London: Henry Clark for H. Faithorne, 1687.

Joao Vicente Melo. *Jesuit and English Experiences at the Mughal Court, c.1580-1615*, Cham: Palgrave Macmillan, 2022.

John Keay. *The Honourable Company: A History of the English East India Company*, New York: Harper Collins Publishers, 1993.

Jorge Flores. *The Mughal Padshah: A Jesuit Treatise on Emperor Jahangir's Court and Household*, Leiden: Brill, 2016.

Jos Gommans. *Mughal Warfare: Indian Frontiers and High Roads to Empire, 1500-1700*, London and New York: Routledge, 2002.

K. C. Jain. *History of Jainism (Vol.3)*, New Delhi: D. K. Printworld, 2010.

K. N. Chaudhuri. *The Trading World of Asia and the English East India Company, 1660-1760*, Cambridge: Cambridge University Press, 1978.

K. S. Lal. *The Mughal Harem*, New Delhi: Aditya Prakashan, 1988.

Karolina Hutkova. *The English East India Company's Silk Enterprise in Bengal, 1750-1850: Economy, Empire and Business*, Woodbridge: The Boydell Press, 2019.

Kasper Gronlund Evers. *Worlds Apart Trading Together: The Organisation of Long-Distance Trade Between Rome and India in Antiquity*, Oxford: Archaeopress Archaeology, 2017.

Kiran Kumar Thaplyal. *Asoka: The King and the Man*, New Delhi: Aryan Books International, 2013.

Kris Lane. *Colour of Paradise: The Emerald in the Age of Gunpowder Empires*, New Haven: Yale University Press, 2010.

Latika Chaudhary, Bishnupriya Gupta, Tirthankar Roy, et al. *A new Economic History of Colonial India*, London and New York: Routledge, 2016.

Lawrence A. Babb. *Emerald City: The Birth and Evolution of an Indian Gemstone Industry*, Albany: State University of New York Press, 2013.

Lisa Balabanlilar. *The Emperor Jahangir: Power and Kingship in Mughal India*, London: I. B. Tauris, 2020.

Ludden David E. *The New Cambridge History of India: An Agrarian History of South Asia*, Cambridge: Cambridge University Press, 2008.

M. Athar Ali. *The Mughal Nobility Under Aurangzeb*, Bombay: Asia Publishing House, 1966.

M. N. Pearson. *The New Cambridge History of India: The Portuguese in India*, Cambridge: Cambridge University Press, 1987.

M. P. Singh. *Town, Market, Mint and Port in the Mughal Empire: 1556-1707*, New Delhi: Adam Publishers & Distributors, 2007.

Marcus Banks. *Organizing Jainism in India and England*, Oxford: Clarendon Press, 1992.

Matthew Adam Cobb. *The Indian Ocean Trade in Antiquity: Political, Cultural, and Economic Impacts*, London and New York: Routledge, 2019.

Michael Carrithers, Caroline Humphrey. *The Assembly of Listeners: Jains in Society*, Cambridge: Cambridge University Press, 1991.

Michael H. Fisher. *Visions of Mughal India: An Anthology of European Travel Writing*, London: I. B. Tauris, 2007.

Michael J. Brown. *The Life of Sir Thomas Roe: Itinerant Ambassador*, Lexington: The University

Press of Kentucky, 1970.

Miles Ogborn. *Indian Ink: Script and Print in the Making of the English East India Company*, Chicago: The University of Chicago Press, 2007.

Munis D. Faruqui. *The Princes of the Mughal Empire, 1504-1719*, Cambridge: Cambridge University Press, 2012.

Muzaffar Alam, Sanjay Subrahmanyam. *The Mughal State, 1526-1750*, Oxford: Oxford University Press, 1998.

Muzaffar Alam, Sanjay Subrahmanyam. *Writing the Mughal World: Studies on Culture and Politics*, New York: Columbia University Press, 2011.

Nancy Um. *The Merchant Houses of Mocha: Trade and Architecture in an Indian Ocean Port*, Seattle: University of Washington Press, 2009.

Owen C. Kail. *The Dutch in India*, Delhi: Macmillan India Ltd., 1981.

P. J. Marshall. *The New Cambridge History of India: Bengal: the British Bridgehead: Eastern India 1740-1828*, Cambridge: Cambridge University Press, 1987.

P. J. Marshall. *The Eighteenth Century in Indian History: Evolution or Revolution?* New Delhi: Oxford University Press, 2003.

Paul Dundas. *The Jains*, London and New York: Routledge, 1992.

Pedro Machado. *Ocean of Trade: South Asian Merchants, Africa and the Indian Ocean, c.1750-1850*, Cambridge: Cambridge University Press, 2014.

Pratyay Nath. *Climate of Conquest: War, Environment, and Empire in Mughal North India*, New Delhi: Oxford University Press, 2019.

Ranabir Chakravarti. *Trade and Traders in Early Indian Society*, London and New York: Routledge, 2021.

Reeta Grewal. *Five Thousand Years of Urbanization: The Punjab Region*, New Delhi: Monohar Books, 2005.

Renuka Nath. *Notable Mughal and Hindu Women in the 16th and 17th Centuries A. D.*, New Delhi: Inter-India Publications, 1990.

Rima Hooja. *A History of Rajasthan*, New Delhi: Rupa & Co., 2006.

Romila Thapar. *Asoka and the Decline of the Mauryas*, Oxford: Oxford University Press, 1963.

Romila Thapar. *Recent Perspectives of Early Indian History*, Bombay: Popular Prakashan, 1995.

Romila Thapar. *The Penguin History of Early India: From the Origins to A. D. 1300*, London: Penguin Books Ltd., 2002.

Sabyasachi Bhattacharya. *A Comprehensive History of Modern Bengal, 1700-1950*, Vol. 1, New Delhi: Primus Books, 2020.

Scott C. Levi. *The Indian Diaspora in Central Asia and its Trade, 1550-1900*, Leiden: Brill, 2002.

Scott Oldenburg, Kristin M. S. Bezio. *Religion and the Medieval and Early Modern Global Marketplace*, Abingdon and New York: Routledge, 2022.

Sebastian R. Prange. *Monsoon Islam: Trade and Faith on the Medieval Malabar Coast*, Cambridge: Cambridge University Press, 2018.

Shireen Moosvi. *People, Taxation, and Trade in Mughal India*, Oxford: Oxford University Press, 2008.

Shirin Akhtar. *The Role of The Zamindars in Bengal*, Dhaka: Asiatic Society of Bangladesh, 1982.

Som Prakash Verma. *The Lesser-Known World of Mughal Emperor Jahangir*, New Delhi: Routledge India, 2019.

Stephen Frederic Dale. *Indian Merchants and Eurasian Trade, 1600-1750*, Cambridge: Cambridge University Press, 1994.

Stephen Frederic Dale. *Babur: Timurid Prince and Mughal Emperor, 1483-1530*, Cambridge: Cambridge University Press, 2018.

Sudipta Sen. *Empire of Free Trade: The East India Company and the Making of the Colonial Marketplace*, Philadelphia: University of Pennsylvania Press, 1998

Surendra Gopal. *Jains in India: Historical Essays*, London and NewYork: Routledge, 2019.

Sushil Chaudhury. *From Prosperity to Decline: Eighteenth Century Bengal*, New Delhi: Manohar, 1995.

Sushil Chaudhury. *Trade, Politics and Society: The Indian Milieu in the Early Modern Era*, London and New York: Routledge, 2017.

Sylvia Houghteling, *The Art of Cloth in Mughal India*, Princeton: Princeton University Press, 2022.

Sylvia Shorto. *British Houses in Late Mughal Delhi*, Woodbridge: The Boydell Press, 2018.

Tahir Hussain Ansari. *Mughal Administration and the Zamindars of Bihar*, Abingdon: Routledge, 2020.

Thomas A. Timberg. *Marwaris: From Traders to Industrialists*, New Delhi: Vikas Publishing House Pvt. Ltd., 1978.

Thomas A. Timberg. *The Marwaris: From Jagat Seth to the Birlas*, New York: Penguin, 2015.

Tripta Verma. *Karkhanas Under the Mughals, from Akbar to Aurangzeb: A Study in Economic Development*, Delhi: Pragati Publications, 1994.

Vijay K. Seth. *The Story of Indian Manufacturing: Encounters with the Mughal and British Empires(1498-1947)*, Singapore: Palgrave Macmillan, 2018.

Vincent A. Smith. *Akbar the Great Mogul, 1542-1605,* Oxford: The Clarendon Press, 1917.

William Dalrymple. *The Anarchy: The Relentless Rise of the East India Company*, London: Bloomsbury Publishing, 2022.

William Foster. *The English Factories in India, 1618-1621*, Oxford: Clarendon Press, 1906.
William Foster. *The English Factories in India, 1622-1623*, Oxford: Clarendon Press, 1908.
William Foster. *The English Factories in India, 1624-1629*, Oxford: Clarendon Press, 1909.
William Foster. *The English Factories in India, 1630-1633*, Oxford: Clarendon Press, 1910.
William Foster. *The English Factories in India, 1634-1636*, Oxford: Clarendon Press, 1911.
William Foster. *The English Factories in India, 1637-1641*, Oxford: Clarendon Press, 1912.
William Foster. *The English Factories in India, 1642-1645*, Oxford: Clarendon Press, 1913.
William Foster. *The English Factories in India, 1646-1650*, Oxford: Clarendon Press, 1914.
William Foster. *The English Factories in India, 1651-1654*, Oxford: Clarendon Press, 1915.
William Foster. *The English Factories in India, 1655-1660*, Oxford: Clarendon Press, 1921.
William Foster. *The English Factories in India, 1661-1664*, Oxford: Clarendon Press, 1923.
William Foster. *The English Factories in India, 1665-1667*, Oxford: Clarendon Press, 1925.
William Foster. *The English Factories in India, 1668-1669*, Oxford: Clarendon Press, 1927.

（二）论文

Aasim Khwaja. Mughal Port Officials and European Company-Men: The Dynamics of a Commercial Relationship in the Seventeenth Century, *International Journal of Maritime History*, Vol.33, No.4, 2021.

Ellison Banks Findly. Jaina Ideology and Early Mughal Trade with Europeans, *International Journal of Hindu Studies*, Vol.1, No.2, 1997.

Ernst Utrecht. The Muslim Merchant Class in the Indonesian Social and Political Struggles, *Social Compass*, Vol.31, No.1, 1984.

Gautam Bhadra. The Role of Pykars in the Silk Industry of Bengal (c.1765-1830), *Studies in History*, Vol.3, No.2, 1987.

I. Bruce Watson. The Establishment of English Commerce in North-Western India in the Early Seventeenth Century, *The Indian Economic and Social History Review*, Vol.13, No.3, 1976.

Indrajit Ray. The Silk Industry in Bengal During Colonial Rule: The "De-Industrialisation" Thesis Revisited, *The Indian Economic and Social History Review*, Vol.42, No.3, 2005.

John E. Cort. Jains, Caste and Hierarchy in North Gujarat, *Contributions to Indian Sociology*, Vol.38, No.1-2, 2004.

Kim Siebenhuner. Approaching Diplomatic and Courtly Gift-Giving in Europe and Mughal India: Shared Practices and Cultural Diversity, *The Medieval History Journal*, Vol.16, No.2, 2014.

Kum Kum Banerjee. Grain Traders and the East India Company: Patna and its Hinterland in the Late Eighteenth and Early Nineteenth Centuries, *The Indian Economic and Social History Review*, Vol.23, No.4, 1986.

Meera Khare. The Wine-Cup in Mughal Court Culture: From Hedonism to Kingship, *The Medieval History Journal*, Vol.8, No.1, 2005.

Meera Malhan, Shalini Saksena. The Rise of Merchants and Traders in Eighteenth Century Rajasthan, India: An Exploratory Study, *The Indian Economic Journal*, Vol.67, No.1-2, 2019.

Michelguglielmo Torri. A Loch Ness Monster? The Mahajans of Surat During the Second Half of the Eighteenth Century, *Studies in History*, Vol.13, No.1, 1997.

Mushtaq A. Kaw. Famines in Kashmir, 1586-1819: The Policy of the Mughal and Afghan Rulers, *The Indian Economic and Social History Review*, Vol.33, No.1, 1996.

Muzaffar Alam. Trade, State Policy and Regional Change: Aspects of Mughal-Uzbek Commercial Relations, c. 1550-1750, *Journal of the Economic and Social History of the Orient*, Vol. 37, No. 3, 1994.

N. R. Farooqi. Diplomacy and Diplomatic Procedure Under the Mughals, *The Medieval History Journal*, Vol.7, No.1, 2004.

Nadara Ashafaque. The Dutch in Bengal, c.1650-1707 and Their Relations with Local Mughal Administration, *Indian Historical Review*, Vol.49, No.1, 2022.

Najaf Haider. A Sturdy Regional Currency: The Continuous Use of Maḥmūdīs in Gujarat Under the Mughals, *Studies in People's History*, Vol.4, No.2, 2017.

Najaf Haider. Violence and Defiance of Authority in Mughal India: A Study of the Shoe Sellers' Riot of Shahjahanabad, *Studies in History*, Vol.36, No.2, 2020.

Nazer Aziz Anjum. Indian Shipping and Security on the Seas in the Days of the Mughal Empire, *Studies in People's History*, Vol.2, No.2, 2015.

R. B. Azad Choudhary. The Mughal and the Trading of Horses in India, 1526-1707, *International Journal of History and Cultural Studies*, Vol.3, No.1, 2017.

Rajat Datta. Merchants and Peasants: A Study of the Structure of Local Trade in Grain in Late Eighteenth Century Bengal, *The Indian Economic and Social History Review*, Vol.23, No.4, 1986.

Rajat Datta. Subsistence Crises, Markets and Merchants in Late Eighteenth Century Bengal, *Studies in History*, Vol.10, No.1, 1994.

Rajat Datta. Commercialisation, Tribute, and the Transition from Late Mughal to Early Colonial in India, *The Medieval History Journal*, Vol.6, No.2, 2003.

Ruquia Hussain. The Turkish Merchants at Surat in Mughal Times, *Studies in History*, Vol.30, No.1, 2014.

S. Inayet A. Zaidi. European Mercenaries in the Indian Armies: A. D. 1750-1803, *Studies in History*, Vol.27, No.1, 2011.

Sanjay Subrahmanyam. Once Bitten, Twice Shy: A French Traveler and Go-Between in Mughal India, 1648-67, *The Indian Economic and Social History Review*, Vol.58, No.2, 2021.

Shalin Jain. Piety, Laity and Royalty: Jains Under the Mughals in the First Half of the Seventeenth Century, *Indian Historical Review* Vol.40, No.1, 2013.

Shalin Jain. Jain Elites and the Mughal State Under Shahjahan, *Indian Historical Review*, Vol.42, No.2, 2015.

Shireen Moosvi. A "State Sector" in Overseas Trade: The Imperial Mughal Shipping Establishment at Surat, *Studies in People's History*, Vol.2, No.1, 2015.

Shubhra Chakrabarti. Collaboration and Resistance: Bengal Merchants and the English East India Company, 1757-1833, *Studies in History*, Vol.10, No.1, 1994.

Shubhra Chakrabarti. The English East India Company and the Indigenous Sloop Merchants of Bengal: Akrur Dutta and His Family, 1757-1857, *Studies in History*, Vol.20, No.1, 2004.

Sushil Chaudhry. Indo-Iranian Trade and Indian Merchants in Iran in the Seventeenth Century, *Studies in People's History*, Vol.5, No.2, 2018.

Sushil Chaudhury. The Banking and Mercantile House of Jagat Seths of Bengal, *Studies in People's History*, Vol.2, No.1, 2015.

Yasuhiro Yokkaichi. The Maritime and Continental Networks of Kish Merchants Under Mongol Rule: The Role of the Indian Ocean, Fars and Iraq, *Journal of the Economic and Social History of the Orient* Vol.62, No.2-3, 2019.

Yogesh Sharm. A Life of Many Parts: Kasi Viranna—A Seventeenth Century South Indian Merchant Magnate, *The Medieval History Journal*, Vol.1, No.2, 1998.

后　　记

  莫卧儿王朝是印度历史上重要的发展阶段，曾有辽阔的疆土、富裕的经济、繁荣的社会和灿烂的文化，也经历过衰落，最终走向瓦解。笔者被其独特的发展历程深深吸引，故不揣浅陋，尝试写作本书。但受语言所限，有一些文献未被使用，不足之处，敬请各位方家和读者指正。

  本书在撰写过程中，参考了国内外多位专家学者的研究成果，在此致以诚挚谢意。

  感谢贵州师范大学历史与政治学院院长陈华森教授和世界史学科负责人刘向阳教授的鼓励和支持。也感谢我的妹妹帮我校对书稿。

  最后，对本书的责任编辑任晓刚老师和科学出版社其他老师耐心负责的态度和辛勤认真的工作表示衷心感谢。

许　静

2023 年 11 月 14 日